Der Ermittlungsbeauftragte des parlamentarischen Untersuchungsausschusses

Europäische Hochschulschriften
Publications Universitaires Européennes
European University Studies

Reihe II
Rechtswissenschaft

Série II Series II
Droit
Law

Bd./Vol. 3912

PETER LANG
Frankfurt am Main · Berlin · Bern · Bruxelles · New York · Oxford · Wien

Jörn Rathje

Der Ermittlungsbeauftragte des parlamentarischen Untersuchungsausschusses

PETER LANG
Europäischer Verlag der Wissenschaften

Bibliografische Information Der Deutschen Bibliothek
Die Deutsche Bibliothek verzeichnet diese Publikation in der Deutschen Nationalbibliografie; detaillierte bibliografische Daten sind im Internet über <http://dnb.ddb.de> abrufbar.

Zugl.: Münster (Westfalen), Univ., Diss., 2003

D 6
ISSN 0531-7312
ISBN 3-631-52503-6

www.peterlang.de

Meinen Eltern

Vorwort

Diese Untersuchung hat der Rechtswissenschaftlichen Fakultät der Westfälischen Wilhelms-Universität Münster im Wintersemester 2003/04 als Dissertation vorgelegen. Sie befindet sich auf dem Stand von Mai 2003. Die Arbeit von Anja Weisgerber über „Das Beweiserhebungsverfahren parlamentarischer Untersuchungsausschüsse des Deutschen Bundestages" konnte daher nur auszugsweise Berücksichtigung finden.

Mein besonderer Dank für die Betreuung dieser Arbeit und die darüber hinausgehende Unterstützung gilt Herrn Prof. Dr. Bodo Pieroth. Am von ihm geleiteten Institut für Öffentliches Recht und Politik konnte die Arbeit unter besten Voraussetzungen entstehen. Neben Herrn Prof. Dr. Pieroth danke ich auch den Mitarbeiterinnen und Mitarbeitern des Instituts für fast zwei Jahre angenehmer Zusammenarbeit.

Herrn Prof. Dr. Dieter Birk sage ich Dank für die zügige Erstellung des Zweitgutachtens. Für die Bereitstellung der umfangreichen Gesetzgebungsmaterialien zum Untersuchungsausschussgesetz bin ich dem Sekretariat des Ausschusses für Wahlprüfung, Immunität und Geschäftsordnung des Deutschen Bundestages, namentlich Herrn Dr. Helmut Winkelmann, zu Dank verpflichtet.

Monika Oberhansberg, Andreas Hanewinkel und Dr. Christoph Görisch schulde ich Dank für die Durchsicht des Manuskripts und weitere wertvolle Hilfestellungen. Insa danke ich dafür, durch ihre stets aufmunternde und ermutigende Art zum Gelingen dieser Arbeit beigetragen zu haben.

Die Arbeit ist als kleines Zeichen besonderen Danks meinen Eltern gewidmet, die mich während meiner gesamten Ausbildung auf alle erdenkliche Weise unterstützt haben.

Hamburg, im Dezember 2003 *Jörn Rathje*

Inhaltsverzeichnis

Einführung

Am 6. April 2001 ist der Entwurf eines Gesetzes zur Regelung des Rechts der Untersuchungsausschüsse des Deutschen Bundestages (Untersuchungsausschussgesetz) vom Plenum des Bundestages angenommen worden[1]. Der Deutsche Bundestag hat sich damit erstmals gesetzliche Regeln für das parlamentarische Untersuchungsverfahren geschaffen. Nach vergeblichen Anläufen in der 5., 8., 10., 11., 12. und 13. Wahlperiode ist dieses ebenso lang erwartete wie geforderte Untersuchungsausschussgesetz (PUAG) einstimmig und damit im Konsens aller im Bundestag vertretenen Parteien verabschiedet worden. Als Ausführungsgesetz zu Art. 44 des Grundgesetzes, der die verfassungsrechtliche Grundlage für die Tätigkeit parlamentarischer Untersuchungsausschüsse des Deutschen Bundestages bildet, kodifiziert das Gesetz das Recht der Einsetzung und des Verfahrens der Untersuchungsausschüsse. In der bisherigen Praxis führte das Fehlen einfach-gesetzlicher Ausführungsbestimmungen vielfach zu Rechtsunsicherheiten. Durch das Untersuchungsausschussgesetz sollen diese beseitigt werden, indem für alle Verfahrensbeteiligten eindeutige Bestimmungen geschaffen, die Minderheitsrechte im Untersuchungsverfahren gestärkt und die gerichtlichen Zuständigkeiten geklärt werden[2].

Darüber hinaus erhält das parlamentarische Untersuchungsrecht ein neues Gesicht. § 10 des Gesetzes sieht die Möglichkeit vor, einen Ermittlungsbeauftragten zur Unterstützung der Tätigkeit des Untersuchungsausschusses einzusetzen. Gem. § 10 III S. 1 PUAG hat dieser in der Regel die Untersuchung durch den Untersuchungsausschuss vorzubereiten. Auf der Basis einer soliden Vorermittlung soll sich der Untersuchungsausschuss auf die Klärung der eigentlichen Kernfragen konzentrieren und insbesondere seine Beweisaufnahme gezielter und zügiger durchführen können[3]. Die Rechtsfigur eines Ermittlungsbeauftragten ist dem Recht der parlamentarischen Untersuchung bisher unbekannt. Ziel der vorliegenden Arbeit ist es, das neu geschaffene Institut in das Gefüge des parlamentarischen Untersuchungsrechts einzuordnen und damit seine mögliche Bedeutung für die Durchführung von Untersuchungsverfahren sichtbar werden zu lassen.

Der Gang der Bearbeitung ist somit vorgezeichnet. Um dem Ermittlungsbeauftragten seinen Platz im Untersuchungsrecht des Bundestages zuweisen zu können, sind zunächst die Grundlagen des parlamentarischen Untersuchungsrechts aufzubereiten. Dem einleitenden Überblick über die Entwicklung des parlamentarischen Untersuchungsrechts folgt eine Klärung der Verfassungsmäßigkeit des Untersuchungsausschussgesetzes. Im Mittelpunkt des ersten Teils der Arbeit steht die sich daran anschließende Darstellung der Aufgabe parlamentarischer Untersuchungs-

---

[1] Verkündet am 25. Juni 2001 (BGBl. I S. 1142).

[2] Vgl. BT-Drs. 14 / 5790, Beschlussempfehlung und Bericht des Ausschusses für Wahlprüfung, Immunität und Geschäftsordnung, S. 1.

[3] Vgl. BT-Drs. 14 / 5790, Begründung zu § 10, S. 15.

ausschüsse sowie der im Untersuchungsausschussgesetz ausgestalteten öffentlichen Beweiserhebung als zentraler Abschnitt eines jeden Untersuchungsverfahrens.

Darauf aufbauend kann im zweiten Teil der Arbeit die Rechtsstellung des Ermittlungsbeauftragten als Vorermittler des Untersuchungsausschusses erläutert werden. Die Regelung dieses Instituts im Untersuchungsausschussgesetz führt zu vielfältigen, hier nur zu skizzierenden Fragestellungen:

Welche Aufgabenbereiche werden von der dem Ermittlungsbeauftragten zugewiesenen Unterstützung des Untersuchungsausschusses umfasst? Wie ist das Verfahren der Einsetzung und Bestimmung des Ermittlungsbeauftragten ausgestaltet und zu bewerten? Kann der Untersuchungsausschuss auf die Ermittlungstätigkeit des Beauftragten Einfluss nehmen? Welche Rechte besitzt der Ermittlungsbeauftragte gegenüber dem Untersuchungsausschuss? Wie weit reichen die Sachaufklärungsrechte des Ermittlungsbeauftragten? Welche Entscheidungen bleiben trotz der Einschaltung eines Ermittlungsbeauftragten dem Untersuchungsausschuss vorbehalten? Was ist der Inhalt und die Funktion der Berichterstattung des Ermittlungsbeauftragten? Welche Effekte sind mit der Einsetzung eines Ermittlungsbeauftragten im Ergebnis zu erzielen?

Die vorliegende Arbeit hofft, einen Beitrag zur Klärung dieser Fragen leisten zu können.

Erster Teil: Die Grundlagen des Rechts der parlamentarischen Untersuchung

A. Entwicklung des parlamentarischen Untersuchungsrechts

Das Untersuchungsausschussgesetz stellt eine neue Stufe der Fortbildung des Untersuchungsrechts dar. Im Folgenden soll die Herausbildung des parlamentarischen Untersuchungsrechts in Deutschland beschrieben und die Entwicklung bis zur Verabschiedung eines Untersuchungsausschussgesetzes aufgezeigt werden.

I. Herkunft und Entstehung des parlamentarischen Untersuchungsrechts

Der Gedanke eines parlamentarischen Untersuchungsrechts entspringt dem stets vorhandenen Misstrauen der Legislative gegenüber der Exekutive[4]. Dieses Misstrauen verlangt nach einer intensiven Kontrolle der Regierung und Verwaltung durch die Schaffung eines effektiven parlamentarischen Untersuchungsrechts. Um ein sich vornehmlich gegen die Exekutive richtendes Untersuchungsrecht zu etablieren, ist ein gut ausgebildeter und funktionierender Parlamentarismus unabdingbare Voraussetzung[5]. In England wurden bereits im 17. Jahrhundert die Verfassungskämpfe zugunsten des Parlamentarismus entschieden[6]. Folgerichtig wurde das parlamentarische Untersuchungsrecht zu dieser Zeit zunächst in England zu einem festen Bestandteil der Parlamentspraxis in Form von Untersuchungen durch sogenannte Select Committees als Sonderausschüsse des Parlaments[7]. Die Bedeutung dieser Sonderausschüsse als Mittel der Regierungskontrolle nahm parallel zum aufgrund der Festigung des Kabinettsystems im 18. Jahrhundert schwindenden Dualismus zwischen Krone und Parlament ab[8]. Die Regierung wurde nun von der Parlamentsmehrheit getragen, so dass die an einer Untersuchung interessierte Opposition nur noch aus der parlamentarischen Minderheitspartei bestand. Die Möglichkeit der erzwingbaren Durchführung eines von der Parlamentsminderheit angestrebten Untersuchungsverfahrens war dem englischen Parlamentsrecht jedoch unbekannt. Als Ergebnis der an diese Systemverschiebung anknüpfenden Reformbestrebungen ging die Aufgabe der Regierungskontrolle mit dem Tribunal of Inquiry Act aus dem Jahre 1921 auf die Tribunals of Inquiry über, die sich zur Gewährleistung einer erstrebten Überparteilichkeit nicht aus Parlamentariern,

---

[4] Vgl. *Steffanie*, PVS 1 (1960), 153 (163); *Lewald*, AöR 44 (1923), 269 (320).

[5] *Friedrich*, Der parlamentarische Untersuchungsausschuß, S. 1.

[6] Vgl. *Schleich*, Das parlamentarische Untersuchungsrecht des Bundestages, S. 9.

[7] Vgl. *Ziemske*, Untersuchungsrecht in England, S. 31; Klein, in: *Maunz / Dürig*, Grundgesetz, Art. 44 Rn. 5; *Schleich*, Das parlamentarische Untersuchungsrecht des Bundestages, S. 9.

[8] Vgl. *Ziemske*, Untersuchungsrecht in England, S. 31 ff.

sondern aus Mitgliedern des Juristenstandes zusammensetzen[9]. Seit Einführung der ständigen Departmental Select Committees des House of Commens im Jahre 1979 werden die eigentlich dem Tribunal zu übertragenden Untersuchungsgegenstände in der Parlamentspraxis nunmehr von ressortgebundenen parlamentarischen Kontrollausschüssen behandelt, deren Aufgabe es ist, die Regierungstätigkeit des jeweiligen Ministeriums allgemein und kontinuierlich zu überprüfen[10].
In Anlehnung an die ad hoc eingesetzten Select Committees aus der Anfangszeit des Parlamentarismus in England bildeten sich erste Ansätze eines parlamentarischen Untersuchungsrechts auch in Deutschland heraus[11]. Erstmals verankert wurde das Recht zur Einsetzung eines Untersuchungsausschusses in § 91 des Grundgesetzes über die landständische Verfassung des Großherzogtums Sachsen-Weimar-Eisenach vom 5. Mai 1816[12]. In Folge der Julirevolution von 1830 sah ferner § 93 der Verfassung des Kurfürstentums Hessen vom 5. Januar 1831 ein Untersuchungsrecht des Parlaments vor[13]. Praktische Bedeutung erlangten diese vereinzelten Untersuchungsrechte jedoch nicht[14]. In den übrigen Ländern überwog zur Zeit des Vormärzes das Bestreben, den Volksvertretungen über einzelne Klage- und Beschwerderechte hinausreichende Untersuchungsrechte gegenüber der Regierung vorzuenthalten[15]. Denn die vom monarchischen Prinzip geprägte Staatspraxis und Staatslehre sprachen gegen eine Aufnahme parlamentarischer Untersuchungsrechte in den Text deutscher Verfassungen[16].
Waren nach der Revolution von 1848 Tendenzen hin zu einem System der Parlamentsherrschaft bei grundsätzlicher Anerkennung der Gewaltenteilung zu beobachten, verlieh dies auch der Entwicklung des parlamentarischen Untersuchungsrechts gewichtige Impulse[17]. So enthielt bereits die Geschäftsordnung der Frank-

---

[9] Ausführlich dazu *Ziemske*, Untersuchungsrecht in England, S. 31 ff.; ferner *Friedrich*, Der parlamentarische Untersuchungsausschuß, S. 5 f.

[10] Vgl. *Ziemske*, Untersuchungsrecht in England, S. 47 und 54 ff.; Klein, in: *Maunz / Dürig*, Grundgesetz, Art. 44 Rn. 51.

[11] Vgl. *Kipke*, Die Untersuchungsausschüsse des deutschen Bundestages, S. 16; *Ziemske*, Untersuchungsrecht in England, S. 1; Klein, in: *Maunz / Dürig*, Grundgesetz, Art. 44 Rn. 5.

[12] Klein, in: *Maunz / Dürig*, Grundgesetz, Art. 44 Rn. 9 mit Fn. 2; dort auch der Wortlaut der Verfassungsnorm: „Wo die Versammlung es dienlich findet, können Ausschüsse zur Bearbeitung einzelner Gegenstände, zur Anstellung von Untersuchungen, zur Abgebung von Gutachten, zur Abfassung von Schriften niedergesetzt werden."

[13] Vgl. *Masing*, Parlamentarische Untersuchungen privater Sachverhalte, S. 9; § 93 abgedruckt bei *Steffani*, Die Untersuchungsausschüsse des Preußischen Landtages zur Zeit der Weimarer Republik, S. 45 Fn. 5.

[14] *Masing*, Parlamentarische Untersuchungen privater Sachverhalte, S. 9; *Kipke*, Die Untersuchungsausschüsse des deutschen Bundestages, S. 16.

[15] Vgl. *Steffani*, PVS 1 (1960), 153 (158); *Himmelreich*, Das Parlamentarische Untersuchungsrecht im dezentralen Staat, S. 16; Klein, in: *Maunz / Dürig*, Grundgesetz, Art. 44 Rn. 9.

[16] Vgl. *Himmelreich*, Das Parlamentarische Untersuchungsrecht im dezentralen Staat, S. 16; *Kipke*, Die Untersuchungsausschüsse des deutschen Bundestages, S. 16.

[17] *Steffani*, PVS 1 (1960), 153 (158); *Kipke*, Die Untersuchungsausschüsse des deutschen Bundestages, S. 17.

furter Nationalversammlung von 1848 eine Bestimmung über das parlamentarische Untersuchungsrecht[18]. Mit Art. V § 99 der Paulskirchenverfassung vom 28. März 1849 wurde eine verfassungsrechtliche Verankerung des Enquêterechts[19] dann erstmals auch auf „Reichsebene" vorgesehen[20]. Unter dem Einfluss der revolutionären Forderungen fanden parlamentarische Untersuchungsrechte ferner Eingang in die Verfassungen von Schleswig-Holstein (1848), Gotha (1849), Waldeck-Pyrmont (1849), Hamburg (1849)[21] und Preußen (1848 / 1850)[22]. Zu einer Etablierung des Enquêterechts führten diese konstitutionellen Festschreibungen jedoch nicht[23]. Der von der Frankfurter Pauskirchenversammlung ausgehende Elan wurde zum einen von den monarchischen Staatsoberhäuptern durch Streichung beziehungsweise Umwandlung des jüngst „erkämpften" Untersuchungsrechts wieder zurückgedrängt[24]. Zum anderen standen zunehmende Widerstände der Regierungen gegen autonome Untersuchungen des Parlaments der Entfaltung einer breiten Untersuchungspraxis entgegen[25]. Der fehlgeschlagenen Durchsetzung eines Enquêterechts in Preußen entsprechend wurden Untersuchungsrechte weder in die Verfassung des Norddeutschen Bundes noch in die des Deutschen Reiches von 1871 aufgenommen[26].

Die entscheidende Wende hin zu einem effektiven Enquêterecht gelang daher erst mit dem Wechsel zum parlamentarischen Regierungssystem der Weimarer Republik. Mit Art. 34 der Weimarer Reichsverfassung wurde ein Untersuchungsrecht neuer Qualität geschaffen. Maßgeblichen Einfluss auf die Entstehung des Untersuchungsrechts in der Gestalt des Art. 34 WRV hatten die Überlegungen *Max*

---

[18] § 24; abgedruckt bei *Engels*, Parlamentarische Untersuchungsausschüsse, S. 24.

[19] Die Bezeichnung des parlamentarischen Untersuchungsrechts als Enquêterecht findet in Deutschland seit der Frankfurter Nationalversammlung Verwendung; vgl. Versteyl, in: *v. Münch / Kunig*, Grundgesetz, Art. 44 Rn. 1.

[20] Siehe dazu Klein, in: *Maunz / Dürig*, Grundgesetz, Art. 44 Rn. 10 mit Fn. 8; dort auch der Wortlaut: „Das Recht des Gesetzesvorschlags, der Beschwerde, der Adresse und der Erhebung von Thatsachen, so wie der Anklage der Minister, steht jedem Hause zu."; vgl. ferner *Steffani*, PVS 1 (1960), 153 (159 f.); *Masing*, Parlamentarische Untersuchungen privater Sachverhalte, S. 9 f.

[21] Die jeweiligen Verfassungsnormen sind abgedruckt bei *Biedermann*, Die Untersuchungsausschüsse im deutschen Staatsrecht, S. 25 ff.

[22] Art. 82 der revidierten Verfassung vom 31. Januar 1850 übernahm unverändert den Art. 81 der oktroyierten Verfassung vom 5. Dezember 1848 und gewährte den Kammern „die Befugnis, behufs ihrer Information Kommissionen zur Untersuchung von Tatsachen zu ernennen"; siehe dazu *Masing*, Parlamentarische Untersuchungen privater Sachverhalte, S. 11 f.

[23] Lediglich in Preußen wurden bis 1864 insgesamt 4 Untersuchungsausschüsse eingesetzt; siehe dazu Klein, in: *Maunz / Dürig*, Grundgesetz, Art. 44 Rn. 11; *Masing*, Parlamentarische Untersuchungen privater Sachverhalte, S. 11 f.

[24] So in Gotha, Hamburg und Waldeck-Pyrmont; vgl. *Himmelreich*, Das Parlamentarische Untersuchungsrecht im dezentralen Staat, S. 18 f.

[25] So in Preußen; näher dazu *Masing*, Parlamentarische Untersuchungen privater Sachverhalte, S. 11; *Kipke*, Die Untersuchungsausschüsse des deutschen Bundestages, S. 17.

[26] Vgl. *Himmelreich*, Das Parlamentarische Untersuchungsrecht im dezentralen Staat, S. 21 f.; *Kipke*, Die Untersuchungsausschüsse des deutschen Bundestages, S. 17.

Webers[27]. Um das Parlament zu einer wirksamen Kontrolle der Exekutive zu befähigen, forderte er eine Ausstattung des Untersuchungsrechts mit Zwangsbefugnissen, eine öffentliche Durchführung der Untersuchungen sowie eine Ausgestaltung des Untersuchungsrechts als Minoritätsrecht[28]. Diese wesentlichen Elemente der Weberschen Konzeption wurden vom Verfassungsgeber übernommen[29]. So fanden nach Art. 34 III WRV auf Beweiserhebungen der Untersuchungsausschüsse oder der von ihnen ersuchten Behörden die Vorschriften der Strafprozessordnung sinngemäße Anwendung, wodurch ein zwangsmittelbewehrtes Untersuchungsrecht festgeschrieben wurde. Zudem waren die Beweise gem. Art. 34 I S. 2 WRV in öffentlicher Verhandlung zu erheben, soweit die Öffentlichkeit vom Untersuchungsausschuss nicht gem. § 34 I S. 3 WRV mit Zweidrittelmehrheit ausgeschlossen wurde.

Als spezifisch deutscher Beitrag zum parlamentarischen Untersuchungsrecht fand aber vor allem das für diese Zeit vorbildlose Minderheitenrecht[30] seinen Niederschlag in der Verfassung[31]. Danach war der Reichstag gem. Art. 34 I S. 1 WRV bereits auf Antrag von einem Fünftel seiner Mitglieder verpflichtet, Untersuchungsausschüsse einzusetzen. Auf die Notwendigkeit, auch einer qualifizierten Minderheit das Recht zur Einsetzung eines Untersuchungsausschusses einzuräumen, hatte die Entwicklung des Untersuchungsrechts in England hingewiesen. Dort war sichtbar geworden, dass sich die Effizienz des Untersuchungsrechts als Kontrollinstrument gegenüber der Exekutive zwangsläufig verringert, wenn seine Ausübung von der die Regierung stützenden Parlamentsmehrheit abhängig ist[32]. Im Zuge der Einführung eines parlamentarischen Regierungssystems in Deutschland war es daher erforderlich, das Untersuchungsrecht so auszugestalten, dass es nicht nur dem Parlament als Ganzem, sondern auch der Parlamentsminderheit zur Verfügung steht[33].

---

[27] Siehe *Weber*, Parlament und Regierung im neugeordneten Deutschland, S. 55 ff.; zu Weber als „geistigem Vater" des parlamentarischen Untersuchungsrechts vgl. ausführlich *Schröder*, ZParl 1999, 715 (716 ff.); *Masing*, Parlamentarische Untersuchungen privater Sachverhalte, S. 44 ff.; Klein, in: *Maunz / Dürig*, Grundgesetz, Art. 44 Rn. 15 ff.

[28] Siehe *Weber*, Parlament und Regierung im neugeordneten Deutschland, S. 58, 62, 66 f.

[29] Eine ausdrückliche Fixierung des Untersuchungsrechts auf die Kontrolle der Exekutive wurde aber nicht aufgenommen; zur Entstehungsgeschichte des Art. 34 WRV siehe *Schröder*, ZParl 1999, 715 (717 ff.); *Masing*, Parlamentarische Untersuchungen privater Sachverhalte, S. 46 ff.

[30] Vergleichbare Durchbrechungen des Mehrheitsprinzips sehen unter den Mitgliedstaaten der Europäischen Union bis heute nur noch Art. 68 II der griechischen Verfassung und Art. 181 IV der portugiesischen Verfassung vor; siehe - auch zum Wortlaut der Vorschriften - *Mager*, Der Staat 2002, 597 (598).

[31] Vgl. *Mager*, Der Staat 2002, 597 (598); *Schleich*, Das parlamentarische Untersuchungsrecht des Bundestages, S. 10 f.

[32] Vgl. *Steffani*, PVS 1 (1960), 153 (164 f.); *Friedrich*, Der parlamentarische Untersuchungsausschuß, S. 25 f.

[33] Vgl. *Schleich*, Das parlamentarische Untersuchungsrecht des Bundestages, S. 11; *Engels*, Parlamentarische Untersuchungsausschüsse, S. 27.

In der parlamentarischen Praxis der Weimarer Republik standen gegen die Exekutive gerichtete, meist parteipolitisch motivierte Untersuchungen dann auch ganz im Vordergrund[34]. Die Konstruktion des Art. 34 WRV als Minderheitenrecht führte aufgrund des zu dieser Zeit fehlenden Konsenses über das parlamentarische Regierungssystem als „bestmöglichste Verfassungsform" jedoch zu einer missbräuchlichen Ausübung des Untersuchungsrechts[35]. Die Ausschüsse waren nicht nur Plattform zur Kritik an der Regierung, sondern wurden darüber hinaus als öffentlichkeitswirksames Medium zum Angriff auf die Republik selbst genutzt[36]. Trotz dieser Missbrauchserfahrungen der Weimarer Zeit vermochte sich die grundsätzliche Ausgestaltung des parlamentarischen Untersuchungsrechts als zwangsmittelbewehrtes, in die Öffentlichkeit wirkendes Minderheitsrecht[37] im Folgenden durchzusetzen. Die Konzeption *Webers* wurde somit zum Leitbild nicht nur des Art. 34 WRV, sondern auch der verfassungsrechtlichen Verankerung des parlamentarischen Untersuchungsrechts im Grundgesetz sowie den Verfassungen der Länder der Bundesrepublik Deutschland[38]. Das Untersuchungsrecht in Gestalt des Art. 34 WRV wurde also weitgehend von Art. 57 des Herrenchiemsee-Entwurfs[39] übernommen und fand sich nach den anschließenden Beratungen im Parlamentarischen Rat[40] in seinem Kern in Art. 44 GG wieder. Diskutiert wurde dabei weniger eine völlige Neukonzeption des Untersuchungsrechts als eine Ergänzung und Änderung der Weimarer Bestimmungen mit dem vornehmlichen Ziel, einen Missbrauch des Instituts des Untersuchungsausschusses durch radikale Minderheiten zu vermeiden[41]. In diesem Sinne erhöhte man im Ergebnis das Minderheitenquorum zur Einsetzung eines Untersuchungsausschusses von einem Fünftel gem. Art. 34 I S. 1 WRV auf ein Viertel gem. Art. 44 I S. 1 GG. Ein Beweisantragsrecht der Minderheit, wie es noch in Art. 34 I S. 2 WRV vorgesehen war, wurde nicht ausdrücklich festgeschrieben. Auf das Erfordernis der Zweidrit-

---

[34] Klein, in: *Maunz / Dürig*, Grundgesetz, Art. 44 Rn. 19; ausführlich *Masing*, Parlamentarische Untersuchungen privater Sachverhalte, S. 48 ff.

[35] Vgl. *Mager*, Der Staat 2002, 597 (599 f.); *Friedrich*, Der parlamentarische Untersuchungsausschuß, S. 28.

[36] *Masing*, Parlamentarische Untersuchungen privater Sachverhalte, S. 62.

[37] *Masing*, Parlamentarische Untersuchungen privater Sachverhalte, S. 63.

[38] Klein, in: *Maunz / Dürig*, Grundgesetz, Art. 44 Rn. 17. Landesverfassungsartikel zum parlamentarischen Untersuchungsrecht: Art. 35 Bad.-WürttVerf., Art. 25 BayVerf., Art. 48 BerlinVerf., Art. 72 BrandbgVerf., Art. 105 V BremVerf., Art. 26 HambVerf., Art. 92 HessVerf., Art. 34 Meck.-VorpVerf., Art. 27 NiedersachsVerf., Art. 41 Nordrh.-WestfVerf., Art. 91 Rheinl.-PfalzVerf., Art. 79 SaarVerf., Art. 54 SachsVerf., Art. 54 SachsAnhVerf., Art. 18 Schl.-HolstVerf., Art. 64 ThürVerf.

[39] Dazu Klein, in: *Maunz / Dürig*, Grundgesetz, Art. 44 Rn. 20 ff.; *Wiefelspütz*, Das Untersuchungsausschussgesetz, S. 20 ff.

[40] Siehe dazu die Analyse von *Masing*, Parlamentarische Untersuchungen privater Sachverhalte, S. 63 ff.; vgl. auch *Wiefelspütz*, Das Untersuchungsausschussgesetz, S. 22 ff.

[41] Vgl. *Masing*, Parlamentarische Untersuchungen privater Sachverhalte, S. 63; Klein, in: *Maunz / Dürig*, Grundgesetz, Art. 44 Rn. 21.

telmehrheit des Art. 34 I S. 3 WRV verzichtend lässt Art. 44 I S. 2 GG ferner bereits die einfache Mehrheit über den Ausschluss der Öffentlichkeit entscheiden. Am Verweis des Art. 34 III WRV auf eine sinngemäße Anwendung der Vorschriften der Strafprozessordnung im Rahmen der Beweiserhebung wurde hingegen gem. Art. 44 II S. 1 GG uneingeschränkt festgehalten[42]. Von der Aufnahme einer gegenständlichen Beschränkung des Untersuchungsrechts nahm man wie schon bei Art. 34 WRV Abstand[43]. Eine Neuerung stellte die Einführung des Art. 44 IV GG dar. Mit dem dadurch bewirkten Ausschluss der Möglichkeit, die Beschlüsse der Untersuchungsausschüsse richterlich überprüfen zu lassen, sollte die parlamentarische Tätigkeit vor richterlicher Kritik geschützt werden[44].
Die im Parlamentarischen Rat gefundene Fassung des Art. 44 GG gilt bis zum heutigen Tage unverändert fort[45]. Auf seiner Grundlage sind bis zum Beginn der 15. Wahlperiode 33 Untersuchungsausschüsse eingesetzt worden. Hinzu kommen 12 Untersuchungsverfahren[46] des als Untersuchungsausschuss tätig werdenden Ausschusses für Verteidigung, dem die Rechte eines Untersuchungsausschusses gemäß dem am 19. März 1956 eingefügten Art. 45 a GG[47] verliehen werden.

II. Überblick über die Reformbestrebungen

An einem die verfassungsrechtlichen Vorgaben des Art. 44 GG näher konkretisierenden Ausführungsgesetz mangelte es jedoch. Den Ausschüssen stand daher keine einfach-gesetzliche Verfahrensordnung zur Verfügung, auf die sie zur Durchführung der Untersuchung zurückgreifen konnten. Dies führte in der Praxis insbesondere aufgrund der gem. Art. 44 II S. 1 GG angeordneten sinngemäßen Anwendung der Vorschriften über den Strafprozess vielfach zu Rechtsunsicherheiten[48]. Denn der Verweis auf das Strafprozessrecht kann nur insoweit greifen, als er mit der unterschiedlichen Besetzung der Gerichte und Untersuchungsausschüsse sowie der unterschiedlichen Zielrichtung des Strafverfahrens und des parlamentarischen Untersuchungsverfahrens zu vereinbaren ist. Während im Strafverfahren ein

[42] Der statt des Verweises des Art. 34 III WRV auf die Strafprozessordnung in Art. 44 II S. 1 GG niedergelegte Verweis auf die Vorschriften über den Strafprozess umfasst neben der Strafprozessordnung auch das Gerichtsverfassungsgesetz.

[43] Siehe dazu *Masing*, Parlamentarische Untersuchungen privater Sachverhalte, S. 64 f.; *Engels*, Parlamentarische Untersuchungsausschüsse, S. 29.

[44] Klein, in: *Maunz / Dürig*, Grundgesetz, Art. 44 Rn. 21.

[45] Zu Änderungsbemühungen vgl. *Masing*, Parlamentarische Untersuchungen privater Sachverhalte, S. 66 ff.

[46] Vgl. die Angaben bei *Wiefelspütz*, ZParl. 2002, 551 (551); Klein, in: *Maunz / Dürig*, Grundgesetz, Art. 44 Rn. 34; zu den Untersuchungsverfahren bis einschließlich der 13. Wahlperiode siehe *Schindler*, Datenhandbuch des Deutschen Bundestages 1949 – 1999, S. 2185, 2188 ff.

[47] Siebente Gesetz zur Änderung des Grundgesetzes vom 19. März 1956 (BGBl. I S. 111).

[48] Vgl. die Problemdarstellung der Gesetzentwürfe BT-Drs. 14 / 2363, S. 1; BT-Drs. 14 / 2518, S.1; BT-Drs. 7 / 1803 S. 10. Vgl. ferner Versteyl, in: *v. Münch / Kunig*, Grundgesetz, Art. 44 Rn. 28; *Müller-Boysen*, Die Rechtsstellung des Betroffenen vor dem parlamentarischen Untersuchungsausschuß, S. 18 f.

aus unabhängigen Richtern gebildetes Gericht Tatsachen ermittelt, um auf deren Grundlage ein Urteil zu finden, klärt der aus Mitgliedern des Bundestages zusammengesetzte Untersuchungsausschuss einen Sachverhalt auf, um politische Entscheidungen des Plenums vorzubereiten[49]. Durch eine pauschale Teilverweisung auf strafprozessuale Vorschriften wird der Wesensverschiedenheit der beiden Verfahren daher nur unzureichend Rechnung getragen[50]. So thematisierte bereits der in der 1. Wahlperiode eingesetzte Untersuchungsausschuss „Hauptstadtfrage“ die mangelnde Verfahrensklarheit und empfahl, eine Verfahrensordnung für Untersuchungsausschüsse zu schaffen[51].

1. Die IPA-Regeln

Den Zustand der Rechtsunsicherheit vor Augen griff die parlamentarische Praxis bis einschließlich des sogenannten „Parteispenden“-Untersuchungsausschusses der 14. Wahlperiode[52] auf einen interfraktionellen Gesetzentwurf über Einsetzung und Verfahren von Untersuchungsausschüssen des Bundestages von 1969 zurück[53], der auf Vorarbeiten der Interparlamentarischen Arbeitsgemeinschaft basierte[54] (daher die Bezeichnung als IPA-Regeln). Zwar verfiel dieser Gesetzentwurf mit Ablauf der 5. Wahlperiode dem Grundsatz der Diskontinuität[55]. Die Bestimmungen wurden jedoch Verfahrensgrundlage durch die ab der 7. Wahlperiode ausgeübte Praxis des Bundestages, in den Einsetzungsbeschlüssen für parlamentarische Untersuchungsausschüsse eine ergänzende Anwendung der IPA-Regeln als „besonderes Geschäftsordnungsrecht“ vorzusehen[56]. Die Anwendung der Regeln stand dabei unter dem doppelten Vorbehalt, dass sie geltendem Recht nicht wider-

---

[49] Vgl. Morlok, in: *Dreier*, Grundgesetz, Art. 44 Rn. 44; *Ziemske*, Untersuchungsrecht in England, S. 15.

[50] Vgl. Achterberg / Schulte, in: *v. Mangoldt / Klein / Starck*, Grundgesetz, Art. 44 Rn.121.

[51] BT-Drs. I / 2274, S. 21 vom 23. Mai 1951.

[52] Vgl. den Einsetzungsantrag der Fraktionen SPD und Bündnis 90 / Die Grünen in BT-Drs. 14 / 2139 vom 23. November 1999.

[53] BT-Drs. V / 4209 vom 14. Mai 1969.

[54] Zur Tätigkeit der sich zum damaligen Zeitpunkt aus Abgeordneten der Landesparlamente und des Bundestages zusammensetzenden Interparlamentarischen Arbeitsgemeinschaft siehe *Wiefelspütz*, Das Untersuchungsausschussgesetz, S. 94 ff.

[55] Siehe *Schindler*, Datenhandbuch zur Geschichte des Deutschen Bundestages 1949 bis 1999, S. 2244.

[56] Vgl. *Zeh*, in: HdbStR, Bd. II, § 43 Rn. 80; *Kipke*, Die Untersuchungsausschüsse des deutschen Bundestages, S. 34.

sprechen[57] und nach übereinstimmender Auffassung der Mitglieder des Untersuchungsausschusses keine sonstigen Bedenken bestehen[58].
Die IPA-Regeln enthielten ausführliche Bestimmungen unter anderem über die Einsetzung des Untersuchungsausschusses (§ 2), seine Besetzung (§ 3 - § 5) und die Durchführung von Beweiserhebungen (§ 12 - § 18). Besonderes Kennzeichen war ihre Orientierung am Schutz der Minderheit sowohl bei der Einsetzung als auch bei der Beweiserhebung und Berichterstattung des Ausschusses gem. § 2 II, § 2 IV, § 12 II und § 23 der IPA-Regeln[59]. Dem Anliegen, dem Verweis des Art. 44 II S. 1 GG auf eine sinngemäße Anwendung der Vorschriften über den Strafprozess schärfere Konturen zu verleihen[60], wurde durch eine detaillierte Ausgestaltung des Verfahrens der Beweiserhebung mit nur noch vereinzelten Verweisen auf die Strafprozessordnung[61] Rechnung getragen.
Bezüglich der mit dem Untersuchungsausschussgesetz geschaffenen Rechtsfigur des Ermittlungsbeauftragten ist § 7 der IPA-Regeln hervorzuheben. Er gewährte dem Untersuchungsausschuss gem. § 7 I des Entwurfs die Möglichkeit, jederzeit eine vorbereitende Untersuchung zwar nicht durch einen Ermittlungsbeauftragten, aber durch einen Unterausschuss durchführen zu lassen. Soweit ersichtlich machte jedoch kein Untersuchungsausschuss von dem Recht zur Einsetzung eines solchen Unterausschusses Gebrauch[62]. Gem. § 7 II S. 1 des Entwurfs wäre es Aufgabe eines solchen Unterausschusses gewesen, den Untersuchungsstoff zu sammeln und zu gliedern sowie das erforderliche Beweismaterial zu beschaffen. Personen hätten gem. § 7 II S. 2 des Entwurfs angehört werden können.

a) Eingeschränkter Geltungsbereich

Als „Sonder-Geschäftsordnung" oder „formulierte Interpretation der Geschäftsordnung für Untersuchungszwecke"[63] besaßen die IPA-Regeln nur einen eingeschränkten Geltungsbereich. Das galt zunächst für die Akte des Untersuchungsausschusses mit Außenwirkung. Denn zur Regelung der Inter-Organ-Verhältnisse des Untersuchungsausschusses zu anderen Staatsorganen und der Befugnisse ge-

---

[57] Die Notwendigkeit dieses Vorbehalts ergab sich daraus, dass einzelne Vorschriften der IPA-Regeln wie die Beschränkungen des Zutrittsrechts für Mitglieder des Bundesrates und der Bundesregierung (§ 9) oder der Ausschluss der Öffentlichkeit nur mit Zweidrittelmehrheit (§ 8 III) eine Verfassungsänderung voraussetzten; vgl. Klein, in: *Maunz / Dürig*, Grundgesetz, Art. 44 Rn. 25 mit Fn. 2.

[58] Zu diesem doppelten Anwendungsvorbehalt siehe zuletzt BT-Drs. 14 / 2139, S. 2; vgl. ferner Morlok, in: *Dreier*, Grundgesetz, Art. 44 Rn. 17; *Schröder*, Untersuchungsausschüsse, Rn. 12.

[59] Siehe dazu *Zeh*, in: HdbStR, Bd. II, § 43 Rn. 80 f.

[60] Vgl. Klein, in: *Maunz / Dürig*, Grundgesetz, Art. 44 Rn. 25.

[61] Siehe § 13 II, § 16 III, § 16 IV der IPA-Regeln.

[62] Vgl. auch *Kipke*, Die Untersuchungsausschüsse des Deutschen Bundestages, S. 214.

[63] Siehe *Zeh*, in: HdbStR, Bd. II, § 43 Rn 80.

genüber dem Bürger bedarf es der Form eines außenwirksamen Gesetzes[64]. Für die Begründung von Pflichten des Bürgers folgt dies bereits aus dem Vorbehalt des Gesetzes, demzufolge Eingriffe in dessen Rechtssphäre nur auf gesetzlicher Grundlage vorgenommen werden dürfen[65]. Die Anwendung der nicht als Gesetz verabschiedeten IPA-Regeln kraft Einsetzungsbeschlusses des Plenums stellte keine dem Gesetzesvorbehalt entsprechende gesetzliche Grundlage dar.
Die IPA-Regeln waren aber nicht nur ungeeignet, Eingriffsbefugnisse des Untersuchungsausschusses festzulegen, sondern sie vermochten ferner keine subjektiv-öffentlichen Rechte Dritter[66] zu begründen. Eine diesbezügliche Außenwirkung konnte auch nicht mit der Überlegung angenommen werden, dass den Bestimmungen aufgrund der in gewisser Regelmäßigkeit erfolgten Anwendung der Rang von Gewohnheitsrecht zuzubilligen sei[67]. Von einer Überzeugung der Beteiligten, dass die Anwendung der Regeln rechtlich geboten sei, konnte aufgrund der bewussten Nichtverabschiedung des Gesetzentwurfs und dem doppelten Anwendungsvorbehalt gerade nicht ausgegangen werden[68].
Die IPA-Regeln konnten demnach im Außenverhältnis keine Geltung beanspruchen[69]. Als Normen des parlamentarischen Innenrechts hatten sie verbindlichen Charakter lediglich im Verhältnis des Bundestages zu dem von ihm eingesetzten Ausschuss und für die Rechtsbeziehungen innerhalb des Ausschusses[70]. Selbst in diesem parlamentarischen Binnenbereich galten sie jedoch nicht uneingeschränkt; denn die Regelung parlamentsinterner Angelegenheiten erfolgt grundsätzlich in der Geschäftsordnung des Bundestages nach Art. 40 I S. 2 GG[71], deren Bestimmungen gem. § 74 GOBT[72] auch für die Ausschüsse des Bundestages entsprechende Anwendung finden. Durch die im jeweiligen Einsetzungsbeschluss unter Vorbehalt gestattete Anwendung der IPA-Regeln konnten sich die Untersuchungsausschüsse somit lediglich eine die Geschäftsordnung des Bundestages

---

[64] Siehe dazu *v. Mutius / Friedrich*, DVBl. 1992, 73 (77 f.); *Stern*, AöR 109 (1984), 199 (220 ff.); ferner *Pietzcker*, Schichten des Parlamentsrechts, Rn. 13; *Kühnreich*, Selbstorganisationsrecht, S. 120 f.

[65] Vgl. *Stern*, AöR 109 (1984), 199 (222), der darauf hinweist, dass der Vorbehalt des Gesetzes zwar primär die Exekutive betrifft, aber auch für Organe des Parlaments maßgeblich ist, wenn sie – wie Untersuchungsausschüsse – mit hoheitlichen Mitteln tätig werden; allgemein zum Gesetzesvorbehalt siehe *Pieroth / Schlink*, Grundrechte, Rn. 261 ff.

[66] Vgl. die Rechte des „Betroffenen“ gem. § 18 III, IV und § 21 I S. 2 der IPA-Regeln.

[67] So wohl VGH Kassel, NVwZ-RR 1996, 683 (684).

[68] Zutreffend Morlok, in: *Dreier*, Grundgesetz, Art. 44 Rn. 17 mit Fn. 65.

[69] Vgl. BVerwG, NVwZ 1993, 60 (61); Pieroth, in: *Jarass / Pieroth*, Grundgesetz, Art. 44 Rn. 6; *Schröder*, Untersuchungsausschüsse, Rn. 12; *Bickel*, Referat für den 57. Deutschen Juristentag, S. 12; *Klenke*, NVwZ 1995, 644 (645); *v. Mutius / Friedrich*, DVBl. 1992, 73 (78).

[70] Vgl. OVG Münster, NVwZ 1987, S. 606 (607); *Klenke*, NVwZ 1995, 644 (645); *Bickel*, Referat für den 57. Deutschen Juristentag, S. 12.

[71] Dazu ausführlich u., S. 18 und 22 ff.

[72] In der Fassung der Bekanntmachung vom 2. Juli 1980 (BGBl. I S. 1237), zuletzt geändert durch Bekanntmachung vom 17. September 2002 (BGBl. I S. 3759).

ergänzende Verfahrensordnung schaffen[73]. Eine Zugrundelegung der IPA-Regeln, die von der Geschäftsordnung des Bundestages abwichen, war rechtswidrig[74]. Die Bezeichnung als „Sonder-Geschäftsordnung" suggerierte also eine nicht gegebene Spezialität der IPA-Regeln und war daher irreführend.

b) Bleibendes Verlangen nach einer gesetzlichen Verfahrensordnung

Die durchgehende Unverbindlichkeit im Außenverhältnis sowie der doppelte Anwendungsvorbehalt begründeten einen nur behelfsmäßigen und damit letztlich geringen Stellenwert der IPA-Regeln[75]. Es liegt auf der Hand, dass ihre ergänzende Anwendung die bestehenden Rechtsunsicherheiten nicht zu beseitigen vermochte. Dementsprechend beklagte der 1. Untersuchungsausschuss der 7. Wahlperiode „Steiner / Wienand" in seinem Bericht aus dem Jahr 1974 das mangelhafte Verfahrensrecht für Untersuchungsausschüsse[76]. Seine Kritik gipfelte in dem Vorschlag, dass der Untersuchungsausschuss „wegen der vordringlichen Reform des parlamentarischen Untersuchungsrechts zunächst aufgelöst werden sollte"[77]. Der Forderung nach einer gesetzlichen Regelung verlieh kurz darauf auch die sich intensiv mit dem parlamentarischen Untersuchungsrecht auseinandersetzende Enquête-Kommission Verfassungsrecht[78] Nachdruck. Sie empfahl in ihrem Schlussbericht vom 2. Dezember 1976, ein eigenes Verfahrensgesetz für Untersuchungsausschüsse zu erlassen, nachdem zunächst der Verweis des Art. 44 II S.1 GG gestrichen und ein Regelungsvorbehalt in das Grundgesetz aufgenommen worden ist[79].

Mangels eines die Rechte und Pflichten im Untersuchungsverfahren klärenden Ausführungsgesetzes zu Art. 44 GG waren es daher Gerichtsentscheidungen, die im wachsenden Maße die Entwicklung des Untersuchungsrechts prägten[80]. Begleitet wurde die zunehmende Beschäftigung der Gerichte mit Fragen insbesondere zur Reichweite der Beweiserhebungsbefugnisse des Untersuchungsausschusses sowie zum Unfang der Minderheitenrechte von einer Fülle rechtswissenschaftli-

---

[73] Vgl. Morlok, in: *Dreier*, Grundgesetz, Art. 44 Rn.17; Vgl. *Schröder*, Untersuchungsausschüsse, Rn 12.

[74] Vgl. Pieroth, in: *Jarass / Pieroth*, Grundgesetz, Art. 44 Rn. 6.

[75] Vgl. *Schröder*, Untersuchungsausschüsse, Rn 12; siehe auch OVG Münster, NVwZ 1987, S. 606 (607): „Dieser Anwendungsvorbehalt schwächt die Verbindlichkeit der IPA-Regeln selbst im Verhältnis des Bundestages zum Untersuchungsausschuss weitgehend ab und verleiht ihnen den Charakter bloßer Handlungsdirektiven, von denen der Ausschuss von Fall zu Fall aus nicht näher umschriebenen Gründen abzuweichen berechtigt ist."

[76] BT-Drs. 7 / 1803, S. 10 vom 14. März 1974; siehe dazu *Schindler*, Datenhandbuch zur Geschichte des Deutschen Bundestages 1949 bis 1999, S. 2244.

[77] BT-Drs. 7 / 1803, S. 10.

[78] Siehe dazu *Wiefelspütz*, Das Untersuchungsausschussgesetz, S. 103 ff.

[79] BT-Drs. 7 / 5924, Kapitel 4, Parlamentarische Kontrollrechte, S. 51 f.

[80] Vgl. *Schröder*, Untersuchungsausschüsse, Rn. 12. Hervorzuheben sind hier die „Leitentscheidungen" des Bundesverfassungsgerichts: BVerfGE 49, 70 ff.; 67, 100 ff. („Flick"); 76, 363 ff. („Lappas"); 77, 1 ff. („Neue Heimat") und zuletzt 105, 197 ff. („Parteispenden").

cher Abhandlungen[81]. Auch der Deutsche Juristentag machte das parlamentarische Untersuchungsrecht mehrmals zum Gegenstand seiner Diskussionen. Setzte sich bereits der 34. Deutsche Juristentag von 1925 mit der Reform des Untersuchungsrechts auseinander[82], mahnten nach dem Inkrafttreten des Grundgesetzes sowohl der 45. Deutsche Juristentag von 1964[83] als auch der 57. Deutsche Juristentag von 1988[84] die Schaffung einer vom Strafverfahren unabhängigen gesetzlichen Verfahrensregelung an.

2. Gesetzesentwürfe der 8., 10., 11., 12. und 13. Wahlperiode

Die dem IPA-Gesetzentwurf nachfolgenden Versuche des Bundesgesetzgebers, ein Untersuchungsausschussgesetz zu verabschieden, scheiterten jedoch[85]. Auf den Vorschlägen der Enquête-Kommission Verfassungsrecht basierende, von der CDU / CSU-Fraktion in der 8. Wahlperiode eingebrachte Gesetzentwürfe[86] zur Änderung des Art. 44 GG und Einführung eines Untersuchungsausschussgesetzes wurden nicht abschließend beraten.
Ein interfraktioneller Gesetzentwurf der 10. Wahlperiode[87], der als Regelungsvorschlag im Ausschuss für Wahlprüfung, Immunität und Geschäftsordnung erarbeitet worden war, verfiel am Ende der Wahlperiode dem Grundsatz der Diskontinuität[88]. Abgeordnete der CDU / CSU, SPD und FDP legten diesen Entwurf in der 11. Wahlperiode unverändert wieder vor[89]. Zudem brachte die SPD-Fraktion einen eigenen, die Minderheitsrechte weiter ausbauenden Gesetzentwurf ein[90]. Beide Gesetzesentwürfe wurden an den Ausschuss für Wahlprüfung, Immunität und Geschäftsordnung überwiesen, der sie nach intensiven Beratungen zu einer Be-

[81] Vgl. nur die Nachweise bei Achterberg / Schulte, in: *v. Mangoldt / Klein / Starck*, Grundgesetz, Art. 44 Rn. 192 und Klein, in: *Maunz / Dürig*, Grundgesetz, Art. 44.

[82] Vgl. Verhandlungen des 34. DJT (1925): Empfiehlt sich eine Abänderung der Bestimmungen über parlamentarische Untersuchungsausschüsse, um den ungestörten Verlauf des Strafverfahrens und die Unabhängigkeit des Richtertums sicherzustellen?, Diskussion sowie Beschlüsse, Band II, S. 69 ff.

[83] Vgl. Verhandlungen des 45. DJT (1964): Empfiehlt es sich, Funktion, Struktur und Verfahren der parlamentarischen Untersuchungsausschüsse grundlegend zu ändern?, Diskussion und Beschlussfassung, Band II, Teil E, S. 7 ff., Thesen S. 172 ff.

[84] Verhandlungen des 57. DJT (1988): Empfiehlt sich eine gesetzliche Neuordnung der Rechte und Pflichten parlamentarischer Untersuchungsausschüsse?, Diskussion und Beschlussfassung, Band II, Teil M, S. 7 ff., Thesen S. 245 ff.

[85] Zu den einzelnen Gesetzentwürfen nun ausführlich *Wiefelspütz*, Das Untersuchungsausschussgesetz, S. 107 ff.; vgl. ferner die Chronik zum Entwurf eines Untersuchungsausschussgesetzes bei *Schindler*, Datenhandbuch zur Geschichte des Deutschen Bundestages 1949 bis 1999, S. 2245 ff.

[86] BT-Drs. 8 / 1180 und BT-Drs. 8 / 1181 vom 14. November 1977.

[87] BT-Drs. 10 / 6587 vom 27. November 1986.

[88] Vgl. *Zeh*, in: HdbStR, Bd. II, § 43 RN 83.

[89] BT-Drs. 11 / 1896 vom 26. Februar 1988.

[90] BT-Drs. 11 / 2025 vom 18. März 1988; vgl. *Schindler*, Datenhandbuch zur Geschichte des Deutschen Bundestages 1949 bis 1999, S. 2247.

schlussempfehlung zusammenfasste[91]. Eine abschließende Beratung dieses sogenannten „Porzner-Entwurfs"[92] fand jedoch nicht statt[93].
Der diese Beschlussempfehlung wieder aufnehmende interfraktionelle Gesetzentwurf der 12. Wahlperiode[94] erledigte sich ebenso mit dem Ende der Wahlperiode wie der erneut eingebrachte, mit dem der 11. Wahlperiode identische Entwurf der SPD-Fraktion[95]. Dem Grundsatz der Diskontinuität verfiel schließlich ebenfalls der auf die Interessen einer „kleinen" Fraktion zugeschnittene Entwurf von Bündnis 90 / DIE GRÜNEN aus der 13. Wahlperiode[96].
Diese Vielzahl an gescheiterten Entwürfen zur Regelung des parlamentarischen Untersuchungsrechts wirft die Frage auf, warum die parlamentarischen Mehrheiten den Gesetzesvorhaben nicht zum Durchbruch verhalfen. Die Erfolglosigkeit dieser Bemühungen dürfte im durchgehend verfolgten Anliegen einer Stärkung der Minderheitsrechte begründet liegen. Denn Art und Umfang der gewährten Minderheitsrechte legen den Umfang der der Opposition zustehenden Einflussmöglichkeiten auf den Ablauf des Untersuchungsverfahrens fest. Dem Interesse der jeweiligen Opposition, durch einen möglichst weitgehenden Ausbau dieser Minderheitsrechte ein scharfes Kontrollinstrument zu schaffen, stand jedoch das politische Interesse der Regierungsmehrheiten entgegen, es bei den nur fragmentarischen verfassungsrechtlichen Vorgaben und der ihnen damit eröffneten eigenhändigen Gestaltung des Verfahrens zu belassen[97]. Waren also einerseits die im Hinblick auf die Ausgestaltung der Minderheitsrechte teilweise überzogenen Forderungen der Oppositionsfraktionen[98] ungeeignet, als Grundlage eines Konsenses zu dienen, zeigten andererseits auch die „Machtkartelle von Regierung und Parlamentsmehrheit" als potentielle Objekte parlamentarischer Untersuchungen nur wenig Bereitschaft, sich von der eigenen weitgehenden Herrschaft über das Verfahren zu lösen[99].

[91] BT-Drs. 11 / 8085 vom 20. September 1990.

[92] Benannt nach dem damaligen Ausschussvorsitzenden des Ausschusses für Wahlprüfung, Immunität und Geschäftsordnung Konrad Porzner.

[93] Zur Ablehnung des vorgelegten Gesetzentwurfs durch die SPD-Fraktion wegen einer „vermeintlich" unzureichenden Regelung der Minderheitenrechte vgl. *Wiefelspütz*, Das Untersuchungsausschussgesetz, S. 139.

[94] BT-Drs. 12 / 418 vom 24. April 1991.

[95] BT-Drs. 12 / 1436 vom 30. Oktober 1991.

[96] BT-Drs. 13 / 11227 vom 25. Juni 1998; vgl. die Bewertung bei *Wiefelspütz*, Das Untersuchungsausschussgesetz, S. 148 f.

[97] *Jagau / Wessels*, Reform des Untersuchungsrechts, S. 44; vgl. auch *Kipke*, Die Untersuchungsausschüsse des deutschen Bundestages, S. 180; *Bickel*, Gutachten für den 57. Deutschen Juristentag, S. 11 f.; *Schenke*, JZ 1988, 805 (806).

[98] Vgl. BT-Drs. 11 / 2025; BT-Drs. 12 / 1436; BT-Drs. 13 / 11227.

[99] Vgl. *Jagau / Wessels*, Reform des Untersuchungsrechts, S. 44.

3. Ausführungsgesetze auf Länderebene

Auf Länderebene nahm die Entwicklung des parlamentarischen Untersuchungsrechts trotz dieser Interessengegegensätze einen vergleichsweise dynamischen Verlauf. Der Mangel an Rechtssicherheit gewährleistenden Verfahrensgesetzen führte hier nicht nur zu bloßen Reformbestrebungen, sondern zügig auch zu einem breiten und zum Abschluss gebrachten gesetzgeberischen Tätigwerden. Als Orientierung dienten den Länderparlamenten dabei die Empfehlungen der Konferenz der Präsidenten der deutschen Länderparlamente zur Regelung des Verfahrens von parlamentarischen Untersuchungsausschüssen vom 4. / 5. Mai 1961[100] sowie der auf diese Empfehlungen und die IPA-Regeln von 1969 zurückgreifende Mustergesetzentwurf der Präsidenten der deutschen Länderparlamente vom 29. / 30. Oktober 1972[101]. Wurden in Bayern und Berlin bereits vor Bekanntmachung des Mustergesetzentwurfs Untersuchungsausschussgesetze verabschiedet[102], haben mittlerweile alle Bundesländer bis auf Hessen, Niedersachsen und das Saarland ein Untersuchungsausschussgesetz erlassen[103]. Inhaltlich weisen die Regelungen zum Recht der Untersuchungsausschüsse in den Ländern ein hohes Maß an Übereinstimmung auf[104].

B. Das Untersuchungsrecht nach Inkrafttreten des Untersuchungsausschussgesetzes

Dem Beispiel der Landesgesetzgeber folgte letztlich auch der Bundestag. In der 14. Wahlperiode brachten die Fraktionen der SPD und von Bündnis 90 / Die Grünen[105] sowie die Fraktion der FDP[106] erneut Gesetzentwürfe zur Regelung des Rechts der Untersuchungsausschüsse des Deutschen Bundestages ein. Der Ge-

---

[100] Abgedruckt in ZParl 1972, 433 ff.

[101] Abgedruckt in ZParl 1972, S. 427 ff. Zur Erarbeitung der neueren Untersuchungsausschussgesetze konnte ferner auf den Abschlussbericht zurückgegriffen werden, den die am 15. Juni 1989 eingesetzte Kommission „Erfahrungs- und Meinungsaustausch über neue Entwicklungen im Recht der Untersuchungsausschüsse“ der 68. Konferenz der Präsidentinnen und Präsidenten der deutschen Landesparlamente vom 5. bis 8. Mai 1991 erstattete (abgedruckt in ZParl 1991, 406 ff.).

[102] Gesetz über die Untersuchungsausschüsse des Bayrischen Landtages vom 23. März 1970 (GVBl. S. 95) und Gesetz über die Untersuchungsausschüsse des Abgeordnetenhauses von Berlin vom 22. Juni 1970 (GVBl. S. 928).

[103] Eine Zusammenstellung aller Untersuchungsausschussgesetze der Länder findet sich bei: Recht und Organisation der Parlamente, 4. Band, 2316 ff. Im Saarland sind entsprechende einfachgesetzliche Regelungen nicht in einem separaten Untersuchungsausschussgesetz, sondern in §§ 38 ff. des Gesetzes über den Landtag des Saarlandes vom 20. Juni 1973 (Amtsbl. S. 517) enthalten.

[104] Vgl. dazu Klein, in: *Maunz / Dürig*, Grundgesetz, Art. 44 Rn. 37 ff.

[105] BT-Drs. 14 / 2518.

[106] BT-Drs. 14 / 2363.

setzentwurf der FDP-Fraktion beruhte fast vollständig, derjenige der Fraktionen der SPD und Bündnis 90 / Die Grünen weitgehend auf dem vom Ausschuss für Wahlprüfung, Immunität und Geschäftsordnung erarbeiteten Entwurf aus der 11. Wahlperiode (Porzner-Entwurf)[107]. Wiederum war es dann der Geschäftsordnungsausschuss, der unter Zusammenführung und Überarbeitung der beiden Gesetzesentwürfe der 14. Wahlperiode eine Beschlussempfehlung vorlegte[108]. In der Schlussabstimmung vom 6. April 2001 wurde diese vom Plenum einstimmig angenommen[109]. Die plötzliche Einigkeit aller Fraktionen in der 14. Wahlperiode war wohl unter anderem der besonderen Konstellation zu verdanken, dass der 1. Untersuchungsausschuss „Parteispendenaffäre" der 14. Wahlperiode als Instrument der Mehrheit und nicht der Opposition agierte. Denn im Rahmen der in ihrem Interesse erfolgenden Untersuchung stießen in erster Linie ausnahmsweise die Vertreter der parlamentarischen Mehrheit an die Grenzen der unzureichenden IPA-Regeln[110]. Ferner vermochten sich im Gegensatz zu den bisherigen Reformanläufen anscheinend alle Fraktionen von ihrer augenblicklichen parlamentarisch-politischen Zuordnung zum Regierungs- oder Oppositionslager zu lösen. Der Streit um den Umfang der Minderheitsrechte verlor damit an Schärfe. Es bleibt der etwas ungläubige Rückblick, dass sich die jeweiligen politischen Lager bis zur nunmehr erfolgten Verabschiedung eines Untersuchungsausschussgesetzes außer Stande sahen, den normalen demokratischen Vorgang einer Änderung der parlamentarischen Mehrheitsverhältnisse mit der Konsequenz einer Veränderung ihrer parlamentarischen Rolle in ihre Überlegungen einzubeziehen[111].
Mit dem Untersuchungsausschussgesetz ist der Gesetzgeber jetzt der vielfachen Forderung nachgekommen, die verfassungsrechtlichen Vorgaben des Art. 44 GG zu konkretisieren. Vor einer Darstellung der Funktion von Untersuchungsausschüssen, ihrer Stellung im Verhältnis zum Bundstag sowie des Verfahrens der Beweiserhebung ist jedoch der Frage nachzugehen, ob der Bundesgesetzgeber überhaupt die Kompetenz zur einfach-gesetzlichen Ausgestaltung des Art. 44 GG hatte.

I. Das Untersuchungsausschussgesetz als Ausführungsgesetz zu Art. 44 GG

Die Grundnorm des Art. 44 GG enthält keinen Auftrag, das Recht der Untersuchungsausschüsse gesetzlich zu regeln. Parallel zu den Beratungen der IPA-

[107] Vgl. BT-Drs. 11 / 8085; zu den Abweichungen vgl. *Wiefelspütz*, Das Untersuchungsausschussgesetz, S. 150 f.

[108] Beschlussempfehlung und Bericht des Ausschusses für Wahlprüfung, Immunität und Geschäftsordnung, BT-Drs. 14 / 5790; eine Auflistung der Änderungen gegenüber den ursprünglichen Gesetzentwürfen findet sich auf S. 12 f.

[109] Zur Abstimmung siehe Deutscher Bundestag, 14. Wahlperiode, 165., 6. April 2001, Sten. Prot. S. 16144 (16157).

[110] Vgl. *Schneider*, NJW 2001, 2604 (2605).

[111] Vgl. bereits *Kipke*, Die Untersuchungsausschüsse des deutschen Bundestages, S. 180.

Regeln wurde daher schon in der 5. Wahlperiode vorgeschlagen, Art. 44 GG durch verfassungsänderndes Gesetz um einen Regelungsvorbehalt zu ergänzen[112]. Im Interesse einer verfassungsfesten Kodifizierung des parlamentarischen Untersuchungsrechts wurde die Aufnahme einer grundgesetzlichen Ermächtigung zum Erlass näherer Bestimmungen ferner von der Enquête-Kommission Verfassungsrecht[113] sowie anlässlich der Verhandlungen des 57. Deutschen Juristentages gefordert[114]. Zudem ist beachtenswert, dass die Verfassungen von nicht weniger als neun der dreizehn Länder, die ein Untersuchungsausschussgesetz verabschiedet haben, einen entsprechenden Regelungsvorbehalt enthalten[115]. Das Untersuchungsausschussgesetz des Bundes ist nun erlassen worden, ohne dass Art. 44 GG um einen Regelungsvorbehalt ergänzt wurde. Eine derartige Verfassungsänderung wurde bei Ausarbeitung der Gesetzentwürfe und der Beschlussempfehlung der 14. Wahlperiode nicht thematisiert. Dass der Gesetzgeber den selbst gewählten Weg offensichtlich für unproblematisch hält, entbindet jedoch nicht von einer Prüfung, ob das Fehlen einer verfassungsrechtlichen Ermächtigung der Gültigkeit des Untersuchungsausschussgesetzes entgegenstehen könnte.

1. Differenzierung in das äußere und das interne Verfahrensrecht

Die Verfassungsmäßigkeit des Untersuchungsausschussgesetzes ist vor dem Hintergrund einer Differenzierung in das äußere und interne Verfahrensrecht des Untersuchungsausschussgesetzes zu erörtern. Bei der Regelung von Rechtsbeziehungen zwischen verschiedenen Staatsorganen sowie zwischen Staatsorganen und Bürgern verlässt das Parlament seine „Innenwelt“[116]. Entsprechende Regelungen bilden also das äußere Verfahrensrecht des Untersuchungsausschussgesetzes und bedürfen, da sie externe Wirkung entfalten sollen, einer gesetzlichen Regelung[117]. Zum äußeren Verfahrensrecht zählen insbesondere die Vorschriften über die Ladung und Vernehmung von Zeugen in §§ 20 ff. PUAG, die Verpflichtung anderer Staatsorgane zur Vorlage von Beweismitteln gem. § 18 PUAG, die Einnahme

---

[112] BT-Drs. V / 4514 vom 25. Juni 1969; siehe dazu *Wiefelspütz*, Das Untersuchungsausschussgesetz, S. 97 ff.

[113] BT-Drs. 7 / 5924, Kapitel 4, Parlamentarische Kontrollrechte, S. 52 Art. 44 VI; diesem Vorschlag folgte auch der Gesetzentwurf BT-Drs. 8 / 1180.

[114] Siehe *Schröder*, Gutachten für den 57. Deutschen Juristentag, S. 121 f.; vgl. ferner *Schenke*, JZ 1988, 805 (806).

[115] Vgl. Art. 35 IV S. 1 Bad.-WürttVerf., Art. 48 VI BerlinVerf., Art. 72 V BrandbgVerf., Art. 34 VII Meck.-VorpVerf., Art. 41 I S. 6 Nordrh.-WestfVerf., Art. 54 VI S. 1 SachsVerf., Art. 54 VIII SachsAnhVerf., Art. 18 VI Schl.-HolstVerf., Art. 64 IV ThürVerf. In Baden-Württemberg und Nordrhein-Westfalen wurden die Verweise der Art. 35 IV S. 1 Bad.-WürttVerf. und Art. 41 I S. 6 Nordrh.-WestfVerf. auf die jeweilige Geschäftsordnung vor dem Erlass der Untersuchungsausschussgesetze in Regelungsvorbehalte umgewandelt; vgl. *Kretschmer*, ZParl 1986, 334 (337); *Dreier*, JZ 1990, 310 (314).

[116] *Zeh*, DÖV 1988, 701 (702 f.).

[117] Siehe bereits o., S. 10 f.

eines Augenscheins gem. § 19 PUAG sowie die erzwingbare Herausgabe von in Gewahrsam Privater befindlichen Beweismitteln gem. §§ 29 f. PUAG.
Zur Regelung parlamentsinterner Fragen hingegen wird dem Bundestag gem. Art. 40 I S. 2 GG die Kompetenz zur Verabschiedung einer Geschäftsordnung verliehen. Als Ausfluss der Parlamentsautonomie gewährt die Geschäftsordnungsautonomie dem Bundestag das Recht, sich selbst zu verwalten, das heißt seine innere Organisation, Verfahrensgestaltung und Arbeitsweise eigenverantwortlich zu regeln[118]. Das interne Verfahrensrecht der Untersuchungsausschüsse umfasst somit die Ausschussorganisation und die Gestaltung des Verfahrens der inneren Willensbildung[119]. Folglich sind die Bestimmungen des Untersuchungsausschussgesetzes über die Einsetzung der Untersuchungsausschüsse gem. §§ 1 f. PUAG, die Besetzung und den Vorsitz gem. §§ 4 ff. PUAG, die Einberufung des Ausschusses und seine Beschlussfähigkeit gem. §§ 8 f. PUAG sowie die Protokollierung und Durchführung seiner Sitzungen gem. §§ 12 ff. PUAG dem internen Verfahrensrecht zuzuordnen.
Diese Differenzierung in zwei Regelungsebenen lässt sich hinsichtlich der Figur des Ermittlungsbeauftragten fortführen. So zählen einerseits die Bestimmungen über die Einsetzung eines Ermittlungsbeauftragten gem. § 10 I PUAG, das Verfahren zur Bestimmung der Person des Ermittlungsbeauftragten gem. § 10 II PUAG, die Berichterstattung gem. § 10 III S. 9 f. PUAG, die erforderliche Zurückhaltung im Verkehr nach außen gem. § 10 III S. 11, die Abberufung durch den Ausschuss gem. § 10 IV S. 2 PUAG sowie die Einsetzung von Hilfskräften gem. § 10 IV S. 1 PUAG zum Bereich des internen Verfahrensrechts. Andererseits wird gem. § 10 III S. 3 und S. 4 PUAG aber auch auf eine entsprechende Geltung der dem Untersuchungsausschuss im Rahmen seiner Beweiserhebung zustehenden Befugnisse gem. §§ 18, 19 und 30 PUAG verwiesen. Kann somit ebenfalls der Ermittlungsbeauftragte in Rechtsbeziehungen zu anderen Staatsorganen und zum Bürger treten, sind diese Verweise in § 10 PUAG dem äußeren Verfahrensrecht zuzuordnen.
Die unterschiedlichen Regelungsebenen berücksichtigend führt das Fehlen einer verfassungsrechtlichen Ermächtigung zum Erlass eines Untersuchungsausschussgesetzes zu folgenden Fragestellungen:
Hätte es der Aufnahme eines Regelungsvorbehalts in den Art. 44 GG bedurft, um eine Gesetzgebungskompetenz des Bundes zur Niederlegung des äußeren Verfahrensrechts im Untersuchungsausschussgesetz zu schaffen?

---

[118] Vgl. nur Schneider, in: Alternativkommentar zum Grundgesetz, Art. 40 Rn. 2.; Morlok, in: *Dreier*, Grundgesetz, Art. 40 Rn. 6; *Bollmann*, Grenzen des Selbstorganisationsrechts, S. 33 f.; *Pietzcker*, Schichten des Parlamentsrechts, Rn. 20.

[119] Trotz möglicher inhaltlicher Unterscheidung zwischen Organisation und Verfahren soll hier vereinfachend nur vom „internen" Verfahrensrecht der Untersuchungsausschüsse die Rede sein. Zur untrennbaren Verknüpfung von Organisations- und Verfahrensregelungen vgl. *Bollmann*, Grenzen des Selbstorganisationsrechts, S. 28.

War die Normierung des internen Verfahrensrechts nicht in der Form der Geschäftsordnung gem. Art. 40 I S. 2 GG, sondern im Rahmen eines Untersuchungsausschussgesetzes verfassungsrechtlich zulässig?

2. Gesetzgebungskompetenz zum Erlass des äußeren Verfahrensrechts

Im Gegensatz zur Regelung der Befugnisse des Petitionsausschusses gem. Art. 45 c II GG und dem auf dieser Grundlage ergangenen Gesetz über die Befugnisse des Petitionsausschusses des Deutschen Bundestages[120] ist der Verfassungsgeber bei Art. 44 GG nicht den Weg gegangen, eine ausdrückliche Kompetenz zur Regelung des Inhalts, Umfangs und der Grenzen der Befugnisse des Untersuchungsausschusses vorzusehen. Stattdessen wurde mit dem Verweis des Art. 44 II S. 1 GG auf die Vorschriften über den Strafprozess auf einen bereits bestehenden Normkomplex Bezug genommen[121]. Aus der unterschiedlichen Regelungstechnik des Verfassungsgebers, der zudem gem. Art. 41 III GG und Art. 45 b S. 2 GG bei zwei weiteren Artikeln des dritten Abschnitts des Grundgesetzes ausdrücklich eine nähere bundesgesetzliche Regelung verlangt, wird vereinzelt auf das Fehlen einer Gesetzgebungskompetenz zum Erlass eines Untersuchungsausschussgesetzes geschlossen[122].

a) Kompetenz kraft Natur der Sache

Eine Gesetzgebungskompetenz des Bundes zur Regelung des äußeren Verfahrensrechts der Untersuchungsausschüsse könnte sich aber aus der „Natur der Sache" ergeben. Art. 70 I GG fordert zwar eine „Verleihung" von Gesetzgebungsbefugnissen des Bundes durch das Grundgesetz. Einigkeit herrscht jedoch dahingehend, dass die Gesetzgebungskompetenzen des Bundes nicht ausnahmslos ausdrücklich verliehen sein müssen[123]. Auch die sich nicht unmittelbar aus dem Wortlaut ergebenden Bundeskompetenzen müssen aber ihre Grundlage in den Vorschriften des Grundgesetzes finden[124]. Bei diesen sogenannten „ungeschriebenen" (besser: stillschweigenden) Bundeskompetenzen kann es sich also nur um solche handeln, die sich mit Hilfe allgemeiner Auslegungsmittel aus dem geschriebenen Verfassungsrecht ableiten lassen[125]. Eine stillschweigende Bundeskompetenz kraft Natur der

---

[120] Vom 19.7.1975 (BGBl. I S. 1921).

[121] Vgl. *Stern*, AöR 109 (1984), 199 (224).

[122] Vgl. *Trossmann*, Parlamentsrecht des Deutschen Bundestages, § 63 Anm.16.5; kritisch auch *Partsch*, Gutachten für den 57. Deutschen Juristentag, S. 216 f.

[123] Vgl. nur Rozek, in: *v. Mangoldt / Klein / Starck*, Grundgesetz, Art.70 Rn. 36; Degenhart, in: *Sachs*, Grundgesetz, Art. 70 Rn. 22.

[124] Pieroth, in: *Jarass / Pieroth*, Grundgesetz, Art. 70 Rn. 3; Bothe, in: Alternativkommentar zum Grundgesetz, Art. 30 Rn. 13.

[125] Vgl. Bothe, in: Alternativkommentar zum Grundgesetz, Art. 30 Rn. 13; Rozek, in: *v. Mangoldt / Klein / Starck*, Grundgesetz, Art. 70 Rn. 36; Pieroth, in: *Jarass / Pieroth*, Grundgesetz, Art. 70 Rn. 3; Degenhart, in: *Sachs*, Grundgesetz, Art. 70 Rn. 22.

Sache muss demnach schon im Grundgesetz angelegt sein[126]. Dies ist zu beachten, wenn man auf die insoweit nicht eindeutige Definition des Bundesverfassungsgerichts zurückgreift. Nach der ist eine Kompetenz kraft Natur der Sache anzunehmen, wenn „gewisse Sachgebiete, weil sie ihrer Natur nach eigenste, der partikularen Gesetzgebungszuständigkeit entrückte Angelegenheiten des (Bundes) darstellen, die vom (Bund) und nur von ihm geregelt werden können"[127]. Dabei wird einschränkend hinzugefügt, dass „Schlussfolgerungen aus der Natur der Sache (...) begriffsnotwendig sein und eine bestimmte Lösung unter Ausschluss anderer Möglichkeiten sachgerechter Lösung zwingend fordern (müssen)"[128]. Definitionsgemäß handelt es sich bei einer solchen Gesetzgebungskompetenz des Bundes stets um eine ausschließliche[129].

Mit dem Verweis des Art. 44 II S. 1 GG auf eine „sinngemäße" Anwendung der Vorschriften über den Strafprozess spricht die Verfassungsnorm selbst die Notwendigkeit an, diese Bestimmungen im Rahmen eines parlamentarischen Untersuchungsverfahren nur modifiziert zur Anwendung kommen zu lassen. Daher steht Art. 44 II S. 1 GG einer Konkretisierung dieser Vorgabe nicht nur nicht entgegen, sondern verlangt geradezu nach einer näheren Regelung durch den Gesetzgeber. Dementsprechend ging bereits der Porzner-Entwurf der 11. Wahlperiode von einer aus der Verweisung auf die Strafprozessordnung abzuleitenden stillschweigenden Gesetzgebungskompetenz des Bundes zum Erlass eines Untersuchungsausschussgesetzes aus[130]. Zudem machen die Kompetenztitel der Art. 45 b S. 2 GG und Art. 45 c II GG deutlich, dass eine Regelung der Sachaufklärungsbefugnisse von Hilfsorganen des Bundesorgans Bundestag nur durch den Bundesgesetzgeber erfolgen kann. Dies gilt auch für die Befugnisse der Untersuchungsausschüsse des Bundestags. Ländergesetzliche, gegebenenfalls voneinander abweichende Regelungen sind evident ungeeignet, die Befugnisse des Bundestages und seiner Hilfsorgane festzulegen. Folglich lässt sich aus Art. 44 II S. 1 GG sowie im Wege einer systematischen Auslegung der Verfassungsbestimmungen über den Bundestag im dritten Abschnitt des Grundgesetzes eine Gesetzgebungskompetenz des Bundes kraft Natur der Sache zur Regelung des äußeren Verfahrensrechts der Untersuchungsausschüsse ableiten[131].

---

[126] *Stern*, Staatsrecht II, S. 612 f.; Bothe, in: Alternativkommentar zum Grundgesetz, Art. 30 Rn. 15.

[127] BVerfGE 11, 89 (98).

[128] BVerfGE 11, 89 (98); siehe auch BVerfGE 12, 205 (251 f.); 26, 246 (256).

[129] Pieroth, in: *Jarass / Pieroth*, Grundgesetz, Art. 70 Rn. 8; Rozek, in: *v. Mangoldt / Klein / Starck*, Grundgesetz, Art. 70 Rn. 38.

[130] BT-Drs. 11 / 8085, S. 13; von einer „verfassungsrechtlichen Pflicht" zum Erlass eines Untersuchungsausschussgesetzes spricht *Schröder*, Gutachten für den 57. Deutschen Juristentag, S. 44.

[131] Für eine Gesetzgebungskompetenz kraft Natur der Sache auch *Mager*, Der Staat 2002, 597 (602 f.); *Wiefelspütz*, Das Untersuchungsausschussgesetz, S. 174 f. Für die Zulässigkeit eines Untersuchungsausschussgesetzes des Bundes ferner *Mutius / Friedrich*, DVBl. 1992, 73 (78);

b) Verhältnis zum Verweis des Art. 44 II S. 1 GG

Aus dem bestehen gebliebenen Verweis des Art. 44 II S. 1 GG auf die Vorschriften über den Strafprozess ergeben sich jedoch auch gewisse Unsicherheiten. So wird einem Untersuchungsausschussgesetz, das ohne die vorherige Ersetzung des Verweises aus Art. 44 II S. 1 GG durch einen ausdrücklichen Gesetzgebungsauftrag erlassen wird, teilweise die Bedeutung eines bloßen Interpretationsversuchs beigemessen[132]. Der Verweis des Art. 44 II S. 1 GG auf die Verfahrensregelungen des Strafprozesses habe Verfassungsrang[133]. Der Gesetzgeber aber könne eine Verfassungsnorm nicht authentisch interpretieren, sondern nur eine mit dem Risiko der verfassungsgerichtlichen Verwerfung verbundene Möglichkeit ihrer Auslegung anbieten[134]. Demnach können einzelne Bestimmungen des Untersuchungsausschussgesetzes jederzeit mit der Behauptung in Frage gestellt werden, dass sie die verfassungsrechtliche Vorgabe der „sinngemäßen Anwendung" des Strafverfahrensrechts überschreiten[135]. Dieser Einwand darf aber nicht überbewertet werden. Gewiss ist der Gestaltungsspielraum für den Gesetzgeber aufgrund des Verweisung in Art. 44 II S. 1 GG enger als im Falle einer Ermächtigung zur näheren Regelung[136]. Doch dürfte der Nachweis, dass sich einzelne Bestimmungen des Untersuchungsausschussgesetzes nicht mehr im Bereich einer auch nur „sinngemäßen" Anwendung des Strafverfahrensrechts bewegen, nur ausnahmsweise gelingen. Bis dahin ist vom Untersuchungsausschussgesetz als geltende Konkretisierung der „sinngemäßen Anwendung der Vorschriften über den Strafprozess" auszugehen[137].

Problematischer erscheint hingegen, dass Art. 44 II S. 1 GG der Annahme einer abschließenden Regelung des parlamentarischen Untersuchungsrechts durch das Untersuchungsausschussgesetz entgegensteht. Denn möglich bleibt unfraglich eine lückenfüllende Anwendung des Strafverfahrensrechts[138]. Dessen war sich auch der Gesetzgeber bewusst. Die Begründung der Beschlussempfehlung weist

---

Schenke, JZ 1988, 805 (806); *Kretschmer*, DVBl. 1988, 811 (820); *Schröder*, Gutachten für den 57. Deutschen Juristentag, S. 44 und 121 f.

[132] Siehe *Schröder*, Gutachten für den 57. Deutschen Juristentag, S. 121 f. und 125; ihm folgend *Bickel*, Referat für den 57. Deutschen Juristentag, S. 25; Klein, in: *Maunz / Dürig*, Grundgesetz, Art. 44 Rn. 28.

[133] *Partsch*, Gutachten für den 45. Deutschen Juristentag, S. 216.

[134] Vgl. *Schröder*, Gutachten für den 57. Deutschen Juristentag, S. 121 f.; Klein, in: *Maunz / Dürig*, Grundgesetz, Art. 44 Rn. 28.

[135] Vgl. Klein, in: *Maunz / Dürig*, Grundgesetz, Art. 44 Rn. 29; *Mager*, Der Staat 2002, 597 (602 f.); *Rogall*, Das Untersuchungsausschussgesetz des Bundes und seine Bedeutung für das Straf- und Strafverfahrensrecht, S. 452; ferner bereits *Partsch*, Gutachten für den 45. Deutschen Juristentag, S. 216.

[136] Vgl. dazu *Schröder*, Gutachten für den 57. Deutschen Juristentag, S. 122 und 125; ferner *ders.*, Der Staat 1982, 25 (32).

[137] So bereits *Mager*, Der Staat 2002, 597 (603).

[138] Vgl. *Mager*, Der Staat 2002, 597 (603); siehe ferner *Rogall*, Das Untersuchungsausschussgesetz des Bundes und seine Bedeutung für das Straf- und Strafverfahrensrecht, S. 452.

darauf hin, dass die im Untersuchungsausschussgesetz nicht enthaltenen Verfahrensregeln des Strafprozesses über die Beweiserhebung sinngemäß weiterhin gelten, sofern sie auf ein parlamentarisches Untersuchungsverfahren anwendbar sein können[139].

Unklarheiten bleiben also. Vergegenwärtigt man sich das Grundanliegen der Kodifizierung des Rechts der Untersuchungsausschüsse, eindeutige gesetzliche Bestimmungen für alle Verfahrensbeteiligten zu schaffen, um somit die Unsicherheiten zu beseitigen, die sich aus dem Verweis des Art. 44 II S. 1 GG und der ergänzenden Anwendung der IPA-Regeln ergeben haben[140], so ist nicht nachzuvollziehen, warum es der verfassungsändernde Gesetzgeber nicht einmal in Erwägung gezogen hat, Art. 44 II S. 1 GG durch einen Gesetzgebungsauftrag zu ersetzen[141].

3. Regelung von Geschäftsordnungsangelegenheiten im Untersuchungsausschussgesetz

Zwar bestätigt die Regelung des äußeren Verfahrensrechts der Untersuchungsausschüsse im Untersuchungsausschussgesetz den Ansatz, der eine Niederlegung von Parlamentsrecht in förmlichen Gesetzen grundsätzlich für unproblematisch hält, wenn neben dem Parlament und seinen Untergliederungen auch andere Rechtssubjekte oder Verfassungsorgane berechtigt oder verpflichtet werden sollen[142]. Davon zu trennen ist jedoch die Frage, ob die Bestimmungen zum internen Verfahrensrecht der Untersuchungsausschüsse in einem formellen Gesetz geregelt werden durften. Diesbezüglich würden keine Bedenken bestehen, wenn das Grundgesetz einen ausdrücklichen Gesetzgebungsauftrag enthielte[143]. Ist dies hingegen wie bei Art. 44 GG nicht der Fall, könnte Art. 40 I S. 2 GG verlangen, dass sich der Bundestag zur Regelung parlamentsinterner Angelegenheiten zwingend der Form der Geschäftsordnung zu bedienen hat. Das Problem, ob die Verfassungsgarantie der parlamentarischen Geschäftsordnungsautonomie eine ausschließliche Zuständigkeitsregelung für die Geschäftsordnungsangelegenheiten des Parlaments begründet, besteht nämlich nicht nur bei Gesetzen, die in ihrer Gesamtheit ausschließlich den Binnenbereich des Parlaments betreffen, sondern erfasst auch die Bestimmungen, die im Zusammenhang mit zwingend formellgesetzlich zu regelnden Angelegenheiten ergehen[144]. Zu klären ist also, ob die Bestimmungen des Untersuchungsausschussgesetzes zum internen Verfahrens-

---

[139] Vgl. BT-Drs. 14 / 5790, S. 13 und Begründung zu § 20, S. 18.

[140] Vgl. BT-Drs. 14 / 5790, S. 1; BT-Drs. 14 / 2518, S. 1; BT-Drs. 14 / 2363, S. 1.

[141] Kritisch auch Klein, in: *Maunz / Dürig*, Grundgesetz, Art. 44 Rn. 29.

[142] Vgl. dazu *Pietzcker*, Schichten des Parlamentsrechts, Rn. 9 ff.; Morlok, in: *Dreier*, Grundgesetz, Art. 40 Rn. 15; *Kühnreich*, Selbstorganisationsrecht, S. 120 f.; *Zeh*, in: HdbStR, Bd. II, § 43 Rn. 11.

[143] Vgl. *Bollmann*, Grenzen des Selbstorganisationsrechts, S. 185; *Pietzcker*, Schichten des Parlamentsrechts, Rn. 13.

[144] Vgl. *Kühnreich*, Selbstorganisationsrecht, S. 121.

recht in der Form der Geschäftsordnung hätten geregelt werden müssen. Ein etwaiger Verstoß gegen den Kompetenzdualismus von Gesetz und Geschäftsordnungsrecht würde die Verfassungswidrigkeit dieser Vorschriften zur Folge haben[145]. Betroffen wären davon auch die Innenrechtsbestimmungen, die sich der Figur des Ermittlungsbeauftragten annehmen.

a) Wahlfreiheit zwischen Gesetz und Geschäftsordnung

Auch ohne ausdrückliche Ermächtigung des Grundgesetzes sind Einzelheiten des vom Bundestag anzuwendenden parlamentsinternen Verfahrens vielfach in einfachen Gesetzen geregelt worden[146]. Die Staatspraxis hat sich bisher anscheinend ohne Bedenken die Kompetenz zugeschrieben, frei über die Form der Regelung der Geschäftsordnungsangelegenheiten des Parlaments zu befinden[147]. Ein dementsprechendes Wahlrecht des Bundestages zwischen den Regelungsformen des förmlichen Gesetzes und der Geschäftsordnung wird auch in Teilen der Literatur gefordert[148]. Nach diesem Ansatz entspricht es dem Wesen der Autonomieverleihung in Art. 40 I S. 2 GG, dass dem Bundestag mit dem Recht, sich eine Geschäftsordnung zu geben, auch in der Frage der Formwahl Autonomie zugebilligt wird. Die Geschäftsordnungskompetenz des Bundestages sei nur als eine Verfahrenserleichterung zu verstehen, der sich das Parlament nach Zweckmäßigkeit bedienen könne[149]. Begründet wird die Möglichkeit der Formwahl ferner mit dem häufigen Vorliegen einer Gemengelage von Vorschriften, die eine Bindung Externer herbeiführen sollen, und Vorschriften, die ausschließlich an die Parlamentarier adressiert sind. Für eine gesetzliche Regelung spreche daher, dass eine genaue Aufteilung der Regelungsmaterien in gesetzliche Bestimmungen zur Festlegung von Doppel- oder Mehrfachbindungen einerseits und Geschäftsordnungsbestimmungen zu Regelung der internen Angelegenheiten andererseits häufig nicht möglich sei[150]. Nimmt man ein derart weitreichendes Wahlrecht des Bundestages an, steht der Aufnahme interner Verfahrensrechtsbestimmungen in das Untersuchungsausschussgesetz nichts entgegen.

---

[145] Zu dieser Konsequenz vgl. *Bollmann*, Grenzen des Selbstorganisationsrechts, S. 176.

[146] Vgl. die Aufzählung bei *Schwerin*, Der Deutsche Bundestag als Geschäftsordnungsgeber, S. 40 ff; *Zeh*, in: HdbStR, Bd. II, § 43 Rn. 9; *Bücker*, ZParl 1986, 324 (326 ff.); kritisch zur Qualifizierung einer Mehrzahl der angeführten Beispiele als Regelung innerer Parlamentsangelegenheiten aber *Bollmann*, Grenzen des Selbstorganisationsrechts, S. 169 ff.

[147] Vgl. *Zeh*, in: HdbStR, Bd. II, § 43 Rn. 11.

[148] Vgl. *Kretschmer*, ZParl 1986, 334 (337 ff.); *Bücker*, ZParl 1986, 324 (333); *Haug*, Bindungsprobleme und Rechtsnatur parlamentarischer Geschäftsordnungen, S. 50 f.; *Achterberg*, Parlamentsrecht, S. 325 ff.

[149] So *Haug*, Bindungsprobleme und Rechtsnatur parlamentarischer Geschäftsordnungen, S. 51; *Kretschmer*, ZParl 1986, 334 (338).

[150] Vgl. *Bücker*, ZParl 1986, 324 (329 ff.); *Zeh*, in: HdbStR, Bd. II, § 43 Rn. 11.

b) *Eingeschränkte Formwahlfreiheit*

Das Bundesverfassungsgericht hat eine Formwahl nur unter bestimmten Einschränkungen für zulässig erachtet. Mehrheitlich wurde vertreten, dass die Geschäftsordnungsautonomie des Parlaments durch eine gesetzliche Regelung parlamentsinterner Fragen jedenfalls dann nicht in verfassungsrechtlich erheblicher Weise tangiert wird, „wenn das Gesetz - auch seine Aufhebung - nicht der Zustimmung des Bundesrates bedarf, der Kern der Geschäftsordnungsautonomie des Bundestages nicht berührt wird und überdies gewichtige sachliche Gründe dafür sprechen, die Form des Gesetzes zu wählen“[151]. Sind diese Voraussetzungen erfüllt, steht dem Bundestag demnach die Option zu, sich der Regelungsform des formellen Gesetzes zu bedienen. Der Gedanke dieser eingeschränkten Wahlfreiheit trifft auch in der Literatur auf Zustimmung, wobei die vom Bundesverfassungsgericht aufgestellten Kriterien vollständig[152] oder eingeschränkt[153] übernommen werden oder ein strengerer Maßstab angelegt wird[154]. Nach diesem Ansatz könnte die Aufnahme des parlamentarischen Innenrechts in das Untersuchungsausschussgesetz zulässig gewesen sein.

c) *Regelungsform des Gesetzes nur bei ausdrücklicher verfassungsrechtlicher Ermächtigung*

Die Entscheidung des Bundesverfassungsgerichts ist nicht einstimmig ergangen. Nach den Sondervoten verschaffe die verfassungsrechtliche Einräumung der Geschäftsordungsautonomie dem Parlament nicht nur das Recht, sondern mache ihm zur Pflicht, seine inneren Angelegenheiten selbständig in der Form der Geschäftsordnung zu regeln[155]. Die Geschäftsordnungsautonomie beinhalte eine verfassungsunmittelbare Sachkompetenz, die dem Bundestag als Volksvertretungs-Körperschaft und nicht in seiner Funktion als Gesetzgebungsorgan zuerkannt werde, um sicherzustellen, dass er Herr seines Verfahrens bleibe[156]. Systematisch strikt wird also zwischen dem Bundestag als Gesetzgebungsorgan und als einem mit Geschäftsordnungsautonomie ausgestatteten Verfassungsorgan unterschieden[157]. In die durch die Verfassung begründete Kompetenz zur Geschäftsordnungsgebung dürfe der einfache Gesetzgeber nur eingreifen, wenn er dazu durch

[151] BVerfGE 70, 324 (361).

[152] Vgl. *Kühnreich*, Selbstorganisationsrecht, S. 143; Klein, in: *Maunz / Dürig*, Grundgesetz, Art. 40 Rn. 79.

[153] Die Bedingung der Nichtberührung des Kerns der Geschäftsordnungsautonomie wird abgelehnt von *Schröder*, Jura 1987, 469 (473).

[154] Vgl. *Pietzcker*, Schichten des Parlamentsrechts, Rn. 16.

[155] Vgl. Sondervotum Mahrenholz, BVerfGE 70, 324 / 366 (376 ff); Sondervotum Böckenförde, BVerfGE 70, 324 / 380 (386 ff.).

[156] Vgl. Sondervotum Böckenförde, BVerfGE 70, 324 / 380, (387).

[157] *Dreier*, JZ 1990, 310 (312).

die Verfassung besonders ermächtigt sei[158]. Für die von der Mehrheit des Senats aufgestellten Bedingungen zur Annahme einer Wahlfreiheit würden sich im Grundgesetz keine Anhaltspunkte finden[159].
In der Literatur stößt die Annahme einer auch nur beschränkten Formwahlfreiheit ebenfalls auf Ablehnung[160]. Die ausnahmslose Pflicht zur Regelung der inneren Angelegenheiten in der Form der Geschäftsordnung wird in erster Linie auf den Zweck des Art. 40 I S. 2 GG zurückgeführt, Einwirkungsmöglichkeiten der anderen Verfassungsorgane auf den inneren Parlamentsbereich auszuschließen[161]. Im Gegensatz zur autonomen Regelung im Rahmen der Geschäftsordnung seien bei der Regelung in einem Bundesgesetz die Mitwirkungsrechte der Bundesregierung mit ihrem Initiativrecht, des ausfertigenden und unter Umständen auf Verfassungsmäßigkeit prüfenden Bundespräsidenten sowie des Bundesrates gem. Art. 77 II bis IV GG zu beachten[162]. Zudem beschränke die aufgrund der nicht gegebenen Diskontinuität zeitlich unbegrenzte und wegen erschwerter Abänderung stärkere Bindungskraft eines Gesetzes die nachfolgenden Parlamente in der Ausübung ihrer Geschäftsordnungskompetenz und gefährde damit deren Selbständigkeit und Unabhängigkeit[163]. Folgt man diesem Ansatz, hätte die Regelung des internen Verfahrensrechts nicht im Untersuchungsausschussgesetz erfolgen dürfen. Es läge diesbezüglich ein verfassungsrechtlich nicht zu legitimierender Verstoß gegen die gem. Art. 40 I S. 2 GG verliehene Geschäftsordnungsautonomie vor.

d) Stellungnahme

Es ist bereits nachgewiesen worden, dass weder der grammatischen noch der historischen oder der systematischen Auslegung des Art. 40 I S. 2 GG eine Antwort auf die Frage zu entnehmen ist, ob der Bundestag nicht nur berechtigt, sondern auch verpflichtet ist, sich zur Regelung der inneren Angelegenheiten der Geschäftsordnung zu bedienen[164]. Die Zulässigkeit der Regelung von parlamentari-

---

[158] Sondervotum Böckenförde, BVerfGE 70, 324 / 380 (387).

[159] Sondervotum Mahrenholz, BVerfGE 70, 324 / 366 (377).

[160] Vgl. *Schwerin*, Der Deutsche Bundestag als Geschäftsordnungsgeber, S. 46 ff.; *Bollmann*, Grenzen des Selbstorganisationsrechts, S. 167 ff.; Achterberg / Schulte, in: *v. Mangoldt / Klein / Starck*, Grundgesetz, Art. 40 Rn. 46; *Arndt*, Parlamentarische Geschäftsordnungsautonomie und autonomes Parlamentsrecht, S. 122 ff.; Pieroth, in: *Jarass / Pieroth*, Grundgesetz, Art. 40 Rn. 8; *Dreier*, JZ 1990, 310 (314).

[161] Vgl. *Bollmann*, Grenzen des Selbstorganisationsrechts, S. 168; Pieroth, in: *Jarass / Pieroth*, Grundgesetz, Art. 40 Rn. 8.

[162] Vgl. *Schwerin*, Der Deutsche Bundestag als Geschäftsordnungsgeber, S. 47 f.; *Dreier*, JZ 1990, 310 (314 f.); *Pietzcker*, Schichten des Parlamentsrechts, Rn. 14; *Arndt*, Parlamentarische Geschäftsordnungsautonomie und autonomes Parlamentsrecht, S. 123 f.

[163] Vgl. Achterberg / Schulte, in: *v. Mangoldt / Klein / Starck*, Grundgesetz, Art. 40 Rn. 46; *Arndt*, Parlamentarische Geschäftsordnungsautonomie und autonomes Parlamentsrecht, S. 124.

[164] Siehe insbesondere *Kühnreich*, Selbstorganisationsrecht, S. 124 ff.; ferner Achterberg / Schulte, in: *v. Mangoldt / Klein / Starck*, Grundgesetz, Art. 40 Rn. 45; *Kretschmer*, ZParl 1986, 334 (338 f.).

schen Innenrechtsbelangen in einem förmlichen Gesetz beurteilt sich maßgeblich nach dem Sinn und Zweck der Geschäftsordnungsautonomie[165]. Zwar ist die Geschäftsordnungsautonomie nicht mehr in dem Umfang wie zur Zeit ihrer Entstehung im Konstitutionalismus dazu bestimmt, dem Parlament einen selbständig bestimmten Freiraum zu schaffen, da im Gesetzgebungsverfahren mittlerweile das Parlament das beherrschende Organ darstellt[166]. Doch kann nicht bestritten werden, dass sie auch im parlamentarischen Regierungssystem dem Schutz des Parlaments vor nicht unerheblichen Mitwirkungsrechten anderer Verfassungsorgane dient und eine Fremdbestimmung bei der Regelung der eigenen Angelegenheiten verhindert[167]. Denn bei einem Wechsel von der Geschäftsordnungs- zur Gesetzesform gibt das Parlament seine Entscheidung über die eigenen Angelegenheiten insbesondere durch die Beteiligung des Bundesrates am Gesetzgebungsverfahren ein Stück weit aus der Hand[168]. Mit dem weiterhin Geltung beanspruchenden Zweck des Schutzes des Parlaments vor Fremdbestimmung ist die Annahme einer unbeschränkten Wahlfreiheit zwischen der Form der Geschäftsordnung und des Gesetzes daher nicht zu vereinbaren. Die Verfassung sieht aus gutem Grund die Form der Geschäftsordnung für die Regelung des parlamentarischen Binnenbereichs vor und schafft eben nicht lediglich eine Verfahrenserleichterung, der sich das Parlament nach Zweckmäßigkeitserwägungen beliebig bedienen kann. Eine schrankenlose Möglichkeit der Formwahl kann auch nicht mit dem pauschalen Hinweis auf eine Gemengelage zwischen internen und externen Angelegenheiten begründet werden, welche eine Aufteilung der Regelungsmaterien auf Gesetze einerseits und die Geschäftsordnung andererseits unmöglich macht. Denn Abgrenzungsschwierigkeiten rechtfertigen grundsätzlich nicht den Verzicht auf Zuordnungen, sondern sollten in erster Linie Anlass geben, taugliche Kriterien für eine Abgrenzung zu entwickeln[169].

Ist also einerseits ein unbeschränktes Wahlrecht des Parlaments abzulehnen, ist daraus andererseits jedoch nicht zwangsläufig auf eine ausnahmslose Pflicht des Parlaments zu schließen, sein Innenrecht in der Form der Geschäftsordnung zu regeln. Denn besteht im konkreten Einzelfall keine Gefahr der Fremdbestimmung des Parlaments bei der Regelung eigener Angelegenheiten und kann der Bundestag darüber hinaus triftige Gründe für die Wahl der Regelungsform des Gesetzes

---

165 Achterberg / Schulte, in: *v. Mangoldt / Klein / Starck*, Grundgesetz, Art. 40 Rn. 46; *Pietzcker*, Schichten des Parlamentsrechts, Rn. 14.

166 Vgl. dazu BVerfGE 70, 324 (361); *Haug*, Bindungsprobleme und Rechtsnatur parlamentarischer Geschäftsordnungen, S. 50; *Kretschmer*, ZParl 1986, 334 (337).

167 Vgl. *Dreier*, JZ 1990, 310 (314 f.); Achterberg / Schulte, in: *v. Mangoldt / Klein / Starck*, Grundgesetz, Art. 40 Rn. 46; *Schwerin*, Der Deutsche Bundestag als Geschäftsordnungsgeber, S. 47 ff.; *Pietzcker*, Schichten des Parlamentsrechts, Rn.14.

168 Vgl. *Dreier*, JZ 1990, 310 (314 f.).

169 So zutreffend *Kühnreich*, Selbstorganisationsrecht, S. 127 f.; Achterberg / Schulte, in: *v. Mangoldt / Klein / Starck*, Grundgesetz, Art. 40 Rn. 48; *Pietzcker*, Schichten des Parlamentsrechts, Rn. 15.

anführen, ist auch eine verfassungsrechtlich relevante Beeinträchtigung der Geschäftsordnungsautonomie nicht zu befürchten[170]. Der Sinn und Zweck des Art. 40 I S. 2 GG verlangt demnach keine ausnahmslose Regelung der parlamentsinternen Angelegenheiten in der Form der Geschäftsordnung, so dass dem Parlament insoweit ein begrenzter Spielraum eröffnet ist. Folglich spricht viel für den vermittelnden Ansatz der eingeschränkten Formwahlfreiheit[171], der die gesetzliche Normierung parlamentarischer Innenrechtsbelange für verfassungsrechtlich unbedenklich hält, wenn sie unter nur unerheblicher Mitwirkung anderer Verfassungsorgane geregelt werden und zudem gewichtige sachliche Gründe für eine gesetzgeberische Tätigkeit sprechen. Ein gewichtiger sachlicher Grund kann insbesondere dann gegeben sein, wenn Innenrechtsbelange im engen Zusammenhang mit einer zwingend formal gesetzlich zu regelnden Materie stehen und sich von daher für die Aufnahme in die Geschäftsordnung nicht eignen[172]. An diese Voraussetzung muss jedoch ein strenger Maßstab angelegt werden, um zu verhindern, dass der bloße Hinweis auf eine bestehende Gemengelage von internen und externen Verfahrensrecht bei tatsächlich nur losem Zusammenhang verstärkt zur Wahl der Regelungsform des Gesetzes und somit zu einem Leerlaufen der Geschäftsordnungsautonomie führt[173]. Ein enger sachlicher Zusammenhang im genannten Sinne darf daher nur angenommen werden, wenn die getrennte Regelung der Materie einer Rechtszersplitterung gleichkommt[174].

Die Regelung des internen Verfahrensrechts der Untersuchungsausschüsse im Untersuchungsausschussgesetz war nach alledem also verfassungsrechtlich zulässig, wenn die Mitwirkung der anderen Verfassungsorgane bei der Gesetzesentstehung nur von untergeordneter Bedeutung war und ein enger sachlicher Zusammenhang im genannten Sinne mit dem äußeren Verfahrensrecht gegeben ist. Was den Grad der Mitwirkung des Bundesrates betrifft, ist festzuhalten, dass die Regelung des zusammen mit dem internen Verfahrensrecht ergangenen und zwingend formell-gesetzlich niederzulegenden äußeren Verfahrensrechts im Untersuchungsausschussgesetz kein Zustimmungserfordernis des Bundesrates zum Untersuchungsausschussgesetz begründete. Denn an der vorausgesetzten ausdrücklichen Bezeichnung als Zustimmungsgesetz im Grundgesetz[175] mangelt es. Die gegenüber den bei Einspruchsgesetzen gewichtigeren Einflussmöglichkeiten des Bundesrates bei Zustimmungsgesetzen[176] bestanden folglich nicht. Auch vermag das Gesetzesinitiativrecht der Bundesregierung nach Art. 76 I GG das Parlament nicht

---

[170] Vgl. Klein, in: *Maunz / Dürig*, Grundgesetz, Art. 40 Rn. 79.

[171] Siehe o., S. 24.

[172] Vgl. *Kühnreich*, Selbstorganisationsrecht, S. 141; Morlok, in: *Dreier*, Grundgesetz, Art. 40 Rn.16; *Schröder*, Jura 1987, 469 (473).

[173] Zu dieser Gefahr bereits *Bollmann*, Grenzen des Selbstorganisationsrechts, S. 167.

[174] Zutreffend *Kühnreich*, Selbstorganisationsrecht, S. 141.

[175] Vgl. nur BVerfGE 1, 76 (79); *Ipsen*, Staatsrecht I, Rn. 288 ff.

[176] Dazu *Ipsen*, Staatsrecht I, Rn. 285, 313 ff.

daran zu hindern, sein Verfahren nach seinen Bedürfnissen zu regeln[177]. Der Ausführungs- und Verkündungskompetenz des Bundespräsidenten schließlich ist bezüglich der Niederlegung parlamentarischer Verfahrensregelungen von vornherein nur eine untergeordnete Bedeutung beizumessen[178]. Die Mitwirkungsrechte der anderen Verfassungsorgane im Gesetzgebungsverfahren waren also nur von untergeordneter Bedeutung.
Folglich kommt es darauf an, ob zwischen dem äußeren und dem internen Verfahrensrecht der Untersuchungsausschüsse ein enger sachlicher Zusammenhang besteht. Gegen die Annahme eines entsprechenden Zusammenhangs könnte zwar ins Feld geführt werden, dass eine Aufteilung der einzelnen Regelungen des Untersuchungsausschussgesetzes in das zwingend in gesetzlicher Form zu regelnde äußere Verfahrensrecht und das in der Geschäftsordnung zu regelnde interne Verfahrensrecht grundsätzlich möglich gewesen wäre[179]. Doch gilt es zu beachten, dass das interne Verfahrensrecht mit seinen Vorgaben für den Prozess der Willensbildung im Ausschuss gerade die Voraussetzungen für die Ausübung der Befugnisse des Untersuchungsausschusses als Regelungsmaterie des äußeren Verfahrensrechts schafft. Nimmt sich das Innenrecht des Ausschusses unter anderem der Regelung des „ob" der Beweiserhebung an, so regelt das Außenrecht darauf aufbauend das „wie" der Beweiserhebung[180]. Im Interesse einer einheitlichen Verfahrenslösung wurde das interne Verfahrensrecht der Untersuchungsausschüsse anlässlich der Regelung der im Zentrum eines jeden Untersuchungsverfahrens stehenden Durchführung der Beweiserhebung im Untersuchungsausschussgesetz lediglich mitgeregelt. Deutlich zu Tage tritt hier das Bestreben des Gesetzgebers, mit dem Untersuchungsausschussgesetz allen am Untersuchungsverfahren Beteiligten eine nachvollziehbare, möglichst vollständige Kodifikation des parlamentarischen Untersuchungsrechts an die Hand zu geben[181]. Die Schaffung einer weitgehend abschließenden Verfahrensgrundlage statt einer getrennten Regelung der Materie in verschiedenen Rechtsquellen dient somit der Gewährung von Rechtsklarheit und Rechtssicherheit. Besteht ein derartig enger Zusammenhang zwischen parlamentsinternen und außenwirksamen Bestimmungen, ist auch das Bedürfnis des Parlaments anzuerkennen, einen Teilbereich des parlamentarischen Binnenrechts nicht der jederzeitigen Verfügbarkeit des Geschäftsordnungsgebers nach § 126 GOBT unterfallen zu lassen[182]. Demgegenüber fällt die Nichtgeltung des Diskontinuitätsgrundsatzes mit der daraus resultierenden stärkeren Bindung

---

[177] Von ausschließlicher Art ist das Initiativrecht der Bundesregierung gem. Art. 110 III GG nur im Haushaltsgesetzgebungsverfahren; vgl. Klein, in: *Maunz / Dürig*, Grundgesetz, Art. 40 Rn. 79 mit Fn. 3; Heun, in: *Dreier*, Grundgesetz, Art. 110 Rn. 34.
[178] Vgl. Klein, in: *Maunz / Dürig*, Grundgesetz, Art. 40 Rn. 79 mit Fn. 3
[179] Siehe die - allerdings nicht abschließende - Aufteilung auf S. 18 ff.
[180] Vgl. *Mager*, Der Staat 2002, 597 (602 f.).
[181] Vgl. auch BT-Drs. 14 / 5790, S. 1.
[182] Dazu *Wiefelspütz*, Das Untersuchungsausschussgesetz, S. 176 f.; Klein, in: *Maunz / Dürig*, Grundgesetz, Art. 44 Rn. 27.

der nachfolgenden Parlamente auch aufgrund der nur eingeschränkten praktischen Bedeutung der Diskontinuität für das Geschäftsordnungsrecht[183] nicht entscheidend ins Gewicht. Hinsichtlich der äußeren und der internen Verfahrensrechtsbestimmungen des Untersuchungsausschussgesetzes ist also nicht nur eine bloße Gemengelage auszumachen. Vielmehr handelt es sich um eng miteinander verwobene Regelungsmaterien, die zur Vermeidung von Rechtsunsicherheiten in einem Gesetz geregelt werden durften. Berechtigterweise wurde daher schon weit vor Verabschiedung des Untersuchungsausschussgesetzes davon ausgegangen, dass die Aufnahme von Innenrechtsnormen in ein Untersuchungsausschussgesetz aus Gründen „normativer Transparenz" angezeigt sei[184].

Ob es zusätzlich noch, wie vornehmlich vom Bundesverfassungsgericht gefordert, einer Differenzierung zwischen Kern- und Randbereich des Selbstorganisationsrechts des Bundestages bedarf, wobei nur die Normierung des Randbereichs im Wege einer gesetzlichen Regelung für zulässig erachtet wird, erscheint aufgrund der Unbestimmtheit dieses Kriteriums fraglich[185]. Vorliegend braucht diese Frage jedoch nicht entschieden zu werden, da sich eine fehlende Kernbereichsbetroffenheit mit dem Wesen der Untersuchungsausschüsse als nichtständiger Ausschüsse des Parlaments begründen ließe[186]. Die Regelung des internen Verfahrensrechts der Untersuchungsausschüsse im Untersuchungsausschussgesetz war somit verfassungsrechtlich zulässig[187].

4. Ergebnis

Das Fehlen einer ausdrücklichen verfassungsrechtlichen Ermächtigung führt nicht zur Verfassungswidrigkeit des Untersuchungsausschussgesetzes. Für die Normierung des äußeren Verfahrensrechts der Untersuchungsausschüsse besteht eine ausschließliche Gesetzgebungskompetenz des Bundes kraft Natur der Sache. Die Regelung des internen Verfahrensrechts im Untersuchungsausschussgesetz verstößt nicht gegen Art. 40 I S. 2 GG.

Dem Anliegen, eine Rechtsklarheit und Rechtssicherheit stiftende Kodifizierung des parlamentarischen Untersuchungsrechts zu schaffen, wäre aber die Ergänzung des Art. 44 GG um einen Gesetzgebungsauftrag dienlich gewesen. Denn sieht die Verfassung ausdrücklich eine nähere Regelung durch ein Bundesgesetz vor, so ist damit unfraglich und unabhängig davon, ob es sich im Einzelnen um externe oder

---

[183] Vgl. Klein, in: *Maunz / Dürig*, Grundgesetz, Art. 40 Rn. 63 und 79.

[184] So bereits *Schenke*, JZ 1988, 805 (820).

[185] Zu Recht kritisch *Schröder*, Jura 1987, 469 (473); *Bollmann*, Grenzen des Selbstorganisationsrechts, S. 161 f.; Sondervotum Mahrenholz, BVerfGE 70, 324 / 366 (378).

[186] Siehe *Mager*, Der Staat 2002, 597 (603).

[187] Im Ergebnis auch *Mager*, Der Staat 2002, 597 (602 f.); *Wiefelspütz*, Das Untersuchungsausschussgesetz, S. 176 f.; Klein, in: *Maunz / Dürig*, Grundgesetz, Art. 44 Rn. 27.

interne Angelegenheiten des Parlaments handelt, die verfassungsrechtliche Legitimation gegeben[188].

II. Der Aufgabenbereich parlamentarischer Untersuchungsausschüsse

Der Wortlaut des Art. 44 GG enthält keine Aussage über die Funktion von Untersuchungsausschüssen. Auch das Untersuchungsausschussgesetz versucht sich nicht an einer Definition des Aufgabenbereichs. Auf die sich ähnelnden Definitionsversuche einzelner Gesetzentwürfe[189] wurde nicht zurückgegriffen. Allgemein wird die Aufgabe der Untersuchungsausschüsse in Anlehnung an die Formulierung des § 1 I der IPA-Regeln aber darin erblickt, Sachverhalte, deren Aufklärung im öffentlichen Interesse liegt, zu untersuchen und dem Bundestag darüber Bericht zu erstatten[190]. Dadurch soll das Parlament bei seiner Arbeit unterstützt, seine Entscheidungen und Beschlüsse vorbereitet werden[191]. Diese den Aufgabenbereich parlamentarischer Untersuchungsausschüsse lediglich umreißende Definition verlangt aufgrund der Vielzahl an denkbaren Untersuchungsgegenständen nach einer Präzisierung. Herausgearbeitet werden sollen somit auch die möglichen Tätigkeitsbereiche des Ermittlungsbeauftragten bei der Erfüllung seiner Aufgabe der vorbereitenden Untersuchung.

1. Die Korollartheorie als Ausgangspunkt

Ausgehend von der das Parlament unterstützenden Tätigkeit der Untersuchungsausschüsse überwiegt die Annahme, dass die Wahrnehmung der Untersuchungskompetenz auf den Funktions- und Aufgabenbereich des Parlaments beschränkt ist[192]. Demnach können sich parlamentarische Untersuchungen grundsätzlich auf alle Angelegenheiten erstrecken, die in den Kompetenzbereich des Bundestages fallen, sind darauf aber zugleich begrenzt. Denn es besteht dort kein Raum mehr für die Ausübung des Untersuchungsrechts, wo die Kompetenzen des Parlaments zur Erfüllung der aus der verfassungsgemäßen Funktion erwachsenden Rechten

---

[188] Vgl. *Pietzcker*, Schichten des Parlamentsrechts, Rn. 13.

[189] Vgl. insbesondere § 1 I, II der IPA-Regeln (BT-Drs. V / 4209), sowie § 1 I und § 1 III der ursprünglichen Gesetzentwürfe der 14. Wahlperiode (BT-Drs. 14 / 2363 und BT-Drs. 14 / 2518).

[190] Vgl. Achterberg / Schulte, in: *v. Mangoldt / Klein / Starck*, Grundgesetz, Art. 44 Rn.1; Pieroth, in: *Jarass / Pieroth*, Grundgesetz, Art. 44 Rn. 4; Versteyl, in: *v. Münch / Kunig*, Grundgesetz, Art. 44 Rn.17; *Friedrich*, Der parlamentarische Untersuchungsausschuß, S. 38.

[191] Versteyl, in: *v. Münch / Kunig*, Grundgesetz, Art. 44 Rn. 20; *Müller-Boysen*, Die Rechtsstellung des Betroffenen vor dem parlamentarischen Untersuchungsausschuß, S. 26; vgl. auch BVerfGE 49, 70 (85).

[192] Vgl. Achterberg / Schulte, in: *v. Mangoldt / Klein / Starck*, Grundgesetz, Art. 44 Rn. 2; Pieroth, in: *Jarass / Pieroth*, Grundgesetz, Art. 44 Rn. 4; *Stern*, AöR 109, 199 (228); *Schleich*, Das parlamentarische Untersuchungsrecht des Bundestages, S. 15; *Friedrich*, Der parlamentarische Untersuchungsausschuß, S. 37 f.; *Studenroth*, Die parlamentarische Untersuchung privater Sachverhalte, S. 44 ff.; *Wiefelspütz*, Das Untersuchungsausschussgesetz, S. 31 ff.

und Pflichten enden[193]. Das Untersuchungsrecht kann also nicht über den durch die Verfassung beschränkten Zuständigkeitsbereich des Parlaments hinausreichen, es gilt seit *Zweig* als „Korollar“ des parlamentarischen Funktions- und Aufgabenbereichs[194]. Dementsprechend legt jetzt auch § 1 III PUAG fest, dass ein Untersuchungsverfahren nur „im Rahmen der verfassungsmäßigen Zuständigkeit des Bundestages zulässig ist“. Aufgrund der Weite des Zuständigkeitsbereichs des Parlaments können Untersuchungsausschüsse aber aus den verschiedensten Anlässen gebildet werden und daher auch unterschiedliche Ziele verfolgen. Die Relevanz der Durchführung von Untersuchungsverfahren für die Erfüllung der einzelnen Parlamentsfunktionen ist darzustellen.

2. Die Bedeutung des parlamentarischen Untersuchungsrechts für die einzelnen Parlamentsfunktionen

Im Schrifttum sind verschiedene Tätigkeitskategorien entwickelt worden, um parlamentarische Untersuchungsverfahren zu typologisieren[195]. Überwiegend durchgesetzt hat sich die Differenzierung zwischen Kontrollenquêten zur Überprüfung von Regierungs- und Verwaltungshandeln, Gesetzgebungsenquêten zur Erforschung legislativer Sachverhalte und Kollegialenquêten zur Wahrung der Parlamentswürde[196]. Die Zulässigkeit dieser Untersuchungsgegenstände ergibt sich aus den klassischen Funktionen des Parlaments, zu der neben Gesetzgebung und Exekutivkontrolle unter dem Aspekt der „notwendigen Selbstreinigung“ auch die Wahrung des Ansehens des Parlaments zählt[197].
Hinzu tritt als vierte Kategorie die Skandalenquête zur Untersuchung von Missständen in Bereichen des öffentlichen Lebens[198]. Die Bezeichnung als Skandalenquête bedarf einer näheren Erläuterung. Denn berechtigterweise wird der Einwand erhoben, dass sie lediglich einen Eindruck beschreibt, den der Untersuchungsausschuss in der Öffentlichkeit zu hinterlassen vermag, ohne dass damit Aussagen

---

[193] Vgl. *Studenroth*, Die parlamentarische Untersuchung privater Sachverhalte, S. 45.

[194] Siehe *Zweig*, ZfP 1913, 265 (267).

[195] Vgl. die Zusammentragung der Kategorisierungsmodelle bei *Friedrich*, Der parlamentarische Untersuchungsausschuß, S. 40 f. und *Kipke*, Die Untersuchungsausschüsse des Deutschen Bundestages, S. 35 f.

[196] So z.B. bei *Di Fabio*, Rechtsschutz im parlamentarischen Untersuchungsverfahren, S. 22 f.; *Engels*, Parlamentarische Untersuchungsausschüsse, S. 14 ff.; *Studenroth*, Die parlamentarische Untersuchung privater Sachverhalte, S. 38 ff.; *Böckenförde*, AöR 103 (1978), 1 (10 ff.); *Schneider*, Referat für den 57. Deutschen Juristentag, S. 63; *Friedrich*, Der parlamentarische Untersuchungsausschuß, S. 41; Versteyl, in *v. Münch / Kunig*, Grundgesetz, Art. 44 Rn. 3; *Schleich*, Das parlamentarische Untersuchungsrecht des Bundestages, S. 16.

[197] Dazu *Böckenförde*, AöR 103 (1978), 1 (11).

[198] Vgl. *Studenroth*, Die parlamentarische Untersuchung privater Sachverhalte, S. 40 f.; *Engels*, Parlamentarische Untersuchungsausschüsse, S. 16; *Böckenförde*, AöR 103 (1978), 1 (11 f.); *Schneider*, Referat für den 57. Deutschen Juristentag, S. 63; *Schleich*, Das parlamentarische Untersuchungsrecht des Bundestages, S. 16; Versteyl, in: *v. Münch / Kunig*, Grundgesetz, Art. 44 Rn. 3.

über den Untersuchungsgegenstand selbst getroffen werden[199]. Versteht man unter Skandal einen Missstand, der in besonderem Maße das Interesse von Presse und Öffentlichkeit erlangt hat[200], kann jede der klassischen Enquêtearten, die sich mit einem derartigen Missstand befasst, auch eine Skandalenquête darstellen. So fungierte die sogar überwiegende Anzahl sämtlicher Untersuchungsausschüsse nach Art. 44 GG als Kontrollenquête zur Untersuchung von „skandalträchtigen" Vorgängen im Bereich der Regierung und Verwaltung[201]. Eine eigenständige Kategorie bildet die Skandalenquête daher nur, wenn sie sich mit der Untersuchung derjenigen Missstände befasst, die nicht den Gegenstand einer klassischen Enquêteart bilden können und somit den sonstigen Bereichen des öffentlichen Lebens zuzuordnen sind. Es muss sich dabei also um Missstände handeln, die außerhalb der Regierungs- und Verwaltungskontrolle sowie des parlamentsinternen Bereichs liegen[202].

Ausdrücklich ist darauf hinzuweisen, dass der vorgenommenen Kategorisierung keine über eine ordnende Funktion hinausgehende Bedeutung zuzumessen ist. Ihr rein deskriptiver Charakter verbietet es, ihr abschließende Aussagen über Aufgaben und Zulässigkeitsgrenzen parlamentarischer Untersuchungen zu entnehmen[203]. Zudem ist eine Klassifizierung von Untersuchungsausschüssen nicht als strikt von einander abgrenzbare Einteilung zu verstehen. So kann die Durchführung eines Untersuchungsverfahrens zum einen von Beginn an die Erfüllung mehrerer Parlamentsfunktionen bezwecken[204]. Zum anderen ist es möglich, dass sich der Schwerpunkt der Untersuchungsausschusstätigkeit aufgrund der im Laufe des Untersuchungsverfahrens gewonnenen Erkenntnisse verlagert und somit die ursprünglich dominierende Funktion der Enquête in den Hintergrund tritt.

---

[199] Vgl. Achterberg / Schulte, in: *v. Mangoldt / Klein / Starck*, Grundgesetz, Art. 44 Rn. 9; *Friedrich*, Der parlamentarische Untersuchungsausschuß, S. 41; siehe auch *Di Fabio*, Rechtsschutz im parlamentarischen Untersuchungsverfahren, S. 22 f.

[200] So *Müller-Boysen*, Die Rechtsstellung des Betroffenen vor dem parlamentarischen Untersuchungsausschuß, S. 30; *Studenroth*, Die parlamentarische Untersuchung privater Sachverhalte, S. 40.

[201] Siehe die Analyse von Thaysen, in: *Thaysen / Schüttemeyer*, Bedarf das Recht der parlamentarischen Untersuchungsausschüsse einer Reform?, S. 22 ff.

[202] Vgl. *Böckenförde*, AöR 103 (1978), 1 (11 f.); Achterberg / Schulte in *v. Mangoldt / Klein / Starck*, Grundgesetz, Art. 44 Rn. 22 f.; *Studenroth*, Die parlamentarische Untersuchung privater Sachverhalte, S. 40 f.

[203] Vgl. *Di Fabio*, Rechtsschutz im parlamentarischen Untersuchungsverfahren, S. 23; *Studenroth*, Die parlamentarische Untersuchung privater Sachverhalte, S. 41 f.; *Stern*, AöR 109 (1984), 199 (226).

[204] Vgl. auch *Wiefelspütz*, Das Untersuchungsausschussgesetz, S. 49.

a) Gesetzgebungsenquête

Die Gesetzgebungsenquête soll dem Parlament Material beschaffen, um Gesetzesvorhaben aus der Mitte des Parlaments vorbereiten zu können[205]. Den Untersuchungsausschüssen kommt also hier die Aufgabe zu, umfangreiche Sachkomplexe aufzubereiten und Empfehlungen für eine Reform gesetzlicher Bestimmungen zu erarbeiten[206]. In der Parlamentspraxis aber sind reine Gesetzgebungsenquêten nicht nur aufgrund der Tatsache selten, dass das Schwergewicht der Gesetzesinitiative bei der Regierung liegt[207]. Ihre geringe praktische Relevanz ist in erster Linie dem Umstand zuzuschreiben, dass der Bundestag zur Wahrnehmung der Aufgabe der Gesetzesvorbereitung auf andere Instrumente zurückgreifen kann. So haben teilweise die mit § 74 a GOBT im Jahr 1969 geschaffenen[208] und nunmehr in § 56 GOBT geregelten Enquête-Kommissionen diese Aufgabe übernommen. Die in Art. 44 I und II S.1 GG vorausgesetzten besonderen Befugnisse der Untersuchungsausschüsse stehen diesen Kommissionen jedoch nicht zu. Ferner setzen sie sich im Gegensatz zum interfraktionell besetzten Untersuchungsausschuss in der Regel auch aus außerparlamentarischen Sachverständigen zusammen[209]. Zur Aufarbeitung umfangreicher Sachkomplexe im Rahmen der gesetzgeberischen Tätigkeit sieht der Bundestag als Geschäftsordnungsgeber somit statt der Einsetzung eines mit Zwangsbefugnissen ausgestatteten Untersuchungsausschusses ein Institut vor, das darauf angelegt ist, die nichtparlamentarische Sachkenntnis von Wissenschaftlern und Praktikern von Anfang an in seine Arbeit einzubeziehen. Die somit abweichend strukturierten Enquête-Kommissionen haben sich zur Erarbeitung komplexer Gesetzesvorhaben als eher geeignet erwiesen[210].

Zudem besteht die Möglichkeit, Tatsachenerhebungen zur Gesetzesvorbereitung im Wege öffentlicher Anhörungssitzungen im Sinne des § 70 GOBT durchzuführen[211]. Gem. § 70 I S. 1 GOBT kann jeder Ausschuss zur Information über einen Gegenstand seiner Beratung Stellungnahmen von Sachverständigen, Interessenvertretern und anderen Auskunftspersonen einholen. Insbesondere den ständigen

---

[205] Vgl. nur Achterberg / Schulte, in: *v. Mangoldt / Klein / Starck*, Grundgesetz, Art. 44 Rn.10; *Müller-Boysen*, Die Rechtsstellung des Betroffenen vor dem parlamentarischen Untersuchungsausschuß, S. 27 f.

[206] *Studenroth*, Die parlamentarische Untersuchung privater Sachverhalte, S. 38.

[207] Achterberg / Schulte, in: *v. Mangoldt / Klein / Starck*, Grundgesetz, Art. 44 Rn.11.

[208] Dazu Klein, in: *Maunz / Dürig*, Grundgesetz, Art. 44 Rn. 30.

[209] Näheres zur Abgrenzung von Gesetzgebungsenquêten und Enquête-Kommissionen bei *Schröder*, Untersuchungsausschüsse und Enquête-Kommissionen, S. 173 ff.; Achterberg / Schulte, in: *v. Mangoldt / Klein / Starck*, Grundgesetz, Art. 44 Rn.11 und Rn. 80 ff.; *Zeh*, DÖV 1988, 701 (708 ff.).

[210] Vgl. *Wiefelspütz*, Das Untersuchungsausschussgesetz, S. 47 f.; *Studenroth*, Die parlamentarische Untersuchung privater Sachverhalte, S. 38. Zwischen 1969 (6. Wahlperiode) und 1998 (13. Wahlperiode) sind nach *Schindler*, Datenhandbuch zur Geschichte des Deutschen Bundestages 1949 bis 1999, S. 2252 ff., insgesamt 26 Enquête-Kommissionen eingesetzt worden.

[211] Vgl. Schneider, in: Alternativkommentar zum Grundgesetz, Art. 44 Rn. 3; *Masing*, Parlamentarische Untersuchungen privater Sachverhalte, S. 75 f.

Fachausschüssen, denen grundsätzlich die gesetzesvorbereitende Sacharbeit und die damit verbundene Recherchetätigkeit obliegt, wird damit ein unmittelbarer Austausch mit den für die aufzuarbeitende Materie relevanten gesellschaftlichen Gruppen ermöglicht[212]. Abschließend sei darauf hingewiesen, dass dem Parlament die wissenschaftlichen Dienste des Bundestages, die wissenschaftlichen Stäbe der Fraktionen und die wissenschaftliche Mitarbeiter der Abgeordneten als ständige Einrichtungen zur Vorbereitung von Gesetzesvorhaben zur Verfügung stehen[213]. Ein Rückgriff auf die grundsätzlich eröffnete Möglichkeit, zu diesem Zweck einen Untersuchungsschuss einzusetzen, bietet sich nach alledem nicht an.

b) Kollegialenquête

Grundsätzlich zulässig ist auch die Durchführung von Untersuchungsverfahren zur Wahrung des Ansehens des Parlaments. Diese Untersuchungen zur Aufklärung von Vorgängen im parlamentarischen Bereich können insbesondere das angebliche Fehlverhalten von Abgeordneten zum Gegenstand haben[214]. In der parlamentarischen Praxis sind Kollegialenquêten nach Art. 44 GG jedoch selten[215]. Denn zum einen fällt gem. § 8 der Verhaltensregeln der Mitglieder des Deutschen Bundestages[216] die Überprüfung der Einhaltung der in § 1 bis § 6 der Verhaltensregeln aufgezählten Pflichten der Abgeordneten in die Zuständigkeit des Bundestagspräsidenten[217]. Zum anderen wird die als Unterart der Kollegialenquête geltende Aufgabe der Wahlprüfung gem. Art. 41 III i.V.m. § 3 WahlprüfG[218] vom ständigen Wahlprüfungsausschuss wahrgenommen[219].

In diesem Kontext ist ferner auf § 44 b AbgG[220] zu verweisen, der ein gesondertes Verfahren für die Überprüfung eines Abgeordneten auf eine Tätigkeit oder politi-

---

[212] Näher dazu *Masing*, Parlamentarische Untersuchungen privater Sachverhalte, S, 74 ff.

[213] Vgl. Achterberg / Schulte, in: *v. Mangoldt / Klein / Starck*, Grundgesetz, Art. 44 Rn. 11.

[214] Vgl. Klein, in: *Maunz / Dürig*, Grundgesetz, Art. 44 Rn. 160; *Wiefelspütz*, Das Untersuchungsausschussgesetz, S.50; Achterberg / Schulte, in: *v. Mangoldt / Klein / Starck*, Grundgesetz, Art. 44 Rn. 21; *Studenroth*, Die parlamentarische Untersuchung privater Sachverhalte, S. 39; *Vetter*, ZParl. 1993, 211 (220 f.).

[215] Vgl. die Beispiele bei Thaysen, in: *Thaysen / Schüttemeyer*, Bedarf das Recht der parlamentarischen Untersuchungsausschüsse einer Reform?, S. 20; Achterberg / Schulte, in: *v. Mangoldt / Klein / Starck*, Grundgesetz, Art. 44 Rn. 21.

[216] Die Verhaltensregeln sind gem. § 44 a AbgG vom Bundestag zu beschließen und gem. § 18 GOBT Bestandteil der Geschäftsordnung des Deutschen Bundestages (Anlage 1).

[217] Vgl. Magiera, in: *Sachs*, Grundgesetz, Art. 44 Rn. 6; Schneider, in: Alternativkommentar zum Grundgesetz, Art. 44 Rn. 3.

[218] Vom 12. März 1951 (BGBl. I S. 166), zuletzt geändert durch Gesetz vom 28. April 1995 (BGBl. I S. 582).

[219] Vgl. *Studenroth*, Die parlamentarische Untersuchung privater Sachverhalte, S. 39; Magiera, in: *Sachs*, Grundgesetz, Art. 44 Rn. 6.

[220] In der Fassung der Bekanntmachung vom 21. Februar 1996 (BGBl. I S. 326), zuletzt geändert durch Gesetz vom 16. Februar 2002 (BGBl. I S. 693).

sche Verantwortung für das Ministerium der Staatssicherheit vorsieht[221]. Dieses vom parlamentarischen Untersuchungsrecht nach Art. 44 GG zu unterscheidende Verfahren wird gem. § 44 b I AbgG auf eigenen Antrag eines Mitgliedes des Bundestages oder gem. § 44 b II AbgG bei Vorliegen hinreichender Verdachtsgründe ohne dessen Zustimmung gem. § 44 b III AbgG vom Ausschuss für Wahlprüfung, Immunität und Geschäftsordnung durchgeführt[222].

c) Kontrollenquête

Die Kontrolle der Exekutive gehört zu den wesentlichen Aufgaben des Parlaments[223]. Die Regierung und damit auch die übrige Exekutive leitet ihre Legitimation von der Volksvertretung ab. Gemäß dem Gleichlauf von Legitimation und Kontrollunterworfenheit ist die Exekutive daher grundsätzlich auch im vollen Umfang der Kontrolle des Parlaments unterworfen[224]. Den im Auftrag des Parlaments tätig werdenden Untersuchungsausschüssen obliegt es demnach, im Rahmen ihrer Kontrollfunktion das gesamte Handeln der Regierung und Verwaltung hinsichtlich etwaiger Gesetzesverstöße und Pflichtverletzungen zu überprüfen[225]. Das Untersuchungsrecht nach Art. 44 GG stellt das schärfste Instrument der parlamentarischen Kontrolle dar. Denn mit den dem Untersuchungsausschuss zustehenden besonderen Befugnissen wird dem Parlament die Möglichkeit eingeräumt, sich unabhängig von anderen Staatsgewalten mit den Informationen zu versorgen, die zur Ausübung einer effektiven Kontrolle notwendig sind[226]. Aufgrund des ausnahmsweise bestehenden Rechts zur Selbstinformation ist das Parlament vor allem nicht auf eine freiwillige Übermittlung von Informationen seitens der Exekutive angewiesen[227]. In der parlamentarischen Praxis stehen Untersuchungen zur Aufdeckung von Missständen im Bereich der Exekutive im Vordergrund[228].

---

[221] Zur Verfassungsmäßigkeit des § 44 b AbgG siehe BVerfGE 94, 351 (366 ff.); 99, 19 (32); kritisch *Masing*, JZ 1999, 1022 (1023 ff.); *Stock*, ZRP 1995, 286 ff.

[222] Zum Verfahren nach § 44 b AbgG vgl. *Braun / Jantsch / Klante*, Abgeordnetengesetz, § 44 b Rn. 33 ff.; *Masing*, JZ 1999, 1022 (1026 ff.). Siehe ferner Klein, in: *Maunz / Dürig*, Grundgesetz, Art. 44 Rn. 162 ff., der für eine Übertragung der hier bestehenden Vorkehrungen zum Schutz des Status des Abgeordneten auf Kollegialenquêten nach Art. 44 GG plädiert.

[223] Vgl. nur BVerfGE 67,100 (130).

[224] Morlok, in: *Dreier*, Grundgesetz, Art. 44 Rn. 8.

[225] Vgl. Achterberg / Schulte, in: *v. Mangoldt / Klein / Starck*, Grundgesetz, Art. 44 Rn.12 sowie Rn. 14 zu der ebenfalls denkbaren, aber aufgrund der geringen Bedeutung zu vernachlässigenden Durchführung von Kontrollenquêten im Bereich der Judikative.

[226] *Partsch*, Gutachten für den 45. Deutschen Juristentag, S. 12; Morlok, in: *Dreier*, Grundgesetz, Art. 44 Rn. 8.

[227] Vgl. Morlok, in: *Dreier*, Grundgesetz, Art. 44 Rn. 8 und 11; *Morlok*, RuP 2000, 208 (208).

[228] Vgl. die Analysen bei *Masing*, Parlamentarische Untersuchung privater Sachverhalte, S. 70 ff.; Thaysen, in: *Thaysen / Schüttemeyer*, Bedarf das Recht der parlamentarischen Untersuchungsausschüsse einer Reform?, S. 18 ff.

aa) Die Kontrollenquête als politisches Kampfinstrument

Im parlamentarischen Regierungssystem ist der Untersuchungsausschuss in der Regel weniger Kontrollinstrument des gesamten Parlaments als vielmehr ein Mittel der Opposition, das gegen die Regierung und die sie tragende Parlamentsmehrheit eingesetzt wird[229]. Primäres Ziel der parlamentarischen Kontrolle ist es dabei, durch die Aufdeckung von Missständen politische und nicht rechtliche Verantwortung zu konstituieren[230]. Zu diesem Zweck ermöglicht das Untersuchungsrecht daher vornehmlich der parlamentarischen Minderheit, Nachforschungen im unmittelbaren oder mittelbaren Verantwortungsbereich des politischen Gegners zu betreiben[231]. Vor diesem Hintergrund vermag es nicht zu verwundern, dass Untersuchungsausschüsse in der parlamentarischen Praxis zumeist als „politische Kampfinstrumente" agieren[232]. Mit ihnen soll eine Beeinflussung der öffentlichen Meinung erreicht werden, die zu einem Ansehens- und Vertrauensverlust des gegnerischen Lagers führt[233].
Gleiches gilt aber auch dann, wenn ein Untersuchungsausschuss ausnahmsweise von der Parlamentsmehrheit eingesetzt wird, um zum Beispiel ein vermutetes Fehlverhalten der abgelösten Regierung zum Gegenstand der Untersuchung zu machen. Auch in dieser Konstellation der Mehrheitsenquête ist es der primäre Zweck der auf Publizität ausgerichteten Untersuchung, dem politischen Gegner politische Sanktionen zuzufügen[234].

bb) Spannungsverhältnis zwischen Aufklärung und politischer Auseinandersetzung

Rückt aber die politische Funktion der Untersuchungsausschüsse als Kampfinstrument gegenüber dem politischen Gegner in den Vordergrund, so entsteht ein

---

229 Vgl. Versteyl, in: *v. Münch / Kunig*, Grundgesetz, Art. 44 Rn.1; Achterberg / Schulte, in: *v. Mangoldt / Klein / Starck*, Grundgesetz, Art. 44 Rn.1; *Schleich*, Das parlamentarische Untersuchungsrecht des Bundestages, S. 16 f.

230 Morlok, in: *Dreier*, Grundgesetz, Art. 44 Rn. 9; vgl. auch *Masing*, ZRP 2001, 36 (38).

231 Vgl. *Schneider*, NJW 2001, 2604 (2605).

232 Vgl. *Schneider*, NJW 2001, 2604 (2605); *ders.*, Referat für den 57. Deutschen Juristentag, S. 63; *Weisgerber*, Das Beweiserhebungsverfahren, S. 164 ff.; Mager, Der Staat 2002, 597 (600); *Rixen*, JZ 2002, 435 (437); *Schröder*, Untersuchungsausschüsse, Rn. 8; *Engels*, Parlamentarische Untersuchungsausschüsse, S. 17.

233 Morlok, in: *Dreier*, Grundgesetz, Art. 44 Rn. 9.

234 Ein anschauliches Beispiel dafür bot der sogenannte „Parteispenden"-Untersuchungsausschuss der 14. Wahlperiode, dessen Untersuchungsauftrag unter anderem darin bestand, aufzuklären, inwieweit finanzielle Zuwendungen oder Vorteile direkt oder indirekt an Mitglieder und Amtsträger der ehemaligen von CDU / CSU und F.D.P getragenen Bundesregierungen und deren nachgeordneten Behörden geflossen sind, die dazu geeignet waren, politische Entscheidungsprozesse zu beeinflussen; vgl. den Antrag von SPD und Bündnis 90 / Die Grünen, BT-Drs. 14 / 2319, S. 1. Zur verfassungsrechtlichen Problematik der späteren Erweiterung des Auftrags auf die Untersuchung von Verstößen gegen die Regeln der Parteienfinanzierung siehe *Schröder*, NJW 2000, 1455 (1456 f.); Klein, in: *Maunz / Dürig*, Grundgesetz, Art. 44 Rn. 127 ff.

zunehmendes Spannungsverhältnis zur Aufgabe der sachlichen Aufklärung von etwaigen Missständen. In der Literatur wird daher teilweise von einem Zielkonflikt zwischen der Aufgabe der Tatsachenermittlung zur Wahrheitsfindung und der bloßen Fortsetzung des parlamentarischen Kampfes mit den Instrumenten des Untersuchungsausschusses gesprochen[235]. Dies ist jedoch nicht als Folge eines Missbrauchs des parlamentarischen Untersuchungsrechts zu begreifen. Vielmehr muss man sich vergegenwärtigen, dass der Verfassungsgeber das Untersuchungsrecht bewusst in die politische Auseinandersetzung gestellt hat[236]. Der Widerspruch zwischen sachlicher Aufklärung und politischer Kontoverse ist einem parlamentarischen Untersuchungsverfahren immanent[237]. Aufgabe der Untersuchungsausschüsse ist hier nicht die gerichtsartige Ermittlung „objektiver Wahrheit", sondern die Ausübung politischer Kontrolle durch die Herstellung von Öffentlichkeit über Tatsachen[238]. Dabei kann die politische Funktion eines Untersuchungsausschusses als Forum des parteipolitischen Kampfes das Aufklärungsziel sogar in den Hintergrund der Ausschussverhandlungen und damit auch der öffentlichen Wahrnehmung des Verfahrens treten lassen[239].
Das heißt aber nicht, dass auf ein Aufklärungsinteresse als Ausgangspunkt und Legitimation der Durchführung eines Untersuchungsverfahrens verzichtet werden kann[240]. Denn auch die Geltendmachung von politischer Verantwortung setzt die Ermittlung der fraglichen Tatsachen voraus, um irreführend gestreute Unterstellungen von sachhaltigen Vorwürfen unterscheiden zu können[241]. Mangelt es an Aufklärungsbemühungen zur Substantiierung der politischen Auseinandersetzung und damit auch am Nachweis zumindest eines Tatsachenkerns, ist die beabsichtigte Beeinflussung der Öffentlichkeit nicht zu erreichen und das parlamentarische Untersuchungsverfahren zum Scheitern verurteilt[242].
Demnach bedarf das Spannungsverhältnis zwischen Aufklärung und politischem Kampf keiner Auflösung, sondern ist als Charakteristikum des Untersuchungsverfahrens zu begreifen. In seiner neuesten Entscheidung zum parlamentarischen Untersuchungsrecht hat das Bundesverfassungsgericht somit zu Recht die „beson-

---

235 Vgl. *Schneider*, Referat für den 57. Deutschen Juristentag, S. 65; *ders.*, NJW 2001, 2604 (2605); Klein, in: *Maunz / Dürig*, Grundgesetz, Art. 44 Rn. 254; *Müller-Boysen*, Die Rechtsstellung des Betroffenen vor dem parlamentarischen Untersuchungsausschuß, S. 13 f.; *Ziemske*, Untersuchungsrecht in England, S. 19.

236 Dazu *Masing*, Parlamentarische Untersuchungen privater Sachverhalte, S. 65 f.

237 *Wiefelspütz*, Das Untersuchungsausschussgesetz, S. 30; vgl. auch *Schneider*, NJW 2001, 2604 (2605).

238 So *Mager*, Der Staat 2002, 597 (601 f.); vgl. auch *Schneider*, NJW 2001, 2604 (2605).

239 Kritisch dazu insbesondere Klein, in: *Maunz / Dürig*, Grundgesetz, Art. 44 Rn. 4 und 254, der den Untersuchungsausschuss als strukturell ungeeignet ansieht, seinen Auftrag zur Erforschung der Wahrheit zu erfüllen.

240 Vgl. *Schneider*, NJW 2001, 2604 (2605).

241 Vgl. *Masing*, ZRP 2001, 36 (39).

242 Vgl. *Masing*, ZRP 2001, 36 (39 f.).

dere Natur des Untersuchungsverfahrens als Aufklärungsinstrument im Rahmen der politischen Kontroverse"[243] hervorgehoben.

d) Skandalenquête

Definiert man die Skandalenquête in Abgrenzung zur Kontrollenquête als Mittel zur Aufklärung von Missständen in sonstigen Bereichen des öffentlichen Lebens, fragt sich, an welche Parlamentsfunktion derartige Untersuchungsverfahren anknüpfen. Eine Antwort darauf ist der Erkenntnis zu entnehmen, dass das Parlament in der parlamentarischen Demokratie nicht mehr ausschließlich in die traditionellen Parlamentszuständigkeiten der Gesetzgebung und Verwaltungskontrolle eingebunden ist. Der Volksvertretung als dem alleinigen unmittelbar vom Staatsträger legitimierten politischen Repräsentationsorgan kommen darüber hinaus spezifische politische Leitungs-, Kontroll-, Führungs- und Informationsaufgaben zu. Diese politische Repräsentationsfunktion des Parlaments und seine Teilhabe an der politischen Gestaltung des Gemeinwesens begründen eine extensive Bestimmung des parlamentarischen Zuständigkeitsbereichs und damit als Folge der Korollartheorie nach überwiegender Auffassung einen weiten Kompetenzumfang parlamentarischer Untersuchungsausschüsse[244]. Kann das Parlament „als Forum der Nation"[245] jedes gesellschaftliche Thema aufgreifen, politisch zuspitzen und zu ihm wertend Stellung nehmen[246], erstreckt sich folglich ebenfalls seine Untersuchungskompetenz grundsätzlich auf alle Vorgänge im öffentlichen Leben oder gesellschaftlichen Bereich[247]. Ist ein solcher Vorgang von besonderem politischem Interesse, kann die Ausprägung des Untersuchungsausschusses als politisches Kampfinstrument auch anlässlich einer Skandalenquête zu beobachten sein. Untersuchungsverfahren, die in erster Linie die Aufklärung von Missständen außerhalb der Regierungs- und Verwaltungskontrolle zum Ziel haben, wurden auf Bundesebene bisher aber nur vereinzelt durchgeführt[248].

---

[243] BVerfG, NJW 2002, 1936 (1938).

[244] Ausführlich *Böckenförde*, AöR 103 (1978), 1 (8 ff.); Achterberg / Schulte, in: *v. Mangoldt / Klein / Starck*, Grundgesetz, Art. 44 Rn. 4 ff.; *Friedrich*, Der parlamentarische Untersuchungsausschuß, S. 71 ff.; *Di Fabio*, Rechtsschutz im parlamentarischen Untersuchungsverfahren, S. 39 f.; vgl. ferner *Meyer-Bohl*; Grenzen der Pflicht zur Aktenvorlage und Aussage, S. 82; Morlok, in: *Dreier*, Grundgesetz, Art. 44 Rn. 19; Brockmeyer, in: *Schmidt-Bleibtreu / Klein*, Grundgesetz, Art. 44 Rn. 5 b. Anderer Ansicht sind insbesondere *Masing*, Parlamentarische Untersuchungen privater Sachverhalte, S. 228 ff. und Klein, in: *Maunz / Dürig*, Grundgesetz, Art. 44 Rn. 110 ff.

[245] *Böckenförde*, AöR 103 (1978), 1 (9 f.).

[246] So *Di Fabio*, Rechtsschutz im parlamentarischen Untersuchungsverfahren, S. 39; Morlok, in: *Dreier*, Grundgesetz, Art. 44 Rn.19.

[247] Vgl. BVerfGE 77, 1 (44); Pieroth, in: *Jarass / Pieroth*, Grundgesetz, Art. 44 Rn. 4; Brockmeyer, in: *Schmidt-Bleibtreu / Klein*, Grundgesetz, Art. 44 Rn. 5 b.

[248] Hinzuweisen ist vor allem auf den Untersuchungsausschuss „Neue Heimat" (Einsetzungsantrag: BT-Drs. 10 / 5575, Schlussbericht: BT-Drs. 10 / 6779); vgl. ferner die Beispiele bei *Engels*, Parlamentarische Untersuchungsausschüsse, S. 17. Zum „Parteispenden"-Untersuchungsausschuss

3. Grenzen der parlamentarischen Untersuchungskompetenz

Es ist deutlich geworden, dass die weitreichende Befassungskompetenz des Parlaments zu einer gegenständlichen Weite des Untersuchungsrechts nach Art. 44 GG führt. Im Ergebnis kann der Untersuchungsausschuss somit als ein allgemeines Informationsbeschaffungsinstrument eingesetzt werden, welches zur Sachaufklärung auf allen Gebieten im Rahmen der Vorbereitung parlamentarischer Aufgaben aller Art zur Verfügung steht[249]. Diese Erkenntnis verlangt nach einer Festlegung der verfassungsrechtlichen Grenzen der Untersuchungskompetenz.

a) Grundsatz der Gewaltenteilung

Die Reichweite des Enquêterechts wird zum einen durch den in Art. 20 II S. 2 GG verankerten Grundsatz der Gewaltenteilung begrenzt. Wie das Parlament nicht in die der Exekutive und Judikative vorbehaltenen Kompetenzbereiche einbrechen darf, so darf dies auch kein parlamentarischer Untersuchungsausschuss[250]. Entsprechende gegenständliche Begrenzungen der Untersuchungskompetenz sind also Ausfluss des verfassungsrechtlich beschränkten Zuständigkeitsbereichs des Parlaments und somit Konsequenz der Korollartheorie[251]. Von besonderer Bedeutung ist der Grundsatz der Gewaltenteilung als Schranke des Untersuchungsrechts bei der Einsetzung eines Untersuchungsausschusses zur Kontrolle der Regierung. Denn aus ihm ergibt sich die Unzulässigkeit einer parlamentarischen Untersuchung, die den „Kernbereich exekutiver Eigenverantwortung"[252] und damit den grundsätzlich nicht ausforschbaren Initiativ-, Beratungs- und Handlungsbereich[253] zum Gegenstand hat. Dadurch soll der Bundesregierung die Möglichkeit einer autonomen Willensbildung eröffnet und gesichert werden[254].

Dies hat zunächst zur Folge, dass die Errichtung ständiger Untersuchungsausschüsse unzulässig ist[255]. Eine stetig begleitende oder sogar vorbeugende Kontrol-

---

der 14. Wahlperiode als privatgerichtete Enquête, soweit ihm die Kontrolle der Parteifinanzen aufgegeben wurde, siehe Klein, in: *Maunz / Dürig*, Grundgesetz, Art. 44 Rn. 127 ff.

[249] Dazu kritisch *Masing*, Parlamentarische Untersuchungen privater Sachverhalte, S. 167 ff.

[250] *Scholz*, AöR 105 (1980), 564 (596).

[251] Vgl. *Stern*, AöR 109 (1984), 199 (228 f.); *Engels*, Parlamentarische Untersuchungsausschüsse, S. 36 f.; Pieroth, in: *Jarass / Pieroth*, Grundgesetz, Art. 44 Rn. 4; Versteyl, in: *v. Münch / Kunig*, Grundgesetz, Art. 44 Rn. 21.

[252] So zunächst *Scholz*, AöR 105 (1980), 564 (598); ihm folgend BVerfGE 67, 100 (139).

[253] Vgl. BVerfGE 67, 100 (139).

[254] Klein, in: *Maunz / Dürig*, Grundgesetz, Art. 44 Rn. 151; vgl. auch *Engels*, Parlamentarische Untersuchungsausschüsse, S. 37.

[255] So die ganz herrschende Auffassung: vgl. *Schleich*, Das parlamentarische Untersuchungsrecht des Bundestages, S. 56 ff.; Morlok, in: *Dreier*, Grundgesetz, Art. 44 Rn. 26; Achterberg / Schulte, in: *v. Mangoldt / Klein / Starck*, Grundgesetz, Art. 44 Rn. 61 ff.; *Meyer-Bohl*; Grenzen der Pflicht zur Aktenvorlage und Aussage, S. 108 ff.; Klein, in: *Maunz / Dürig*, Grundgesetz, Art. 44 Rn. 152; *Wiefelspütz*, Das Untersuchungsausschussgesetz, S. 74 f., dort auch Hinweise zum abweichenden älteren Schrifttum.

le würde in die Phase der Willensbildung eingreifen und somit die Handlungsfähigkeit der Regierung beeinträchtigen[256]. Schon Art. 44 I S. 1 GG selbst weist auf die Konzeption der Untersuchungsausschüsse als ad hoc aus einem bestimmten Anlass einzusetzender Sonderausschüsse hin[257].
Als weitere Konsequenz erstreckt sich die Kontrollkompetenz nach überwiegender Ansicht nur auf bereits abgeschlossene Vorgänge[258]. Noch laufende Vorgänge kommen somit als Anlass zur Einsetzung eines Untersuchungsausschusses nicht in Betracht. Zum Schutz der noch nicht abgeschlossenen Entscheidungsfindung können Untersuchungsausschüsse nur als Mittel der ex-post-Kontrolle fungieren[259]. Zunehmend wird aber gefordert, eine parlamentarische Untersuchung bereits dann als zulässig anzusehen, wenn einzelne abgrenzbare Abschnitte einer nicht abgeschlossenen Gesamtmaßnahme abgewickelt worden sind. In diesem Sinne soll sich als maßgebliches Kriterium die „Verantwortungsreife" eines Regierungsvorhabens anbieten[260]. Ob damit jedoch eine eindeutige Bestimmung der Zulässigkeit eines Untersuchungsgegenstandes ermöglicht wird, erscheint fraglich[261].
Soweit teilweise vertreten wird, dass selbst abgeschlossene Vorgänge der Untersuchungskompetenz entzogen seien[262], ist dem entgegenzuhalten, dass eine „wirksame"[263] parlamentarische Kontrolle der Regierungsarbeit dann nicht mehr gewährleistet ist[264]. Zudem spricht die Gefahr einer missbräuchlichen Berufung auf den Kernbereich für eine restriktive Bestimmung desselben[265]. Demnach kann die Regierung bei abgeschlossenen Vorgängen nur ausnahmsweise das Vorliegen eines unausforschbaren Kernbereichs exekutiver Eigenverantwortung geltend machen[266]. Von diesem Ansatz wurde auch beim Erlass des Untersuchungsaus-

[256] Vgl. Klein, in: *Maunz / Dürig*, Grundgesetz, Art. 44 Rn. 152; Achterberg / Schulte, in: *v. Mangoldt / Klein / Starck*, Grundgesetz, Art. 44 Rn. 63 f.; Morlok, in: *Dreier*, Grundgesetz, Art. 44 Rn. 26.

[257] *Schleich*, Das parlamentarische Untersuchungsrecht des Bundestages, S. 57.

[258] BVerfGE 67, 100 (139); *Böckenförde*, AöR 103 (1978), 1 (17); *Schleich*, Das parlamentarische Untersuchungsrecht des Bundestages, S. 57 f.; *Meyer-Bohl*; Grenzen der Pflicht zur Aktenvorlage und Aussage, S. 108 ff.; *Schröder*, Untersuchungsausschüsse, Rn. 16.

[259] Achterberg / Schulte, in: *v. Mangoldt / Klein / Starck*, Grundgesetz, Art. 44 Rn. 63.

[260] Vgl. *Thieme*, Das Verhältnis der parlamentarischen Untersuchungsausschüsse zur Exekutive, S. 115; *Masing*, Parlamentarische Untersuchungen privater Sachverhalte, S. 312 f.; Klein, in: *Maunz / Dürig*, Grundgesetz, Art. 44 Rn. 153.

[261] Kritisch auch *Mager*, Der Staat 2002, 597 (609 mit Fn. 64).

[262] Vgl. *Busse*, DÖV 1989, 45 (51 ff.); *Memminger*, DÖV 1986, 15 (22).

[263] Zu diesem Gebot siehe BVerfGE 67, 100 (130); 77, 1 (48).

[264] Achterberg / Schulte, in: *v. Mangoldt / Klein / Starck*, Grundgesetz, Art. 44 Rn. 69; vgl. auch BremStGH, DVBl. 1989, 453 (455 ff.).

[265] Vgl. Morlok, in: *Dreier*, Grundgesetz, Art. 44 Rn. 26; für eine enge Interpretation auch Pieroth, in: *Jarass / Pieroth*, Grundgesetz, Art. 44 Rn. 4; Umbach, in: *Umbach / Clemens*, Grundgesetz, Art. 44 Rn. 37; Versteyl, in: *v. Münch / Kunig*, Grundgesetz, Art. 44 Rn. 21.

[266] Vgl. BremStGH, DVBl. 1989, 453 (455 ff.); Pieroth, in: *Jarass / Pieroth*, Grundgesetz, Art. 44 Rn. 4; Achterberg / Schulte, in: *v. Mangoldt / Klein / Starck*, Grundgesetz, Art. 44 Rn. 69.

schussgesetzes ausgegangen. So heißt es in der Beschlussempfehlung und dem Bericht des Ausschusses für Wahlprüfung, Immunität und Geschäftsordnung, dass sich die Exekutive hinsichtlich bereits abgeschlossener Vorgänge nur in „besonders gelagerten Ausnahmefällen" auf einen geschützten Kernbereich berufen kann[267].
Die Durchführung eines parlamentarischen Untersuchungsverfahrens parallel zu einem Strafverfahren steht hingegen nicht im Widerspruch zum Grundsatz der Gewaltenteilung. Dies ergibt sich aus den unterschiedlichen Funktionen der Verfahren, der Aufklärung zur Konstituierung politischer Verantwortung einerseits und der Verfolgung und Verurteilung eines Bürgers wegen einer strafbaren Handlung andererseits[268].

b) Bundesstaatsprinzip

Zum anderen setzt die bundesstaatliche Ordnung der Untersuchungskompetenz Schranken. Denn soweit durch die Verfassung Aufgaben der Gesetzgebung oder der Verwaltung den Ländern zugeteilt werden, muss der Bundestag die daraus resultierenden Grenzen seiner Zuständigkeit auch hinsichtlich der Festlegung eines Untersuchungsgegenstandes beachten[269]. Ausgeschlossen ist somit eine Befassung des Untersuchungsausschusses mit Vorgängen, die ausschließlich Sache der Länder sind. Eine Gesetzgebungsenquête des Bundestages im Kompetenzbereich der Länder ist demnach unzulässig[270]. Gleiches gilt unproblematisch für Kontrollenquêten, die unmittelbar den Landesvollzug von landeseigenen Gesetzen zum Gegenstand haben[271].
Weniger eindeutig ist die Bestimmung der Reichweite der Untersuchungskompetenz aber beim Vollzug der Bundesgesetze durch die Länder, da hier bezüglich des Verwaltungshandelns der Länder Einwirkungsmöglichkeiten des Bundes bestehen. Grundsätzlich kann festgehalten werden, dass zur Wahrung der Einzelstaatlichkeit der Länder sowohl im Rahmen der Ausführung der Bundesgesetze durch die Länder als eigene Angelegenheit nach Art. 83 f. GG als auch im Rahmen der Ausübung der Bundesauftragsverwaltung durch die Länder nach Art. 85 GG die parlamentarische Untersuchungskompetenz nicht über den Umfang der

---

[267] Vgl. BT-Drs. 14/5790, Begründung zu § 1, S. 14; vgl. dazu auch *Wiefelspütz*, Das Untersuchungsausschussgesetz, S. 73.

[268] Ausführlich dazu Achterberg / Schulte, in: *v. Mangoldt / Klein / Starck*, Grundgesetz, Art. 44 Rn. 15 ff.; Klein, in: *Maunz / Dürig*, Grundgesetz, Art. 44 Rn. 155; *Wiefelspütz*, Das Untersuchungsausschussgesetz, S. 76 f.

[269] Vgl. Versteyl, in: *v. Münch / Kunig*, Grundgesetz, Art. 44 Rn. 21; *Schleich*, Das parlamentarische Untersuchungsrecht des Bundestages, S. 75; *Stern*, AöR 109 (1984), 199 (226).

[270] Morlok, in: *Dreier*, Grundgesetz, Art. 44 Rn. 22.

[271] Vgl. *Friedrich*, Der parlamentarische Untersuchungsausschuß, S. 130. Die Möglichkeit einer unmittelbaren Untersuchung von Ländermaterien ergibt sich auch nicht aus Art. 28 III GG; vgl. dazu Achterberg / Schulte, in: *v. Mangoldt / Klein / Starck*, Grundgesetz, Art. 44 Rn. 41 ff.

Aufsichtsrechte des Bundes hinausgehen darf[272]. Zulässiger Untersuchungsgegenstand kann demnach nur die Kontrolle der ordnungsgemäßen Ausübung der im Umfang je nach Verwaltungstyp unterschiedlichen Bundesaufsicht durch die Bundesregierung sein[273]. Dabei ist zu beachten, dass zwangsläufig auch das der Wahrnehmung der Bundesaufsicht zugrunde liegende Verwaltungshandeln des Landes einer mittelbaren parlamentarischen Kontrolle unterworfen wird[274].

c) Begrenzung auf Angelegenheiten von öffentlichem Interesse

Rechtsprechung und Literatur setzen der parlamentarischen Untersuchung ferner insoweit Grenzen, als dass es sich bei den Untersuchungsgegenständen um Angelegenheiten von öffentlichem Interesse handeln muss[275]. Diese Begrenzung bildet das „rechtsstaatliche Komplement zur Erweiterung des Gegenstandsbereichs parlamentarischer Untersuchungen und zur inzwischen medial gewordenen Öffentlichkeit dieser Untersuchungen"[276]. In diesem Sinne dient sie in erster Linie dem Zweck, die potentielle Zugriffsmöglichkeit auf nichtstaatliche Sachverhalte zu beschränken[277]. Es wird damit versucht, die Konsequenzen der Korollartheorie für Private abzuschwächen und das bedenkliche Vordringen parlamentarischer Untersuchungen in den gesellschaftlichen Bereich zu mäßigen[278]. Das Kriterium des öffentlichen Interesses ist daher als Schranke der Untersuchungskompetenz vor allem hinsichtlich der Untersuchungsverfahren von Bedeutung, die das gesellschaftliche oder privatwirtschaftliche Verhalten von Privaten nicht nur mittelbar, sondern im Rahmen einer Skandalenquête und daher unmittelbar zum Gegenstand haben. „Reine Privatangelegenheiten" sollen somit dem gegenständlichen Bereich

---

272 Ausführlich dazu *Friedrich*, Der parlamentarische Untersuchungsausschuß, S. 130 ff.; Achterberg / Schulte, in: *v. Mangoldt / Klein / Starck*, Grundgesetz, Art. 44 Rn. 44 ff.; Klein, in: *Maunz / Dürig*, Grundgesetz, Art. 44 Rn. 140.

273 Entsprechendes gilt im Übrigen für die Reichweite parlamentarischer Kontrolle im Rahmen kommunaler Aufgabenerfüllung; vgl. dazu Achterberg / Schulte, in: *v. Mangoldt / Klein / Starck*, Grundgesetz, Art. 44 Rn. 51 ff.

274 Vgl. Achterberg / Schulte, in: *v. Mangoldt / Klein / Starck*, Grundgesetz, Art. 44 Rn. 47 und 49; Morlok, in: *Dreier*, Grundgesetz, Art. 44 Rn. 22.

275 Vgl. BVerfGE 67, 100 (140); 76, 363 (382); 77, 1 (44); BayVerfGH, NVwZ 1995, 681 (684); BadWürttStGH, NVwZ 1992, 593 (594); *Böckenförde*, AöR 103 (1978), 1 (14 ff.); *Schleich*, Das parlamentarische Untersuchungsrecht des Bundestages, S. 31 ff.; *Stern*, AöR 109 (1984), 199 (229); *Scholz*, AöR 105 (1980), 564 (594 ff.); *Kipke*, Die Untersuchungsausschüsse des deutschen Bundestages, S. 45; *Di Fabio*, Rechtsschutz im parlamentarischen Untersuchungsverfahren, S. 41 f.; Achterberg / Schulte, in: *v. Mangoldt / Klein / Starck*, Grundgesetz, Art. 44 Rn. 24 ff.; Pieroth, in: *Jarass / Pieroth*, Grundgesetz, Art. 44 Rn. 4.

276 *Böckenförde*, AöR 103 (1978), 1 (15).

277 Vgl. *Studenroth*, Die parlamentarische Untersuchung privater Sachverhalte, S. 58 ff.; *Masing*, Parlamentarische Untersuchungen privater Sachverhalte, S. 190; *Mager*, Der Staat 2002, 597 (606).

278 Vgl. Klein, in: *Maunz / Dürig*, Grundgesetz, Art. 44 Rn. 110; *Masing*, Parlamentarische Untersuchungen privater Sachverhalte, S. 190.

eines Untersuchungsverfahrens entzogen werden[279]. Folglich ist das Erfordernis des öffentlichen Interesses als Ausdruck des Bemühens zu verstehen, Private davor zu bewahren, ohne hinreichenden Anlass zum unmittelbaren Objekt einer parlamentarischen Untersuchung und somit auch der öffentlichen politischen Auseinandersetzung zu werden[280]. Nur wenn ein privater Sachverhalt mit einem die Untersuchung legitimierenden öffentlichen Interesse zusammenfällt, ist die Einleitung eines Untersuchungsverfahrens als statthaft anzusehen[281].
Im Unterschied zu den Untersuchungsausschussgesetzen der Länder[282] verlangt das Untersuchungsausschussgesetz des Bundes jedoch nicht ausdrücklich das Vorliegen eines öffentlichen Interesses. Aus dem Verzicht des Gesetzgebers, dieses Erfordernis in den Gesetzestext aufzunehmen, ist der Schluss gezogen worden, dass bereits der Antrag mindestens eines Viertels der Mitglieder des Bundestages auf Einsetzung eines Untersuchungsausschusses eine diesbezügliche unwiderlegliche Vermutung begründe[283]. Damit wäre das Kriterium des öffentlichen Interesses aber seiner begrenzenden Funktion gänzlich beraubt. Dies beabsichtigte der Gesetzgeber hingegen erkennbar nicht. So weist die Begründung der Beschlussempfehlung und des Berichts des Ausschusses für Wahlprüfung, Immunität und Geschäftsordnung darauf hin, dass die mit § 1 III PUAG umschriebene Beschränkung des Untersuchungsrechts auf die „verfassungsgemäße Zuständigkeit des Bundestages" unter anderem ein öffentliches Interesse an der Untersuchung voraussetzt[284]. Das öffentliche Interesse ist demnach weiterhin als ein von Verfassung wegen gefordertes Zulässigkeitskriterium für die Einsetzung eines Untersuchungsausschusses zu begreifen, dessen es bedarf, um das staatliche Handeln der Untersuchungsausschüsse als gemeinwohlorientiertes Handeln zu legitimieren[285].
Dies soll aber nicht darüber hinwegtäuschen, dass das Erfordernis eines öffentlichen Interesses im Ergebnis nur eine unscharfe und unzureichende Begrenzung

---

[279] Vgl. Achterberg / Schulte, in: *v. Mangoldt / Klein / Starck*, Grundgesetz, Art. 44 Rn. 24; *Scholz*, AöR 105 (1980), 564 (594); *Stern*, AöR 109 (1984), 199 (229); *Engels*, Parlamentarische Untersuchungsausschüsse, S. 39; *Wiefelspütz*, NVwZ 2002, 10 (11, 13).

[280] Vgl. *Böckenförde*, AöR 103 (1978), 1 (14); *Studenroth*, Die parlamentarische Untersuchung privater Sachverhalte, S. 58 f.; *Friedrich*, Der parlamentarische Untersuchungsausschuß, S. 107.

[281] Vgl. *Scholz*, AöR 105 (1980), 564 (594 f.); Achterberg / Schulte, in: *v. Mangoldt / Klein / Starck*, Grundgesetz, Art. 44 Rn. 24.

[282] Siehe §1 I BadWürttUA, Art. 2 I BayUA, § 1 I BrandUA, § 1 I BremUA, § 1 I HbgUA, § 1 I MVUA, § 1 I NWUA, § 1 I RhPfUA, § 1 I SachsUA, § 1 I SachsAnhUA, § 1 I SchlHUA, § 1 I ThürUA. Vgl. ferner § 38 des Gesetzes über den Landtag des Saarlandes, Art. 27 I S. 1 NiedersachsVerf.

[283] So *Schneider*, NJW 2001, 2604 (2605).

[284] Siehe BT-Drs. 14 / 5790, Begründung zu § 1, S.14; dazu auch *Mager*, Der Staat 2002, 597 (606); *Wiefelspütz*, NVwZ 2002, 10 (12).

[285] Vgl. BayVerfGH, NVwZ 1995, 681 (684); BadWürttStGH, NVwZ-RR 1992, 593 (595); *Wiefelspütz*, NVwZ 2002, 10 (12); *Masing*, Parlamentarische Untersuchungen privater Sachverhalte, S. 206 f.

der Untersuchungskompetenz bewirkt[286]. Die Versuche, dem Begriff schärfere Konturen zu verleihen, sind nicht gelungen[287]. So wird ein lediglich faktisches öffentliches Interesse[288] bereits aufgrund der Tatsache der Stellung eines entsprechenden Antrages auf Einsetzung eines Untersuchungsausschusses nur schwer zu verneinen sein. Geht man hingegen von einem normativ zu bestimmenden öffentlichen Interesse[289] aus, bleiben die zur Konkretisierung des unbestimmten Rechtsbegriffs maßgeblichen Kriterien unklar[290]. Praktische Bedeutung kann diesem Erfordernis demnach wohl allein als Missbrauchsgrenze zukommen[291].

d) Grundrechte

Parlamentarische Untersuchungsausschüsse üben hoheitliche Gewalt aus und sind daher gem. Art. 1 III GG an die Grundrechte gebunden[292]. Diese Grundrechtsbindung besteht aufgrund der besonderen Öffentlichkeitswirkung des Einsetzungsbeschlusses und der damit potenziellen faktischen Beeinträchtigung von Grundrechtspositionen auch schon bei der Einleitung eines Untersuchungsverfahrens und nicht nur hinsichtlich einzelner Maßnahmen des Ausschusses im Rahmen der Durchführung des Verfahrens[293]. Bereits durch eine einen aufklärungsbedürftigen Sachverhalt unterstellende Formulierung des Untersuchungsauftrags können Privatpersonen in ihren gem. Art. 2 I i.V.m. Art. 1 I GG grundrechtlich geschützten Persönlichkeitsrechten verletzt oder kann eine Kreditgefährdung beziehungsweise eine anderweitige Beeinträchtigung des vom Schutzbereich des Art. 14 GG erfassten eingerichteten und ausgeübten Gewerbebetriebs herbeigeführt werden[294]. Folglich schränken die Grundrechte auch den gegenständlichen Bereich parlamen-

---

[286] Vgl. *Di Fabio*, Rechtsschutz im parlamentarischen Untersuchungsverfahren, S. 44; Achterberg / Schulte, in: *v. Mangoldt / Klein / Starck*, Grundgesetz, Art. 44 Rn. 28.

[287] Ausführlich *Masing*, Parlamentarische Untersuchungen privater Sachverhalte, S. 191 ff.; vgl. auch Klein, in: *Maunz / Dürig*, Grundgesetz, Art. 44 Rn. 114.

[288] So *Di Fabio*, Rechtsschutz im parlamentarischen Untersuchungsverfahren, S. 42 f.; *Böckenförde*, AöR 103 (1978), 1 (15); *Vetter*, DÖV 1987, 426 (430).

[289] So die wohl überwiegende Auffassung: siehe *Richter*, Privatpersonen im parlamentarischen Untersuchungsausschuß, S. 34 ff.; *Schleich*, Das parlamentarische Untersuchungsrecht des Bundestages, S. 32; Morlok, in: *Dreier*, Grundgesetz, Art. 44 Rn. 28; *Schenke*, JZ 1988, 805 (810); *Hilf*, NVwZ 1987, 537 (538); *Kästner*, NJW 1990, 2649 (2655 f.); *Wiefelspütz*, NVwZ 2002, 10 (13 f.).

[290] Zusammenfassend Achterberg / Schulte, in: *v. Mangoldt / Klein / Starck*, Grundgesetz, Art. 44 Rn. 28; im Einzelnen *Masing*, Parlamentarische Untersuchungen privater Sachverhalte, S. 191 ff.

[291] Vgl. *Masing*, Parlamentarische Untersuchungen privater Sachverhalte, S. 206 f.; *Mager*, Der Staat 2002, 597 (606); Klein, in: *Maunz / Dürig*, Grundgesetz, Art. 44 Rn. 114.

[292] Vgl. nur BVerfGE 67, 100 (142); 77, 1 (46); *Scholz*, AöR 105 (1980), 564 (604 ff.); *Friedrich*, Der parlamentarische Untersuchungsausschuß, S. 96 ff.

[293] Vgl. BayVerfGH, NVwZ 1996, 1206 (1206); Magiera, in: *Sachs*, Grundgesetz, Art. 44 Rn. 10; *Studenroth*, Die parlamentarische Untersuchung privater Bereiche, S. 28 f.; Morlok, in: *Dreier*, Grundgesetz, Art. 44 Rn. 28.

[294] Vgl. *Di Fabio*, Rechtsschutz im parlamentarischen Untersuchungsverfahren, S. 89.

tarischer Untersuchungen ein. Zusätzlich zum Kriterium des „öffentlichen Interesses“ begrenzen sie die Zulässigkeit von privatgerichteten Enquêten. Die Überprüfung der Zulässigkeit eines Untersuchungsgegenstandes am Maßstab der Grundrechte setzt eine Abwägung zwischen dem Aufklärungsinteresse einerseits und der Schutzbedürftigkeit der im Einzelfall betroffenen Grundrechte andererseits voraus. Das zur Aufklärung gewährte Untersuchungsrecht sowie die Grundrechte stehen sich dabei auf der Ebene des Verfassungsrechts gegenüber und müssen im Wege der praktischen Konkordanz[295] so zugeordnet werden, dass beide Positionen so weit wie möglich zur Geltung kommen[296]. Im Gegensatz zur Überprüfung der Grundrechtsverträglichkeit von Einzelmaßnahmen des Untersuchungsausschusses im Rahmen der Beweiserhebung mangelt es bezüglich einer Prüfung des Untersuchungsgegenstandes jedoch an klaren Konturen zur Durchführung einer Abwägung[297]. An gesetzlichen Strukturierungen des Grundrechtsschutzes, hinsichtlich einzelner Untersuchungsmaßnahmen ehemals allein durch die gem. Art. 44 II S. 1 GG angeordnete Anwendung der Vorschriften der Strafprozessordnung und jetzt mit den Vorschriften des Untersuchungsausschussgesetzes gegeben, mangelt es hier. Maßgeblich ist daher allein, inwieweit das Interesse des Parlaments an einem Gegenstand eine solche Gemeinwohlbedeutung hat, dass es sich gegenüber dem Schutzanspruch des Privaten für seine Daten durchsetzt[298]. Wie dies zu ermitteln ist, bleibt unklar. Es sind somit ähnliche Unsicherheiten auszumachen wie bei der Konkretisierung der Voraussetzung des öffentlichen Interesses. Beide im Ergebnis lediglich schwach begrenzend wirkenden Zulässigkeitsvoraussetzungen fließen daher gelegentlich auch in eine allgemeine Verhältnismäßigkeitsprüfung ein[299].

e) Bestimmtheitsgrundsatz

Eine weitere dem Rechtsstaatsprinzip zu entnehmende Beschränkung des Untersuchungsrechts liegt im Erfordernis der klaren und eindeutigen Umschreibung des Untersuchungsgegenstandes[300]. Das Untersuchungsthema muss hinreichend deut-

---

[295] Grundlegend *Hesse*, Grundzüge des Verfassungsrechts der Bundesrepublik Deutschland, Rn. 72.

[296] Vgl. Achterberg / Schulte, in: *v. Mangoldt / Klein / Starck*, Grundgesetz, Art. 44 Rn. 74; *Studenroth*, Die parlamentarische Untersuchung privater Bereiche, S. 81 f. Auf das Beweiserhebungsrecht des Untersuchungsausschusses bezogen vgl. auch BVerfGE 67, 100 (143 f.) und 77, 1 (47).

[297] Ausführlich dazu *Masing*, Parlamentarische Untersuchungen privater Sachverhalte, S. 214 ff.; siehe ferner Klein, in: *Maunz / Dürig*, Grundgesetz, Art. 44 Rn. 115.

[298] *Masing*, Parlamentarische Untersuchungen privater Sachverhalte, S. 215.

[299] Siehe *Hilf*, NVwZ 1987, 537 (539); vgl. ferner *Schenke*, JZ 1988, 805 (810); Magiera, in: *Sachs*, Grundgesetz, Art. 44 Rn. 10; kritisch dazu *Masing*, Parlamentarische Untersuchungen privater Sachverhalte, S. 216.

[300] Dazu Morlok, in: *Dreier*, Grundgesetz, Art. 44 Rn. 31; Achterberg / Schulte, in: *v. Mangoldt / Klein / Starck*, Grundgesetz, Art. 44 Rn. 30 ff.; *Richter*, Privatpersonen im parlamentarischen Untersuchungsausschuß, S. 47 f.; *Stern*, AöR 109 (1984), 199 (229); *Engels*, Parlamentarische Untersuchungsausschüsse, S. 39 f.

lich erkennen lassen, was untersucht werden soll, damit der Untersuchungsausschuss selbst nicht vor vielfältige Auslegungs- und Abgrenzungsfragen gestellt wird und damit für Dritte voraussehbar ist, worauf sich die Beweiserhebungsbefugnisse des Ausschusses erstrecken können[301]. Durch eine möglichst präzise Bestimmung des Untersuchungsgegenstandes können die Beweiserhebungsbefugnisse des Ausschusses also rechtlich eingebunden und der Gefahr eines Missbrauchs des Enquêterechts kann entgegengewirkt werden[302]. Dabei dürfen die Anforderungen an den Grad der Bestimmtheit des Untersuchungsauftrages aber nicht überspannt werden. Denn vor Beginn der Untersuchung wird man die aufzuklärenden Vorgänge meist nur lückenhaft beschreiben können[303]. Vielfach werden erst die sich im Laufe der Ermittlungen ergebenden weiteren Anhaltspunkte die Aufklärungstätigkeit in eine bestimmte Richtung lenken[304].

f) Ergebnis

Die dargestellten Begrenzungen der Untersuchungskompetenz vermögen die Charakterisierung des Untersuchungsausschusses als allgemeines Informationsbeschaffungsinstrument nur teilweise zu entkräften. Zwar setzen insbesondere der Grundsatz der Gewaltenteilung sowie das Bundesstaatsprinzip dem Untersuchungsrecht aus Art. 44 GG wirksame Grenzen. Das Erfordernis des öffentlichen Interesses und die Abwehrfunktion der Grundrechte hingegen führen nur zu einem unzureichenden Schutz vor solchen Untersuchungen, die unmittelbar das Verhalten von Privaten zum Gegenstand haben. Ihre begrenzende Wirkung entfalten die Grundrechte weniger bei der Beurteilung der Zulässigkeit eines Untersuchungsgegenstandes als bei der Überprüfung der Zulässigkeit von Einzelmaßnahmen des Untersuchungsausschusses.

4. Die Alternative: Artikel 44 GG als staatsgerichtetes Kontrollrecht?

Als Ausgangspunkt für die Bestimmung der Reichweite der Untersuchungskompetenz diente im Bisherigen die Korollartheorie. Mit der weiten Befassungskompetenz des Parlaments korrespondiert demnach eine gegenständliche Weite der Untersuchungskompetenz. Nur im geringen Umfang ist die Möglichkeit eröffnet, sich mit Kompetenzerwägungen gegen die Einleitung einer privatgerichteten Untersuchung wehren zu können. Dies ist in erster Linie von *Masing* zum Anlass genommen worden, das herrschende Verständnis von Art. 44 GG als Generalauf-

[301] Vgl. *Richter*, Privatpersonen im parlamentarischen Untersuchungsausschuß, S. 48. Zur Frage, ob bei einer Minderheitsenquête bereits der Einsetzungsantrag oder erst der Einsetzungsbeschluss dem Bestimmtheitsgebot entsprechen muss, vgl. Klein, in: *Maunz / Dürig*, Grundgesetz, Art. 44 Rn. 85; *Wiefelspütz*, Das Untersuchungsausschussgesetz, S. 66 f.

[302] Vgl. *Badura*, Recht der Minderheit auf Einsetzung eines Untersuchungsausschusses, S. 201.

[303] So Morlok, in: *Dreier*, Grundgesetz, Art. 44 Rn. 31; vgl. auch BayVerfGH, NVwZ 1995, 681 (685).

[304] Vgl. *Richter*, Privatpersonen im parlamentarischen Untersuchungsausschuß, S. 48.

klärungsinstrument im Rahmen des gesamten Aufgabenspektrums des Parlaments kritisch zu hinterfragen und im Ergebnis abzulehnen[305]. Die Untersuchungskompetenz reiche demnach nicht so weit wie die Befassungskompetenz des Parlaments. Art. 44 GG stelle allein ein Instrumentarium der parlamentarischen Kontrolle dar, welches ausschließlich die spezifische und begrenzte Funktion der Offenlegung von Maßnahmen und Zuständen im Bereich des Staates einnehme[306]. Nur bei Zugrundelegung dieses Ansatzes könne die Ausstattung des Parlaments mit Zwangsbefugnissen, die Einräumung des Minderheitenrechts, die Anordnung der Öffentlichkeit der Beweiserhebungen und der Ausschluss des Rechtsweges gem. Art. 44 IV GG verfassungssystematisch überzeugend eingeordnet werden[307]. Folgt man dieser Einengung der Untersuchungskompetenz auf die Wahrnehmung der Kontrollfunktion, ergeben sich grundlegende Konsequenzen. So scheiden gesellschaftliche Bereiche und private Verhältnisse als unmittelbarer Gegenstand einer parlamentarischen Untersuchung aus[308]. Für die Durchführung von Skandalenquêten bildet Art. 44 GG demnach keine Grundlage. Eine Inanspruchnahme Privater kann also lediglich zur Aufdeckung staatlicher Vorgänge im Rahmen von Kontrollenquêten und damit nur mittelbar erfolgen[309]. Darüber hinaus kann sich der Bundestag des Art. 44 GG nicht als sachbezogenes Informationsinstrument zur Durchführung von Gesetzgebungsenquêten bedienen[310].

Die auf den ersten Blick weitreichenden Konsequenzen dieser Interpretation des Art. 44 GG verlieren jedoch an Schärfe, wenn man bedenkt, dass auch die Rechtsprechung[311] und die vorherrschende Literatur die Funktion der Untersuchungsausschüsse als Kontrollinstrument gegenüber der Exekutive hervorheben und sich dies zudem in der parlamentarischen Praxis widerspiegelt[312]. Die Bedeutung der

---

[305] Vgl. *Masing*, Parlamentarische Untersuchungen privater Sachverhalte, S. 228 ff. und S. 306 ff.; siehe ferner *Studenroth*, Die parlamentarische Untersuchung privater Bereiche, S. 122 ff., 140; vgl. jetzt auch Klein, in: *Maunz / Dürig*, Grundgesetz, Art. 44 Rn. 104 ff.

[306] *Masing*, Parlamentarische Untersuchungen privater Sachverhalte, S. 353. Demgegenüber halten *Studenroth*, Die parlamentarische Untersuchung privater Bereiche, S. 166 ff., und Klein, in: *Maunz / Dürig*, Grundgesetz, Art. 44 Rn. 136, 157, auch gesetzesvorbereitende Untersuchungen nach Art. 44 GG für zulässig.

[307] Im Einzelnen *Masing*, Parlamentarische Untersuchungen privater Sachverhalte, S. 229 ff., 275 ff., 286 ff., 299 ff.

[308] *Masing*, Parlamentarische Untersuchungen privater Sachverhalte, S. 306 ff.; im Ergebnis auch *Studenroth*, Die parlamentarische Untersuchung privater Bereiche, S. 140 f.; Klein, in: *Maunz / Dürig*, Grundgesetz, Art. 44 Rn. 122 ff.

[309] Zur Unterscheidung von unmittelbarer und mittelbarer Einbeziehung *Masing*, Parlamentarische Untersuchungen privater Sachverhalte, S. 330 ff.

[310] *Masing*, Parlamentarische Untersuchungen privater Sachverhalte, S. 306 und S. 344 ff.

[311] Vgl. BVerfGE 49, 70 (85); 77, 1 (43): „Das Schwergewicht der Untersuchung liegt naturgemäß in der parlamentarischen Kontrolle von Regierung und Verwaltung, insbesondere in der Aufklärung von in den Verantwortungsbereich der Regierung fallenden Vorgängen, die auf Missstände hinweisen."

[312] Zur Anknüpfung an die Sichtweise der vorherrschenden Auffassung siehe im Übrigen auch *Masing*, Parlamentarische Untersuchungen privater Sachverhalte, S. 355, selbst.

Arbeit *Masings* liegt nun darin, aus der einmütig festgestellten zentralen Funktion des Art. 44 GG auch die dogmatischen Konsequenzen zu ziehen. Dies beinhaltet nicht nur den Ausschluss von Legislativ- und Skandalenquêten, sondern führt dazu, dass der allein zulässige Zweck der Kontrolle als Bezugspunkt für das gesamte Untersuchungsverfahren - von der Einsetzung des Ausschusses über die Beweiserhebung bis hin zur Abfassung des Schlussberichts - dienen kann[313].
Rechtsprechung und Literatur sind der umfassend und überzeugend begründeten Ansicht *Masings* bisher weder gefolgt, noch haben sie sich mit ihr argumentativ auseinandergesetzt[314]. Zumeist wird unter Berufung auf *Masing* lediglich eine Untersuchungskompetenz hinsichtlich „rein privatgerichteter" Untersuchungen verneint, ohne dass dabei aber die Korollartheorie angetastet wird[315].
Eine der Komplexität der Problematik gerecht werdende detaillierte Auseinandersetzung mit der Fragestellung, ob das Untersuchungsrecht des Art. 44 GG entgegen der Korollartheorie ausschließlich als staatsgerichtetes Kontrollrecht zu begreifen ist, kann jedoch nicht Aufgabe dieser Arbeit sein. Fungiert das parlamentarische Untersuchungsrecht nach allen Ansätzen in erster Linie als Kontrollinstrument gegenüber der Exekutive, so folgt daraus für die Figur des Ermittlungsbeauftragten, dass ebenfalls ihr Einsatz vor allem bei Kontrollenquêten in Betracht kommt[316]. Im Übrigen soll mit der Rechtsprechung, der ganz überwiegenden Literatur und der parlamentarischen Praxis von einer Zulässigkeit auch nicht staatsgerichteter Enquêten ausgegangen werden. Denn nur so können die etwaigen Besonderheiten sichtbar werden, die beim Einsatz von Ermittlungsbeauftragten im Rahmen dieser Untersuchungen zu beachten sein könnten.

III. Die Rechtsstellung des Untersuchungsausschusses im Verhältnis zum Bundestag

1. Die Herrschaft des Plenums über Einleitung und Abschluss des Untersuchungsverfahrens

Untersuchungsausschüsse sollen durch ihre Aufklärungstätigkeit das Parlament bei seiner Arbeit unterstützen, seine Entscheidungen und Beschlüsse vorbereiten[317]. Ausgehend von dieser unterstützenden und vorbereitenden Tätigkeit werden Untersuchungsausschüsse überwiegend als Hilfsorgane des Parlaments be-

[313] Vgl. *Masing*, Parlamentarische Untersuchungen privater Sachverhalte, S. 355.
[314] Siehe jetzt aber Klein, in: *Maunz / Dürig*, Grundgesetz, Art. 44 Rn. 110 ff.
[315] Siehe z.B. Achterberg / Schulte, in: *v. Mangoldt / Klein / Starck*, Grundgesetz, Art. 44 Rn. 24; Morlok, in: *Dreier*, Grundgesetz, Art. 44 Rn. 20; Pieroth, in: *Jarass / Pieroth*, Grundgesetz, Art. 44 Rn. 4.
[316] Siehe dazu u., S. 93 f.
[317] Siehe o., S. 30.

zeichnet[318]. Der Bundestag als „Herr der Untersuchung“ kann sich ihrer zur Ausübung seiner Untersuchungskompetenz bedienen[319]. Die §§ 1 - 3 PUAG regeln in diesem Sinne die vom Bundestag vorzunehmende Einsetzung des Untersuchungsausschusses einschließlich der Bestimmung des Untersuchungsthemas. An den gem. § 1 II PUAG erfolgten Einsetzungsbeschluss des Bundestags zu einem gem. § 1 III PUAG zulässigen Untersuchungsthema sind die Untersuchungsausschüsse gem. § 3 S. 1 PUAG gebunden. Nachträgliche Änderungen des Untersuchungsauftrages sind zwar möglich, setzen gem. § 3 S. 2 Hs. 1 PUAG aber wiederum eine Beschlussfassung des Plenums voraus. Gem. § 2 und § 3 S. 2 Hs. 2 PUAG werden die Rechte der einen Untersuchungsausschuss beantragenden Minderheit von mindestens einem Viertel der Mitglieder des Bundestages bei der Einsetzung des Ausschusses und bei der Festlegung des ihn bindenden Untersuchungsauftrags gesichert[320].

Korrespondierend mit der Herrschaft über die Einleitung des Untersuchungsverfahrens besitzt das Plenum auch die Möglichkeit, den Untersuchungsausschuss aufzulösen. Bei einer Minderheitsenquête ist dafür aufgrund der zu wahrenden Rechte der qualifizierten Minderheit aber eine Mehrheit von mehr als drei Vierteln der Mitglieder des Bundestages erforderlich[321]. Im Falle einer Mehrheitsenquête reicht hingegen die sogenannte einfache Mehrheit im Sinne des Art. 42 II S. 1 GG aus, um einen entsprechenden Beschluss zu fassen[322].

Zu berücksichtigen ist ferner, dass Untersuchungsausschüsse als nicht ständige Einrichtungen des Bundestages dem Grundsatz der Diskontinuität unterliegen[323]. Mit dem Ende der Wahlperiode gilt ein Untersuchungsausschuss daher als aufgelöst. In dieser Konstellation hat der Ausschuss dem Plenum gem. § 33 III PUAG einen Sachstandsbericht über den bisherigen Gang des Verfahrens und das bisherige Ergebnis der Untersuchungen vorzulegen. Kommt es nicht zu einer vorzeitigen Beendigung der parlamentarischen Untersuchung, trifft den Untersuchungs-

---

318 Vgl. BVerfGE 67, 100 (124); 77, 1 (41); 105, 197 (220); *Böckenförde*, AöR 103 (1978), 1 (4); *Hilf*, NVwZ 1987, 537 (538); *Scholz*, AöR 105 (1980), 564 (590, 593); *Masing*, Parlamentarische Untersuchungen privater Sachverhalte, S. 178; Pieroth, in: *Jarass / Pieroth*, Grundgesetz, Art. 44 Rn. 7.

319 Vgl. BVerfGE 67, 100 (125); 105, 197 (220).

320 Näher zu den Rechten der qualifizierten Minderheit im Rahmen der Einsetzung eines Untersuchungsausschusses siehe Klein, in: *Maunz / Dürig*, Grundgesetz, Art. 44 Rn. 74 ff., der allerdings § 2 III S. 1 PUAG für verfassungswidrig hält; siehe ferner *Schliesky*, AöR 126 (2001), 244 (248 ff.); *Wiefelspütz*, Das Untersuchungsausschussgesetz, S. 180 ff.

321 Vgl. nur Pieroth, in: *Jarass / Pieroth*, Grundgesetz, Art. 44 Rn. 3; Versteyl, in: *v. Münch / Kunig*, Grundgesetz, Art. 44 Rn. 24; Morlok, in: *Dreier*, Grundgesetz, Art. 44 Rn. 68.

322 Klein, in: *Maunz / Dürig*, Grundgesetz, Art. 44 Rn. 68.

323 Dies ist ein Fall der institutionellen Diskontinuität; vgl. Pieroth, in: *Jarass / Pieroth*, Grundgesetz, Art. 44 Rn. 3 und Art. 39 Rn. 4; allgemein zum Diskontinuitätsgrundsatzes im Untersuchungsverfahren Achterberg / Schulte, in: *v. Mangoldt / Klein / Starck*, Grundgesetz, Art. 44 Rn. 101; seine Geltung ohne Angabe von Gründen bezweifelnd Versteyl, in: *v. Münch / Kunig*, Grundgesetz, Art. 44 Rn. 25.

ausschuss die allgemeine Berichtspflicht des § 33 I PUAG. Der bisherigen parlamentarischen Praxis entsprechend[324] können gem. § 33 II PUAG auch Sondervoten in den Bericht aufgenommen werden. Unabhängig davon, wie ein Untersuchungsverfahren zum Abschluss gebracht wird, hat der Bundestag gem. § 33 IV PUAG das Recht, jederzeit die Vorlage eines Zwischenberichts zu verlangen.

2. Die Gestaltung des Verfahrens durch den Untersuchungsausschuss

Durch Art. 44 GG wird die Stellung des Plenums als „Herr" der Untersuchung aber auch begrenzt. Sind es gem. Art. 44 I S. 1 GG die Untersuchungsausschüsse, die die erforderlichen Beweise zu erheben haben, wird somit von Verfassung wegen bestimmt, dass das Untersuchungsrecht ausschließlich durch die Untersuchungsausschüsse wahrgenommen werden darf. Der Bundestag als Ganzes kann sich nicht selbst als Untersuchungsausschuss konstituieren oder die gem. Art. 44 I S. 1 und II GG gewährten besonderen Befugnisse zur Durchführung der Untersuchung ausüben[325]. Die mit dem Beweiserhebungsrecht verbundenen Befugnisse sind solche des Bundestages, die für diesen durch die Untersuchungsausschüsse ausgeübt werden[326]. Folglich stehen den Ausschüssen als Hilfsorganen des Bundestages Befugnisse zu, die das Plenum selbst wahrzunehmen nicht berechtigt ist. Um dieser besonderen Konstruktion Ausdruck zu verleihen, wird die Qualifizierung als Hilfsorgan auch teilweise abgelehnt und dem Untersuchungsausschuss die Rechtsnatur eines Teilorgans oder eines Unterorgans zugesprochen[327]. Auswirkungen auf die Rechtsstellung der Untersuchungsausschüsse haben diese begrifflichen Unterscheidungen jedoch nicht[328]. Weist die Verfassung ausdrücklich dem Untersuchungsausschuss die Durchführung der Beweiserhebung zu, übt dieser die Beweiserhebungsbefugnisse auch gegenüber dem Bundestag selbstständig und damit unabhängig und weisungsfrei aus[329]. Die Gestaltung des Untersuchungsverfahrens bleibt somit grundsätzlich Sache des Untersuchungsausschusses selbst[330].

---

[324] Siehe dazu *Engels*, Parlamentarische Untersuchungsausschüsse, S. 175 f.

[325] Vgl. nur BVerfGE 67, 100 (124 f.); Klein, in: *Maunz / Dürig*, Grundgesetz, Art. 44 Rn. 62; *Studenroth*, Die parlamentarische Untersuchung privater Sachverhalte, S. 25.

[326] Vgl. BVerfGE 77, 1 (41).

[327] Für eine Bezeichnung als Teilorgan: *Schleich*, Das parlamentarische Untersuchungsrecht des Bundestages, S. 13; als Unterorgan einordnend: Morlok, in: *Dreier*, Grundgesetz, Art. 44 Rn.15; Versteyl, in: *v. Münch / Kunig*, Grundgesetz, Art. 44 Rn. 18.

[328] Der BaWüStGH, DÖV 1977, 524 (525) verwendet die Begriffe Teil-, Hilfs-, und Unterorgan sogar nebeneinander.

[329] Vgl. Pieroth, in: *Jarass / Pieroth*, Grundgesetz, Art. 44 Rn. 3; Rechenberg, in: Bonner Kommentar zum Grundgesetz, Art. 44 Rn. 15; Schneider, in: Alternativkommentar zum Grundgesetz, Art. 44 Rn. 8; *Seidel*, BayVBl. 2002, 97 (100); *Masing*, Der Staat 1988, 273 (273 f.); *Hilf*, NVwZ 1987, 537 (538).

[330] Zu geringfügigen Einflussmöglichkeiten des Bundestags auf den Gang der Untersuchung vgl. Klein, in: *Maunz / Dürig*, Grundgesetz, Art. 44 Rn. 70 f.

Diese Selbstständigkeit des Untersuchungsausschusses hinsichtlich der Art und Weise der Ausführung des Untersuchungsauftrags schlägt sich auch in den Regelungen des Untersuchungsausschussgesetzes zum Ermittlungsbeauftragten nieder. Denn § 10 I S. 1 PUAG eröffnet eben nicht dem Bundestag, sondern dem Untersuchungsausschuss die Option, einen Ermittlungsbeauftragten einzuschalten.

IV. Das Verfahren der Beweiserhebung

Art. 44 I S. 1 Hs. 2 GG sieht vor, dass die Untersuchungsausschüsse in öffentlicher Verhandlung die erforderlichen Beweise erheben. Auf Beweiserhebungen finden gem. Art. 44 II S. 1 GG die Vorschriften über den Strafprozess sinngemäß Anwendung. Gem. Art. 44 III GG sind Gerichte und Verwaltungsbehörden zur Rechts- und Amtshilfe verpflichtet.

Der Verfassung ist dabei folgende Grundkonstruktion zu entnehmen. Die Rechtsgrundlage zur Erhebung der erforderlichen Beweise liegt bereits in 44 I S. 1 Hs. 2 GG und nicht erst im Verweis des Art. 44 II S. 1 GG[331]. Der Verweis auf die - jeweils geltenden[332] - Vorschriften über den Strafprozess dient vornehmlich der Vorgabe eines Verfahrens und der Bereitstellung hinreichend bestimmt ausgestalteter Untersuchungsbefugnisse[333]. Den Rechts- und Amtshilfeverpflichtungen der Gerichte und Verwaltungsbehörden kommt für die Informationsbeschaffung des Ausschusses eine gegenüber der Vornahme förmlicher Beweiserhebungen lediglich ergänzende Bedeutung zu[334].

Aufgrund der Wesensverschiedenheit von Strafverfahren und Untersuchungsverfahren führte die angeordnete „sinngemäße“ Anwendung der Vorschriften über den Strafprozess allerdings zu vielfältigen Unsicherheiten hinsichtlich Umfang und Grenzen der einzelnen Beweiserhebungsbefugnisse[335]. Das Untersuchungsausschussgesetz hält nun erstmals ein spezifisch auf das parlamentarische Untersuchungsverfahren ausgerichtetes Befugnissystem bereit. In der Präzisierung der Untersuchungsbefugnisse des Ausschusses liegt ein wesentlicher Schwerpunkt des Gesetzes[336]. Durch die Verweise in § 10 III S. 3 und S. 4 PUAG auf eine entsprechende Anwendung der Befugnisse des Untersuchungsausschusses aus §§ 18, 19 und 30 PUAG wird auch der Ermittlungsbeauftragte in dieses Befugnissystem einbezogen. Daraus ergibt sich die Notwendigkeit, auf die Ausgestaltung des Ver-

---

[331] Vgl. BVerfGE 67, 100 (128); Magiera, in: *Sachs*, Grundgesetz, Art. 44 Rn. 21; Morlok, in: *Dreier*, Grundgesetz, Art. 44 Rn. 40; *Masing*, Parlamentarische Untersuchungen privater Sachverhalte, S. 268; kritisch *Stern*, AöR 109 (1984), 199, (220 f., 283 ff.).

[332] Vgl. BVerfGE 76, 363 (385 f.); Magiera, in: *Sachs*, Grundgesetz, Art. 44 Rn. 22. Bei Art. 44 II S. 1 GG handelt es sich also um einen dynamischen Verweis.

[333] *Masing*, Parlamentarische Untersuchungen privater Sachverhalte, S. 213.

[334] Siehe dazu u., S. 69 ff.

[335] Vgl. bereits o., S. 8 f.

[336] Vgl. *Mager*, Der Staat 2002, 597 (608); zur Problematik des fortbestehenden Verweises des Art. 44 II S. 1 GG siehe o., S. 21 f.

fahrensabschnitts der Beweiserhebung durch das Untersuchungsausschussgesetz einzugehen.

1. Beweiserhebung und Schutz der Minderheit gem. § 17 PUAG

Die Beweiserhebung erfolgt gem. § 17 I PUAG aufgrund von Beweisbeschlüssen des Untersuchungsausschusses. Mittels dieser Beschlüsse wird die Phase der Informationserlangung gesteuert. Den Einfluss der qualifizierten Ausschussminderheit auf das Verfahren der Beweiserhebung sichern die Regelungen des § 17 II bis IV PUAG[337]. Zwar wurde schon vor Inkrafttreten des Untersuchungsausschussgesetzes nahezu einmütig festgestellt, dass sich der in Art. 44 I S. 1 GG vorgesehene Minderheitenschutz hinsichtlich der Einsetzung eines Untersuchungsausschusses auf das Beweiserhebungsverfahren erstrecken muss, um eine effektive Aufklärungsarbeit auch gegen den Widerstand der Mehrheit zu ermöglichen[338]. Die konkrete Ausformung der Minderheitenrechte bei der Informationsbeschaffung war und ist jedoch Gegenstand zahlreicher Streitfragen[339]. Das Gesetz unternimmt den Versuch einer Klärung.

a) Das Beweisantragsrecht gem. § 17 II PUAG

Gem. § 17 II PUAG sind Beweise bereits dann zu erheben, wenn dies von einem Viertel der Mitglieder des Ausschusses beantragt wird. Die Mehrheit im Ausschuss ist gem. § 17 II PUAG nur dann von der Fassung eines entsprechenden Beweisbeschlusses befreit, wenn die Beweiserhebung „unzulässig“ oder das Beweismittel auch nach Anwendung der in diesem Gesetz vorgesehenen Zwangsmittel „unerreichbar“ ist. Dabei weist der Terminus der unzulässigen Beweiserhebung auf die rechtlichen Grenzen und die Unerreichbarkeit eines Beweismittels auf die faktischen Grenzen des Beweiserhebungsrechts der qualifizierten Ausschussminderheit hin[340]. Zwar beschwören die Begriffe der Unzulässigkeit und Unerreichbarkeit im Sinne des § 17 II PUAG Auseinandersetzungen im Untersu-

---

[337] Weitere Regelungen zum Schutz der Minderheit im Rahmen der Beweiserhebung finden sich in § 18 III (auch i.V.m. § 19, § 23 II und § 28 I), § 18 IV S. 2 (auch i.V.m. § 19), § 27 II, § 29 II S. 2, § 29 III, § 30 IV S. 2 PUAG.

[338] Vgl. Morlok, in: *Dreier*, Grundgesetz, Art. 44 Rn. 43; Achterberg / Schulte, in: *v. Mangoldt / Klein / Starck*, Grundgesetz, Art. 44 Rn. 158; Pieroth, in: *Jarass / Pieroth*, Grundgesetz, Art 44 Rn. 7; vgl. grundsätzlich auch BVerfGE 49, 79 (86 f.).

[339] Vgl. nur *Seidel*, BayVBl. 2002, 97 ff.; *Schmidt-Hartmann*, Schutz der Minderheit im parlamentarischen Untersuchungsverfahren, S. 31 ff.; *Hermes*, Das Minderheitsrecht auf eine parlamentarische Untersuchung, S. 349 ff.; *Schröder*, Gutachten für den 57. Deutschen Juristentag, S. 107 ff.; siehe nun auch BVerfGE 105, 197 ff.; dazu *Wiefelspütz*, NJ 2002, S. 398 (400 ff.); Klein, in: *Maunz / Dürig*, Grundgesetz, Art. 44 Rn. 199 ff.

[340] Vgl. die Definitionen in der Begründung der Beschlussempfehlung BT-Drs. 14 / 5790, Begründung zu § 17, S. 17. Zur Differenzierung zwischen rechtlichen und faktischen Grenzen des Beweiserhebungsrechts bereits *Schmidt-Hartmann*, Schutz der Minderheit im parlamentarischen Untersuchungsverfahren, S. 61 ff. und S. 109 f.

chungsausschuss geradezu herauf. Doch stellen die in § 17 II PUAG abschließend aufgezählten Begrenzungen des Beweisantragsrechts zumindest klar, dass die Mehrheit im Ausschuss einen Beweisantrag nicht unter Berufung auf eine angeblich nicht bestehende Erforderlichkeit der Beweiserhebung zurückweisen kann[341]. Die Beurteilung der Frage, ob die Erhebung eines bestimmten Beweises erforderlich ist, obliegt somit ausschließlich den Antragstellern.
Wurden die Beweiserhebungsrechte einer qualifizierten Ausschussminderheit schon vor der Normierung im Untersuchungsausschussgesetz zum Teil unmittelbar aus Art. 44 GG I S. 1 GG abgeleitet[342], hat sich dem nun auch das Bundesverfassungsgericht angeschlossen, indem es der Einsetzungsminderheit und deren Vertretern im Ausschuss einen verfassungsrechtlichen Anspruch auf Berücksichtigung ihrer Beweisanträge zuerkannt hat[343]. Die Minderheit muss im Rahmen des Untersuchungsauftrags und innerhalb des Mehrheitsprinzips über die Beweiserhebung mitbestimmen können, denn Mehrheit und qualifizierte Minderheit müssen beide ihre Vorstellungen von einer sachgemäßen Aufklärung im angemessenen Umfang durchsetzen können[344]. Die durch Art. 44 I S. 1 GG verbürgten Rechte der qualifizierten Minderheit bestehen dabei unabhängig davon, ob es sich im konkreten Fall um eine Minderheitsenquête oder Mehrheitsenquête handelt. Ansonsten müsste die Minderheit einer Mehrheitsenquête jeweils eine Minderheitsenquête entgegensetzen, um in den Genuss der Verfahrensrechte zu kommen[345]. Dies aber könnte zu einer wechselseitigen Behinderung bei der Erfüllung der Untersuchungsaufträge führen[346]. Der Anspruch einer Ausschussminderheit auf Berücksichtigung ihrer Beweisanträge ist nach Ansicht des Bundesverfassungsgerichts aber nur dann verfassungsrechtlicher Natur, wenn die Minderheit im Aus-

---

[341] So bereits zur Rechtslage vor Verabschiedung des Untersuchungsausschussgesetzes Pieroth, in: *Jarass / Pieroth*, Grundgesetz, Art 44 Rn. 7; Morlok, in: *Dreier*, Grundgesetz, Art. 44 Rn. 43; Achterberg / Schulte, in: *v. Mangoldt / Klein / Starck*, Grundgesetz, Art. 44 Rn. 167; vgl. auch NdsStGH, NVwZ 1986, 827 (827).

[342] Vgl. Morlok, in: *Dreier*, Grundgesetz, Art. 44 Rn. 43; Pieroth, in: *Jarass / Pieroth*, Grundgesetz, Art. 44 Rn. 7.

[343] BVerfGE 105, 197 (220 ff.). Diese sich mit den Rechten der Ausschussminderheit anlässlich des am 23. November 1999 eingeleiteten „Parteispenden" – Untersuchungsausschusses befassende Entscheidung des Bundesverfassungsgerichts ist am 8. April 2002 und damit nach Inkrafttreten des Untersuchungsausschussgesetzes am 26. Juni 2001 ergangen. Gem. Art. 3 S. 2 PUAG fand das Untersuchungsausschussgesetz jedoch auf zum Zeitpunkt des Inkrafttretens bereits eingesetzte Untersuchungsausschüsse keine Anwendung. Die Regelungen des § 17 PUAG waren bei der Durchführung des 1. Untersuchungsverfahrens der 14. Wahlperiode folglich nicht zu beachten.

[344] BVerfGE 105, 197 (223). Daraus folgt ferner die Pflicht sicherzustellen, dass die qualifizierte Minderheit mit ihren Beweisbegehren auch bei zeitlicher Enge und drohender Diskontinuität angemessen berücksichtigt wird; vgl. BVerfGE 105, 197 (226); siehe dazu auch § 17 III PUAG.

[345] BVerfGE 105, 197 (224).

[346] BVerfGE 105, 197 (224 f.)

schuss eine potenziell einsetzungsberechtigte Minderheit des Bundestages repräsentiert[347].

Dem Untersuchungsausschussgesetz ist diese Voraussetzung nicht zu entnehmen. § 17 II PUAG räumt das Minderheitsrecht einem Viertel der Mitglieder des Untersuchungsausschusses unabhängig davon ein, wie sich diese Ausschussminderheit zusammensetzt. Einen einsetzungsberechtigten Teil des Bundestages muss dieses Viertel der Mitglieder folglich nicht repräsentieren. Insoweit geht der einfach-gesetzliche Anspruch des § 17 II PUAG also über das hinaus, was das Bundesverfassungsgericht für verfassungsrechtlich geboten hält[348].

Der von Verfassung wegen bestehende Anspruch darf nur dann zurückgewiesen werden, wenn die Minderheit ihre Beweisantragsrechte sachwidrig ausübt. Dies ist nach dem Bundesverfassungsgericht etwa dann der Fall, wenn die beantragte Beweiserhebung außerhalb des Untersuchungsauftrags liegt, rechtswidrig ist, lediglich der Verzögerung dient oder offensichtlich missbräuchlich ist[349]. Insoweit entspricht die einfach-gesetzliche Konkretisierung der Grenzen des Beweisantragsrechts in § 17 II PUAG den verfassungsgerichtlichen Vorgaben.

b) Rechtsschutzmöglichkeiten der Ausschussminderheit

Die Minderheit im Ausschuss steht etwaigen Zurückweisungen ihrer Beweisanträge nicht hilflos gegenüber. Lehnt die Mehrheit im Untersuchungsausschuss die Erhebung eines bestimmten Beweises unter Berufung auf die Grenzen aus § 17 II PUAG ab, so besitzt die Ausschussminderheit gem. § 17 IV Var. 1 PUAG das Recht, den Ermittlungsrichter des Bundesgerichtshofs anzurufen. Gegen die Entscheidung des Ermittlungsrichters ist gem. § 36 III PUAG die Beschwerde zum Bundesgerichtshof statthaft.

Das somit prozessual abgesicherte Beweisantragsrecht der Ausschussminderheit liefe jedoch ins Leere, wenn es nicht mit Beweiserzwingungsrechten verbunden wäre, um die tatsächliche Erhebung der Beweise bei Weigerung des Betroffenen auch gegen den Willen der Ausschussmehrheit durchzusetzen[350]. Dies hat der Gesetzgeber erkannt. So wird zwar gem. § 21 I, § 27 I, § 28 VI und § 29 II S. 1 PUAG bei ausbleibenden oder aussageunwilligen Zeugen, auskunftsunwilligen Sachverständigen und sich weigernden Herausgabepflichtigen eine Entscheidung des Ausschusses bezüglich einer zwangsweisen Vorführung, der Auferlegung einer Kostenpflicht oder der Festsetzung eines Ordnungsgeldes verlangt. Lehnt die Ausschussmehrheit aber eine beantragte Anwendung dieser Zwangsmittel ab, kann die Ausschussminderheit gem. § 17 IV Var. 2 PUAG eine Entscheidung des Ermittlungsrichters beim Bundesgerichtshof beantragen. Vervollständigt werden

---

[347] BVerfGE 105, 197 (220 f.).

[348] So bereits Klein, in: *Maunz / Dürig*, Grundgesetz, Art. 44 Rn. 201.

[349] Die Ausschussmehrheit hat dies nachvollziehbar darzulegen; siehe BVerfGE 105, 197 (225).

[350] Vgl. Schneider, in: Alternativkommentar zum Grundgesetz, Art. 44 Rn. 5.

diese Rechtsschutzmöglichkeiten der Ausschussminderheit gem. § 27 II, § 29 II S. 2 und § 29 III PUAG für die nicht dem Untersuchungsausschuss, sondern von vornherein dem Ermittlungsrichter zugewiesene Anordnung der Haft zur Erzwingung des Zeugnisses oder der Herausgabe von Beweismitteln sowie der Beschlagnahme und Herausgabe von Beweismitteln. Über eine Anordnung dieser Zwangsmittel hat der Ermittlungsrichter daher bereits auf Antrag eines Viertels der Ausschussmitglieder zu entscheiden.
Soweit die Beweisantragsrechte und Beweiserzwingungsrechte der Ausschussminderheit eine verfassungsrechtliche Grundlage in Art. 44 I S. 1 GG haben[351], kommt zudem die Geltendmachung einer Verletzung dieser Rechtspositionen gegenüber dem Untersuchungsausschuss im Wege des Organstreitverfahrens gem. Art. 93 I Nr. 1 GG, § 13 Nr. 5, §§ 63 ff. BVerfGG in Betracht[352]. Das Bundesverfassungsgericht hat nunmehr neben der potenziell einsetzungsberechtigten Minderheit auch der diese repräsentierenden „Fraktion im Ausschuss" die Antragsbefugnis[353] im Organstreitverfahren ausdrücklich zugesprochen[354]. Das Recht zur Einleitung eines Organstreitverfahrens besteht unabhängig von einer vorherigen Inanspruchnahme der Rechtsschutzmöglichkeiten aus § 17 IV PUAG. Wie bereits § 36 I PUAG zum Ausdruck bringt, ist das verfassungsrechtliche Organstreitverfahren nicht etwa subsidiär oder erst nach Erschöpfung des Rechtsweges zulässig[355].

2. Die Öffentlichkeit der Beweiserhebung

Die Beweiserhebung durch die Untersuchungsausschüsse hat gem. Art. 44 I S. 1 GG in öffentlicher Verhandlung zu erfolgen. Gem. Art. 44 I S. 2 GG kann die Öffentlichkeit ausgeschlossen werden. Von Verfassungs wegen wird also eine grundsätzlich öffentliche Verhandlung zur Beweiserhebung vorgeschrieben. Dieser Grundsatz ist für das parlamentarische Untersuchungsverfahren von besonderem Gewicht.

---

[351] Zur verfassungsrechtlichen Verankerung auch der Beweiserzwingungsrechte der Ausschussminderheit vgl. Klein, in: *Maunz / Dürig*, Grundgesetz, Art. 44 Rn. 202; Schneider, in: Alternativkommentar zum Grundgesetz, Art. 44 Rn. 5.

[352] Vgl. bereits *Schmidt-Hartmann*, Schutz der Minderheit im parlamentarischen Untersuchungsverfahren, S. 145 ff.; *Schröder*, Gutachten für den 57. Deutschen Juristentag, S. 116 f.

[353] Die Parteifähigkeit der „Fraktion im Ausschuss" war aufgrund der ihr gem. §§ 59 IV, 60 II, 61 II, 64 III S. 2 der Geschäftsordnung des Bundestages eingeräumten Rechte unstreitig.

[354] Siehe BVerfGE 105, 197 (220 f.); dazu Klein, in: *Maunz / Dürig*, Grundgesetz, Art. 44 Rn. 199 f. und 239.

[355] Klein, in: *Maunz / Dürig*, Grundgesetz, Art. 44 Rn. 200 mit Fn. 3; siehe auch *Seidel*, BayVBl. 2002, 97 (98); *Wiefelspütz*, NJ 2002, S. 398 (402).

a) Die Bedeutung des Öffentlichkeitsprinzips

Zwar schreibt bereits Art. 42 I GG den Grundsatz der Parlamentsöffentlichkeit fest. Für die Verhandlungen in den Ausschüssen gilt das Gebot der Öffentlichkeit der Verhandlungen des Bundestages jedoch nicht[356], was sich gerade im Umkehrschluss aus der besonderen Anordnung der Öffentlichkeit der Beweiserhebung in Art. 44 I S. 1 GG ergibt[357]. Regelungen über die Öffentlichkeit von Ausschusssitzungen unterliegen somit der Geschäftordnungsautonomie des Bundestages. Mit der Regelung des § 69 I GOBT hat sich der Geschäftsordnungsgeber, von der Kompetenz des Art. 40 I S. 2 GG Gebrauch machend, für eine grundsätzliche Nichtöffentlichkeit von Ausschusssitzungen entschieden. Hinsichtlich des Verfahrens der parlamentarischen Untersuchungsausschüsse spiegelt sich diese Entscheidung des Geschäftsordnungsgebers nun einfach-gesetzlich[358] in § 12 I PUAG wieder. Danach sind die Sitzungen des Untersuchungsausschusses zur Beratung sogar ausnahmslos nichtöffentlich durchzuführen. Für die Sitzungen des Untersuchungsausschusses zur Beweisaufnahme wird durch das Öffentlichkeitsprinzip des Art. 44 I GG, § 13 I PUAG also eine Ausnahme von der grundsätzlichen Nichtöffentlichkeit der Ausschussarbeit geschaffen. Anders als bei sonstigen Parlamentsausschüssen bleibt die Entscheidung über die Öffentlichkeit der Sitzungen hier nicht gänzlich der freien Entscheidung des Parlaments überlassen[359].

Das besondere Gewicht des Öffentlichkeitsgrundsatzes des Art. 44 I GG ergibt sich aus dessen engem Bezug zur allgemeinen Parlamentsöffentlichkeit des Art. 42 I GG. Die Öffentlichkeit der Verhandlungen des Bundestages stellt ein wesentliches Element des demokratischen Parlamentarismus dar[360]. Sie dient dem Verständnis der staatlichen Willensbildung, das für die politische Willensbildung des Volkes, insbesondere dessen Kontrollmöglichkeit und Wahlentscheidung, unentbehrlich ist[361]. Aus diesem Grunde kommt auch der gem. Art. 44 I S. 1 GG angeordneten öffentlichen Beweiserhebung der Untersuchungsausschüsse eine Bedeutung zu, die über diejenige des Öffentlichkeitsprinzips im Strafverfahren hinausreicht. Es soll nicht lediglich ein Einblick in die Ordnungsmäßigkeit des Verfahrensgangs der Beweiserhebung ermöglicht werden. Vielmehr hat die Öffentlichkeit der Beweiserhebung im parlamentarischen Untersuchungsverfahren in erster Linie die Bekanntmachung der untersuchten Fragen und die Enthüllung von Tat-

---

[356] BVerfGE 1, 144 (152); Pieroth, in: *Jarass / Pieroth*, Grundgesetz, Art. 42 Rn. 1; Achterberg / Schulte, in: *v. Mangoldt / Klein / Starck*, Grundgesetz, Art. 42 Rn. 10; Magiera, in: *Sachs*, Grundgesetz, Art. 42 Rn. 2; a.A. Morlok, in: *Dreier*, Grundgesetz, Art. 42 Rn. 24.

[357] Vgl. *Pieroth*, Das Verfassungsrecht der Öffentlichkeit für die staatliche Planung, S. 203.

[358] Zur verfassungsrechtlichen Zulässigkeit dieses Vorgehens siehe o., S. 25 ff.

[359] Vgl. *Masing*, Parlamentarische Untersuchungen privater Sachverhalte, S. 287; *Zeh*, DÖV 1988, 701 (707).

[360] BVerfGE 70, 324 (355); Pieroth, in: *Jarass / Pieroth*, Grundgesetz, Art. 20 Rn. 12.

[361] Magiera, in: *Sachs*, Grundgesetz, Art. 42 Rn. 1.

sachen für die und vor der Allgemeinheit zum Ziel[362]. Die Wirksamkeit einer parlamentarischen Untersuchung hängt entscheidend von der Schaffung eines hohen Maßes an Publizität ab[363]. In der Einwirkung auf die öffentliche Meinung durch die Veröffentlichung bekannt gewordener Missstände liegt das wesentliche Sanktionspotential der keine rechtlichen Sanktionen vorsehenden parlamentarischen Untersuchung[364]. Zudem unterstreicht ein Blick auf die Praxis die besondere Bedeutung der Beweiserhebung in öffentlicher Verhandlung. Denn häufig wird eine Beeinflussung der öffentlichen Meinung zur Konstituierung politischer Verantwortung eher durch die öffentliche Beweisaufnahme als durch die spätere Veröffentlichung der Feststellungen im Schlussbericht des Untersuchungsausschusses erreicht[365]. So vermag auch nicht zu verwundern, dass der eigentliche Sinn der parlamentarischen Untersuchung zum Teil im öffentlichen Vorgang des Ermittelns gesehen wird[366].

Im Untersuchungsausschuss ist die Öffentlichkeit einer Sitzung hergestellt, wenn der Presse und sonstigen Zuhörern im Rahmen der Raumverhältnisse der Zutritt gestattet wird[367]. Darüber hinausgehend kann der Untersuchungsausschuss gem. § 13 I S. 4 PUAG Ausnahmen von der gem. § 13 I S. 2 PUAG bestehenden Unzulässigkeit von Ton- und Filmaufnahmen sowie Ton- und Bildübertragungen zulassen. § 13 I S. 4 PUAG verlangt dafür aber eine Mehrheit von zwei Dritteln der anwesenden Mitglieder sowie kumulativ die Zustimmung der zu vernehmenden oder anzuhörenden Personen. Die mit der Aufnahme dieser Öffnungsklausel des § 13 I S. 4 PUAG einhergehende Abweichung von § 169 S. 2 GVG[368] lässt sich mit der gegenüber dem Gerichtsverfahren qualifizierten Funktion der Öffentlichkeit im parlamentarischen Untersuchungsverfahren rechtfertigen[369]. Durch die erforderliche Zweidrittelmehrheit sowie insbesondere das Zustimmungserfordernis wird den zu vernehmenden oder anzuhörenden Personen ausreichend Schutz gewährt. Aufgrund der hohen Hürden des § 13 I S. 4 PUAG ist in der parlamentarischen Praxis jedoch nur im Ausnahmefall mit der Herstellung einer Medienöffentlichkeit zu rechnen[370].

---

[362] Siehe dazu ausführlich *Masing*, Parlamentarische Untersuchungen privater Sachverhalte, S. 288 ff.

[363] Vgl. *Quaas / Zuck*, NJW 1988, 1873 (1876).

[364] Vgl. Morlok, in: *Dreier*, Grundgesetz, Art. 44 Rn. 12; Versteyl, in: *v. Münch / Kunig*, Grundgesetz, Art. 44 Rn. 26; vgl. ferner bereits o., S. 36 f.

[365] Vgl. *Damkowski*, Der parlamentarische Untersuchungsausschuß, S. 72; *Richter*, Privatpersonen im parlamentarischen Untersuchungsausschuß, S. 104.

[366] So *Richter*, Privatpersonen im parlamentarischen Untersuchungsausschuß, S. 104.

[367] Vgl. Rechenberg, in: Bonner Kommentar zum Grundgesetz, Art. 44 Rn. 21; *Wiefelspütz*, ZParl 2002, 552 (562); Klein, in: *Maunz / Dürig*, Grundgesetz, Art. 44 Rn. 174; siehe auch § 69 I S. 3 GOBT.

[368] Zur Verfassungsmäßigkeit dieser Vorschrift vgl. BVerfGE 103, 44 (62 ff.).

[369] So *Mager*, Der Staat 2002, 597 (611); vgl. ferner *Masing*, Parlamentarische Untersuchungen privater Sachverhalte, S. 290 f.

[370] Vgl. bereits *Wiefelspütz*, ZParl 2002, 552 (563).

b) Ausschluss der Öffentlichkeit

Art. 44 I S. 2 GG weist darauf hin, dass die Garantie der Öffentlichkeit der Beweisaufnahme nicht vorbehaltloser Natur ist. Diese Vorgabe umsetzend lässt § 13 I S. 3 PUAG Ausnahmen von der Anordnung der öffentlichen Beweiserhebung in § 13 I S. 1 PUAG zu. Über den Ausschluss der Öffentlichkeit entscheidet der Untersuchungsausschuss gemäß der allgemeinen Regelung zur Beschlussfassung in § 9 IV PUAG mit der Mehrheit der abgegebenen Stimmen[371].
Ist ein Ausschlusstatbestand des § 14 I PUAG gegeben, hat der Ausschluss der Öffentlichkeit auf Antrag eines Antragsberechtigten im Sinne des § 14 III PUAG zwingend zu erfolgen[372]. Gemäß dem eindeutigen Wortlaut des § 14 I PUAG steht dem Untersuchungsausschuss insoweit kein Ermessen zu[373]. Mit der Regelung des § 14 I PUAG findet Berücksichtigung, dass sowohl grundrechtlich geschützte Privatinteressen als auch öffentliche Geheimhaltungsinteressen die Notwendigkeit eines Ausschlusses der Öffentlichkeit von den Sitzungen zur Beweisaufnahme begründen können[374]. Um einen Ausgleich zwischen dem Grundsatz der Verfahrensöffentlichkeit und dem Interesse an Geheimhaltung zu erzielen, wurden vor Verabschiedung des Untersuchungsausschussgesetzes die §§ 171 a und b, 172 GVG als Ausnahmevorschriften zum Öffentlichkeitsgebot bei Gerichtsverhandlungen gem. Art. 44 II S. 1 GG sinngemäß herangezogen[375]. Diesem Ansatz folgend sind die Ausschlusstatbestände des § 14 I Nr. 1 PUAG (Schutz des persönlichen Lebensbereiches), des § 14 I Nr. 2 PUAG (Schutz des Lebens, des Leibes oder der Freiheit) und des § 14 I Nr. 3 PUAG (Schutz des Geschäfts-, Betriebs-, Erfindungs- oder Steuergeheimnisses) den Ausnahmetatbeständen der §§ 171 b, 172 Nr. 1 a) bis Nr. 2 GVG nachgebildet worden[376]. Dem Geheimhaltungsinteresse des Staates dient die sich an § 96 StPO und § 172 Nr. 1 GVG orientierende

[371] Zur Frage, ob das Zutrittsrecht für Mitglieder des Bundesrates und der Bundesregierung sowie ihren Beauftragten aus Art. 43 II S. 1 GG bei nichtöffentlichen Sitzungen eines Untersuchungsausschusses insoweit beschränkt ist, als sich der Beratungsgegenstand gegen einen Zutrittsberechtigten richtet, vgl. bejahend Schneider, in: Alternativkommentar zum Grundgesetz, Art. 43 Rn. 12; Morlok, in: *Dreier*, Grundgesetz, Art. 44 Rn. 42; Pieroth, in: *Jarass / Pieroth*, Grundgesetz, Art. 43 Rn 5; gegen eine derartige Beschränkung des Zutrittsrechts Klein, in: *Maunz / Dürig*, Grundgesetz, Art. 44 Rn. 189 ff.; Achterberg / Schulte, in: *v. Mangoldt / Klein / Starck*, Grundgesetz, Art. 43 Rn. 45 ff.

[372] Vgl. *Rogall*, Das Untersuchungsausschussgesetz des Bundes und seine Bedeutung für das Straf- und Strafverfahrensrecht, S. 454; Klein, in: *Maunz / Dürig*, Grundgesetz, Art. 44 Rn. 177, unverständlich aber Rn. 176.

[373] Siehe auch BT-Drs. 14 / 5790, Begründung zu § 14, S. 16.

[374] Dazu *Quaas / Zuck*, NJW 1988, 1873 (1876); Morlok, in: *Dreier*, Grundgesetz, Art. 44 Rn. 41.

[375] Vgl. BVerfGE 67, 100 (134); 77, 1 (47); *Scholz*, AöR 105 (1980), 564 (588 f.); diese Bestimmungen als zutreffende Beschreibung eines Abwägungsprogramms anerkennend Morlok, in: *Dreier*, Grundgesetz, Art. 44 Rn. 41; ablehnend *Linck*, ZRP 1987, 11 (15) und Achterberg / Schulte, in: *v. Mangoldt / Klein / Starck*, Grundgesetz, Art. 44 Rn. 109 ff.

[376] Zu Abweichungen vgl. Klein, in: *Maunz / Dürig*, Grundgesetz, Art. 44 Rn. 177.

Regelung des § 14 I Nr. 4 PUAG, indem sie einen Ausschluss der Öffentlichkeit bei „besonderen Gründen des Wohls des Bundes oder eines Landes" vorsieht. Es ist jedoch zu beachten, dass die Ausschlusstatbestände des § 14 I Nr. 1 und 3 PUAG verlangen, dass eine öffentliche Erörterung „überwiegende schützwürdige Interessen verletzen würde" und § 14 I Nr. 2 und 4 PUAG ebenfalls ausfüllungsbedürftige unbestimmte Rechtsbegriffe enthalten. Folglich wird dem Untersuchungsausschuss zwar kein Ermessen, aber ein Beurteilungsspielraum eingeräumt, innerhalb dessen die „Bedeutung des Öffentlichkeitsprinzips im demokratischen Parlamentarismus"[377] angemessen berücksichtigt werden kann[378].
Gem. § 13 I S. 3 PUAG ist ein Ausschluss der Öffentlichkeit auch dann möglich, wenn kein Tatbestand des § 14 I PUAG vorliegt. Dies ergibt sich unmittelbar aus der „Kann-Bestimmung" des Art. 44 I S. 2 GG[379], an die § 13 I S. 3 PUAG anknüpft. Der Ausschluss der Öffentlichkeit darf jedoch nicht willkürlich[380] und ebenso hier nur unter Beachtung der besonderen Funktion der öffentlichen Beweiserhebung für das Untersuchungsverfahren[381] erfolgen.

c) Geheimnisschutz

Der alleinige Ausschluss der Öffentlichkeit von der Beweisaufnahme vermag berechtigterweise geltend gemachte Geheimhaltungsinteressen jedoch nicht immer ausreichend zu schützen. Es können darüber hinaus Vorkehrungen erforderlich sein, die verhindern, dass die dem Ausschuss in nichtöffentlicher Sitzung oder sonst vertraulich zugegangenen Beweismittel an die Öffentlichkeit gelangen[382]. Denn gem. § 73 II S. 1 GOBT sind Protokolle über nichtöffentliche Sitzungen grundsätzlich keine Verschlusssachen im Sinne der gem. § 17 S. 1 GOBT als Anlage 3 zur Geschäftsordnung erlassenen Geheimschutzordnung des Bundestages (GSOBT). Da den Regelungen zur Protokollierung in § 11 PUAG insoweit nichts Abweichendes zu entnehmen ist, bleibt die Unterrichtung der Öffentlichkeit über den Inhalt und Ablauf nichtöffentlicher Sitzungen durch die Sitzungsteilnehmer also weiterhin zulässig[383]. Vorkehrungen zum Schutz vor Bekanntwerden können aber gem. § 15 I PUAG getroffen werden. Gem. § 15 I S. PUAG kann der Unter-

---

[377] BVerfGE 77, 1 (48).

[378] Vgl. Klein, in: *Maunz / Dürig*, Grundgesetz, Art. 44 Rn. 178.

[379] Vgl. *Rogall*, Das Untersuchungsausschussgesetz des Bundes und seine Bedeutung für das Straf- und Strafverfahrensrecht, S. 454 f.

[380] Schneider, in: Alternativkommentar zum Grundgesetz, Art. 44 Rn. 14; Pieroth, in *Jarass / Pieroth*, Grundgesetz, Art. 44 Rn. 6; *Rogall*, Das Untersuchungsausschussgesetz des Bundes und seine Bedeutung für das Straf- und Strafverfahrensrecht, S. 455.

[381] Vgl. Pieroth, in *Jarass / Pieroth*, Grundgesetz, Art. 44 Rn. 6; siehe auch Magiera, in *Sachs*, Grundgesetz, Art. 44 Rn. 19.

[382] Vgl. BT-Drs. 14 / 5790, Begründung zu § 15, S. 16; *Schröder*, Gutachten für den 57. Deutschen Juristentag, S.60.

[383] Vgl. bereits *Linck*, ZRP 1987, 11 (14); *Schröder*, Gutachten für den 57. Deutschen Juristentag, S.60.

suchungsausschuss auf Antrag gem. § 15 II S. 2 i.V.m. § 14 III PUAG Beweismittel, Beweiserhebungen und Beratungen mit einem Geheimhaltungsgrad versehen. Die Möglichkeit einer vorläufigen Einstufung durch den Untersuchungsausschussvorsitzenden eröffnet § 15 I S. 2 PUAG. In beiden Fällen richtet sich die Entscheidung über die Einstufung in einen bestimmten Geheimhaltungsgrad gem. § 15 II S. 1 PUAG nach der Geheimschutzordnung des Bundestages. Daran anschließend gilt die Geheimschutzordnung im Untersuchungsverfahren gem. § 15 III PUAG grundsätzlich auch für die Behandlung der Verschlusssachen sowie für streng geheime, geheime und vertrauliche Sitzungen und deren Protokollierung. In diesem Kontext ist anzumerken, dass an die Einstufung als „vertraulich" oder höher im Sinne des § 2 der Geheimschutzordnung[384] die zentralen Bestimmungen über die Verschwiegenheitspflicht gem. § 4 GSOBT, die Behandlung von Verschlusssachen in den Ausschüssen gem. § 7 GSOBT und die Einschränkungen bezüglich ihrer Mitnahme gem. § 11 GSOBT anknüpfen[385]. Ab der Einstufung in den Geheimhaltungsgrad „vertraulich" beginnt demnach der wirksame Geheimnisschutz der Geheimschutzordnung.

aa) Der Schutz privater Geheimnisse

Um ausreichenden Geheimnisschutz gewährleisten zu können, fand die Geheimschutzordnung des Bundestages bei parlamentarischen Untersuchungsverfahren schon vor Niederlegung der Verweise in § 15 PUAG Anwendung[386]. Allerdings erfasste die auf den staatlichen Bereich ausgerichtete Geheimschutzordnung private Geheimnisse nicht. Um diese Lücke zu schließen, wurde eine entsprechende Anwendung befürwortet[387]. Soweit die Zulässigkeit einer entsprechenden Anwendung aufgrund des durch die Geheimschutzordnung bezweckten Schutzes der inneren und äußeren Sicherheit bezweifelt wurde[388], sind derartige Bedenken durch die mit der Verabschiedung des Untersuchungsausschussgesetzes einhergehende Änderung der Geheimschutzordnung gegenstandslos geworden. Mit der Aufnahme des § 2 a GSOBT wurde die Geheimschutzordnung um eine Vorschrift über den Schutz privater Geheimnisse ergänzt[389]. Nunmehr können ebenfalls wichtige Geschäfts-, Betriebs-, Erfindungs-, Steuer- oder sonstige private Geheimnisse oder Umstände des persönlichen Lebensbereichs unter den jeweiligen Vorausset-

---

[384] Nicht also an den Geheimhaltungsgrad: VS – Nur für den Dienstgebrauch.

[385] Zu den einzelnen Einstufungen und den sich daraus ergebenden Folgen siehe *Richter*, Privatpersonen im parlamentarischen Untersuchungsausschuß, S. 109 f.

[386] Vgl. *Engels*, Parlamentarische Untersuchungsausschüsse, S. 101 f. und 116 f.

[387] Vgl. BVerfGE 67, 100 (138); 77, 1 (62); *Richter*, Privatpersonen im parlamentarischen Untersuchungsausschuß, S. 109 ff.

[388] Vgl. *Quaas / Zuck*, NJW 1988, 1873 (1876); *Linck*, ZRP 1987, 11 (17); *Schröder*, Gutachten für den 57. Deutschen Juristentag, S. 61.

[389] Siehe Bekanntmachung von Änderungen der Geschäftsordnung des Deutschen Bundestages vom 30. Mai 2001 (BGBl. 2001, I S. 1203).

zungen als „vertraulich“ oder „geheim“ eingestuft werden und ihnen somit die entsprechenden Schutzvorkehrungen der Geheimschutzordnung zuteil werden. Darüber hinaus haben die Mitglieder des Untersuchungsausschusses über die ihnen bekannt gewordenen Verschlusssachen gem. § 16 II S. 1 PUAG auch nach Auflösung des Untersuchungsausschusses Verschwiegenheit zu bewahren.

Verstoßen die Ausschussmitglieder gegen die somit auch den Schutz privater Geheimnisse bezweckenden Verschwiegenheitspflichten, ist die Möglichkeit einer Ahndung dieser Verstöße jedoch nur im unzureichenden Umfang gegeben. Weder die Geheimschutzordnung des Bundestages noch das Untersuchungsausschussgesetz stellen Sanktionsregelungen bereit. Zudem mangelt es an einer unmittelbar auf den Schutz privater Geheimnisse gerichteten strafrechtlichen Sanktionsregelung. Der Tatbestand der Verletzung von Privatgeheimnissen gem. § 203 I, II Nr. 4 StGB findet auf Abgeordnete nach dem insoweit eindeutigen Wortlaut der Norm keine Anwendung. Als taugliche Täter kommen gem. § 203 II Nr. 4 StGB gerade nicht diejenigen Mitglieder eines für ein Gesetzgebungsorgan des Bundes tätigen Ausschusses in Betracht, die selbst Mitglieder des Gesetzgebungsorgans sind. Von einer im Rahmen der Gesetzesberatungen zunächst erwogenen Änderung des § 203 II Nr. 4 StGB, die eine Erweiterung des Kreises der möglichen Täter um Parlamentarier zum Ziel hatte, ist abgesehen worden[390]. Zu denken wäre zwar an eine etwaige Strafbarkeit der Untersuchungsausschussmitglieder gem. § 353 b II Nr. 1 StGB wegen Verletzung einer besonderen Geheimhaltungspflicht. Doch setzt der Tatbestand des § 353 b II Nr. 1 StGB unter anderem voraus, dass durch die unbefugte Offenbarung eines Geheimnisses zugleich „wichtige öffentliche Interessen“ gefährdet werden. Eine Gefährdung nur privater Interessen reicht folglich nicht aus[391]. Ferner ist zu beachten, dass eine Strafbarkeit von Parlamentariern grundsätzlich nur bei Verletzungen von Geheimhaltungspflichten außerhalb des Parlaments in Betracht kommen kann. Die parlamentarische Indemnität aus Art. 46 I GG schließt strafrechtliche Sanktionen für den Geheimnisverrat im Parlament von vornherein aus[392].

Allein aufgrund der unzureichenden Möglichkeiten, das Fehlverhalten von Untersuchungsausschussmitgliedern zu sanktionieren, kann die Wirksamkeit des vorgesehenen Geheimnisschutzes jedoch nicht generell in Frage gestellt werden. Es

[390] Vgl. BT-Drs. 14 / 5790, Begründung zu Artikel 2, S. 21. Zum Reformbedarf vgl. bereits *Löwer*, Jura 1985, 358 (368), *Schröder*, Gutachten für den 57. Deutschen Juristentag, S. 73, 75 f.

[391] *Linck*, ZRP 1987, 11 (17). Zu der nicht abgeschlossenen Diskussion über die Annahme einer mittelbaren Gefahr für die „öffentlichen Interessen“, wenn das Vertrauen der Öffentlichkeit in die Verschwiegenheit staatlicher Stellen erschüttert wird, siehe *Richter*, Privatpersonen im parlamentarischen Untersuchungsausschuß, S. 113 f.; Lenckner / Perron, in: *Schönke / Schröder*, Strafgesetzbuch, § 353 b Rn. 1 und 6; *Lackner / Kühl*, Strafgesetzbuch, § 353 b Rn. 11.

[392] Siehe dazu *Schröder*, Gutachten für den 57. Deutschen Juristentag, S. 73 und 75 f.

lässt sich nicht belegen, dass der Geheimnisschutz im Parlament weniger gesichert ist als im Bereich anderer Gewalten[393].

bb) Die Einbeziehung des Ermittlungsbeauftragten in den Geheimnisschutz

Gem. § 16 I S. 1 PUAG dürfen neben den Mitgliedern des Untersuchungsausschusses auch den Mitgliedern des Bundesrates und der Bundesregierung sowie ihren Beauftragten die Verschlusssachen des Geheimhaltungsgrades „vertraulich" oder höher zugänglich gemacht werden. Beschließt ein Untersuchungsausschuss eine Vorbereitung der Untersuchung durch einen Ermittlungsbeauftragten, erscheint es aber wünschenswert, derartige Verschlusssachen ebenfalls dem Ermittlungsbeauftragten zugänglich machen zu können. Unter Umständen kann damit eine erfolgreiche Ausführung des Ermittlungsauftrags überhaupt erst ermöglicht werden. Dementsprechend eröffnet § 16 I S. 2 PUAG die Möglichkeit, den Ermittlungsbeauftragten in den Geheimnisschutz einzubeziehen. Danach dürfen ihm sowie den von ihm gem. § 10 IV S. 2 PUAG eingesetzten Hilfskräften Verschlusssachen des Geheimhaltungsgrades „vertraulich" oder höher zugänglich gemacht werden, soweit sie zum Umgang mit Verschlusssachen ermächtigt und zur Geheimhaltung förmlich verpflichtet worden sind[394]. Die Aufnahme dieser Möglichkeit in das Untersuchungsausschussgesetz erforderte eine Ergänzung des § 4 III der GSOBT, der eine vom Präsidenten des Bundestages vorzunehmende Ermächtigung zum Umgang mit Verschlusssachen und eine förmliche Verpflichtung zur Geheimhaltung[395] ursprünglich lediglich für Fraktionsangestellte und Mitarbeiter von Mitgliedern des Bundestages vorsah. Gemäß dem angefügten § 4 III S. 2 GSOBT[396] gilt entsprechendes nunmehr auch für den Ermittlungsbeauftragten und seine Hilfskräfte.
Wie die Mitglieder des Untersuchungsausschusses, deren Mitarbeiter, die Mitarbeiter des Sekretariats und der Fraktionen im Untersuchungsausschuss sind gem. § 16 II S. 1 PUAG ebenso der Ermittlungsbeauftragte und seine Hilfskräfte auch nach Auflösung des Untersuchungsausschusses zur Verschwiegenheit bezüglich der ihnen bekannt gewordenen Verschlusssachen verpflichtet. Gem. § 16 II S. 2 PUAG darf über diese Verschlusssachen ohne Genehmigung des Präsidenten des Bundestages weder vor Gericht noch außergerichtlich ausgesagt werden. Sind

---

393 *Richter*, Privatpersonen im parlamentarischen Untersuchungsausschuß, S. 114; vgl. auch *Schröder*, Aktuelle Fragen des Geheimschutzes, S. 409; BVerfGE 67, 100 (136).

394 Entsprechendes gilt gem. § 16 I S. 2 PUAG für die Mitarbeiter der Untersuchungsausschussmitglieder, des Sekretariats und der Fraktionen im Untersuchungsausschuss.

395 Ermächtigung und Verpflichtung sind nach § 4 II der Ausführungsbestimmungen zur Geheimschutzordnung vom Präsidenten auf den Geheimschutzbeauftragten des Deutschen Bundestages übertragen worden. Ihnen geht eine Sicherheitsüberprüfung voraus; vgl. BT-Drs. 14 / 5790, Begründung zu § 16, S. 16.

396 Bekanntmachung von Änderungen der Geschäftsordnung des Deutschen Bundestages vom 30. Mai 2001 (BGBl. 2001, I S. 1203).

Stellen außerhalb des Deutschen Bundestages an der Entstehung der geheimzuhaltenden Angelegenheiten beteiligt gewesen, kann eine solche Aussagegenehmigung nach dem gem. § 16 II S. 3 PUAG entsprechend anzuwendenden § 44 c II S. 2 AbgG ferner nur im Einvernehmen mit diesen Stellen erteilt werden. Jedoch gewährleistet der gem. § 16 II S. 3 PUAG ebenfalls entsprechend geltende § 44 c III AbgG, dass eine Aussagegenehmigung nur aus den dort abschließend aufgeführten Gründen und somit lediglich ausnahmsweise versagt werden kann[397].
Unverständlich ist hingegen, dass im Unterschied zu den Regelungen in § 16 II PUAG die Untersuchungsausschussmitglieder die alleinigen Adressaten des den Schutz privater Geheimhaltungsinteressen ergänzenden § 16 III PUAG bilden[398]. Danach darf ein Mitglied des Ausschusses ein Privatgeheimnis nur offenbaren, wenn er von der berechtigten Person dazu ermächtigt worden ist oder die Offenlegung des Geheimnisses gesetzlich geboten ist[399]. Es ist kein Grund dafür ersichtlich, diese Pflichten nicht auch den Mitarbeitern der Untersuchungsausschussmitglieder, des Sekretariats und der Fraktionen sowie dem Ermittlungsbeauftragten und seinen Hilfskräften aufzuerlegen. Im Interesse eines möglichst umfassenden Schutzes privater Geheimnisse ist daher die Aufnahme auch des Ermittlungsbeauftragten und seiner Hilfskräfte in den Adressatenkreis des § 16 III PUAG zu fordern.
Kann ein Ermittlungsbeauftragter gemäß § 16 I S. 2 PUAG in die Regelungen zum Geheimnisschutz einbezogen werden, ist ferner fraglich, ob denn bei etwaigen Pflichtverletzungen seinerseits ausreichende Sanktionsmöglichkeiten vor allem in Hinblick auf den Schutz privater Geheimnisse gegeben sind. Zu denken wäre hier an eine strafrechtliche Sanktionierung von Verstößen gem. § 203 I, II Nr. 4 StGB wegen unbefugter Offenbarung eines fremden Geheimnisses, das in der Eigenschaft als Hilfskraft eines Untersuchungsausschusses anvertraut oder sonst bekannt geworden ist. Voraussetzung wäre zunächst, dass kein Mitglied des Gesetzgebungsorgans Bundestag zum Ermittlungsbeauftragten bestimmt wird[400]. Zudem müsste der Ermittlungsbeauftragte Hilfskraft im Sinne des § 203 II Nr. 4 StGB sein. Aufgrund der Aufgabe der Unterstützung des gesamten Untersuchungsausschusses und nicht etwa einzelner Mitglieder desselben[401] erscheint dies

[397] Vgl. BT-Drs. 14 / 5790, Begründung zu § 16, S. 16.

[398] Auch § 16 III PUAG bezieht sich ausschließlich auf die in § 16 I PUAG bezeichneten Verschlusssachen; *Braun / Jantsch / Klante*, Abgeordnetengesetz, § 49 Rn. 4.

[399] Angestrebt wird damit eine inhaltliche Gleichstellung mit dem insoweit vergleichbaren Schutz staatlicher Verschlusssachen gem. § 16 II S. 3 PUAG i.V.m. § 44 c II S. 2 AbgG. Vgl. dazu BT-Drs. 11 / 8085, Begründung zu § 13, S. 21; auf § 13 III des Porzner-Entwurfs greift § 16 III PUAG wortwörtlich zurück.

[400] Davon ist im Regelfall auszugehen; siehe ausführlich u., S. 109 f.

[401] Zu diesem „Merkmal" einer Hilfskraft im Sinne der Norm vgl. Lenckner, in: *Schönke / Schröder*, Strafgesetzbuch, § 203 Rn. 60. Auch die gem. § 10 I S. 2 PUAG vorgesehene zeitliche Begrenzung der Tätigkeit eines Ermittlungsbeauftragten steht dem nicht entgegen; zur Unerheblichkeit einer zeitlichen Begrenzung vgl. *Dreher / Tröndle*, Strafgesetzbuch, § 203 Rn. 27.

zwar nahe liegend. Doch erweist sich hier als entscheidend, dass § 203 II Nr. 4 StGB nur die Hilfskräfte des „für" ein Gesetzgebungsorgan des Bundes tätig werdenden Ausschusses erfasst. Unter Hinweis auf die Entstehungsgeschichte der Norm wird aus dieser Formulierung des Gesetzgebers übereinstimmend der Schluss gezogen, dass Ausschüsse „des" Gesetzgebungsorgans gerade nicht gemeint sind[402]. Folglich muss es sich um Gremien handeln, die die Tätigkeit des Parlaments von außen unterstützen. Als für das Parlament in diesem Sinne tätig werdende Gremien sind zum Beispiel Enquêtekommissionen und die vom Parlament berufenen Sachverständigenräte zu nennen[403]. Findet der Straftatbestand bei parlamentarischen Untersuchungsausschüssen des Art. 44 GG somit unstreitig keine Anwendung[404], scheidet auch eine Strafbarkeit des Ermittlungsbeauftragten gem. § 203 I, II Nr. 4 StGB aus.

Verstößt ein Ermittlungsbeauftragter gegen Geheimhaltungspflichten, kommt also wie bei den Untersuchungsausschussmitgliedern allein eine Strafbarkeit gemäß dem private Geheimnisse nur mittelbar schützenden § 353 b II StGB in Betracht. Anders als für die Abgeordneten kann sich eine Strafbarkeit des Ermittlungsbeauftragten aber nicht aus § 353 b II Nr. 1 StGB, sondern nur bei förmlicher Verpflichtung zur Geheimhaltung und somit aus § 353 b II Nr. 2 StGB ergeben. Denn durch einen Beschluss des Ausschusses, der für einen Beratungsgegenstand oder einen Teil davon eine zumindest vertrauliche Behandlung vorsieht, kann zwar für die Mitglieder des Untersuchungsausschusses eine Geheimhaltungspflicht im Sinne des § 353 b II Nr. 1 StGB begründet werden[405]. Die Rechtsgrundlage für einen entsprechenden Beschluss des Untersuchungsausschusses bildet nunmehr[406] § 15 I S. 1 PUAG. Dem Ermittlungsbeauftragten dürfen die Verschlusssachen des Geheimhaltungsgrades „vertraulich" und höher hingegen erst zugänglich gemacht werden, wenn er zum Umgang mit ihnen ermächtigt und zur Geheimhaltung förmlich verpflichtet worden ist. Demnach ist er nicht schon aufgrund eines Beschlusses des Ausschusses gem. § 15 I S. 1 PUAG zur Geheimhaltung verpflichtet, sondern erst aufgrund einer förmlichen Verpflichtung zur Geheimhaltung gem. § 16 I S. 2 PUAG i.V.m. § 4 III GSOBT. Bei einer Verletzung von Geheim-

---

402 Lenckner, in: *Schönke / Schröder*, Strafgesetzbuch, § 203 Rn. 60; *Dreher / Tröndle*, Strafgesetzbuch, § 203 Rn. 27; Samson, in: Systematischer Kommentar zum Strafgesetzbuch, § 203 Rn. 22; Schünemann, in: Leipziger Kommentar, § 203 Rn. 74.

403 Vgl. *Dreher / Tröndle*, Strafgesetzbuch, § 203 Rn. 27; Schünemann, in: Leipziger Kommentar, § 203 Rn. 74.

404 Nicht erkannt hat dies der Gesetzentwurf BT-Drs. 14 / 2518, Art. 2, vgl. auch die Begründung zu Art. 2, S. 16.

405 Vgl. Lenckner / Perron, in: *Schönke / Schröder*, Strafgesetzbuch, § 353 b Rn. 14.

406 Zu § 69 VII GOBT i.V.m. § 7 I GSO-BT als Rechtsgrundlage vor Inkrafttreten des Untersuchungsausschussgesetzes vgl. Träger, in: Leipziger Kommentar, § 353 b Rn. 45.

haltungspflichten durch den Ermittlungsbeauftragten ist daher § 353 b II Nr. 2 StGB die einschlägige Sanktionsregelung[407].

cc) Ergebnis

Die Regelungen der §§ 15, 16 PUAG sollen einen angemessenen Ausgleich zwischen dem staatlichen oder privaten Interesse an Geheimnisschutz und dem Aufklärungsinteresse des Ausschusses schaffen. Einerseits wird die Wahrung von Geheimhaltungsinteressen ermöglicht, andererseits der Bedeutung des parlamentarischen Untersuchungsrechts Rechnung getragen, welche grundsätzlich keine Verkürzung des Beweiserhebungsrechts gestattet, wenn ausreichende Vorkehrungen für den Geheimnisschutz getroffen werden[408]. Ergreift der Untersuchungsausschuss entsprechende Geheimschutzmaßnahmen, besitzt er sowohl gegenüber der Exekutive als auch gegenüber Privaten einen umfassenden Informationsanspruch. Nur ausnahmsweise können dann Regierung und Private den Beweiserhebungsbefugnissen des Ausschusses absolute Schranken setzen, indem sie sich auf verfassungsrechtlich verbürgte Geheimhaltungsinteressen berufen. Regelmäßig stellt bereits die Geheimhaltung erlangten Wissens einen wirksamen Schutz dar, ohne dass damit das Informationsbedürfnis des Parlaments missachtet wird[409]. Wird der Ermittlungsbeauftragte gem. § 16 I S. 2 PUAG in die Regelungen zum Geheimnisschutz einbezogen, so kann auch ihm der grundsätzlich umfassende Informationsanspruch des Ausschusses zugute kommen.

Dieser Befund darf jedoch nicht darüber hinwegtäuschen, dass eine vertrauliche oder geheime Beweiserhebung eine erhebliche Beeinträchtigung der Effektivität der parlamentarischen Untersuchung zur Folge haben kann. Denn in dem Umfang, in dem eine Einwirkung auf die öffentliche Meinung durch die Veröffentlichung bekannt gewordener Missstände unmöglich gemacht wird, ist auch keine politische Verantwortlichkeit zu konstituieren. Die Gewährung eines grundsätzlich umfassenden Informationsanspruches garantiert also nicht die erfolgreiche Durchführung eines parlamentarischen Untersuchungsverfahrens. Ein Untersuchungsausschuss ist kein reines Informationsgewinnungsorgan.

Die §§ 15, 16 PUAG sind nach alledem als Bestandteil eines differenzierten Instrumentariums zur Beschränkung der Öffentlichkeit zu begreifen, welches vom einfachen Ausschluss der Öffentlichkeit von der Beweisaufnahme gem. § 13 f. PUAG bis zur Versehung der Beweismittel, Beweiserhebungen und Beratungen mit unterschiedlichen Geheimhaltungsgraden reicht[410]. Der Untersuchungsaus-

---

[407] Entsprechendes gilt für die gem. § 16 I S. 2 PUAG förmlich zur Geheimhaltung verpflichteten Hilfskräfte des Ermittlungsbeauftragten.

[408] Vgl. dazu BVerfGE 67, 100 (144).

[409] Vgl. *Di Fabio*, Rechtsschutz im parlamentarischen Untersuchungsverfahren, S. 148.

[410] Siehe dazu bereits vor Verabschiedung des Untersuchungsausschussgesetzes *Linck*, ZRP 1987, 11 (18); *Di Fabio*, Rechtsschutz im parlamentarischen Untersuchungsverfahren, S. 148 f.; *Studenroth*, Die parlamentarische Untersuchung privater Sachverhalte, S. 89.

schuss steht vor der Aufgabe, unter Anwendung dieses Instrumentariums einen Ausgleich zwischen Aufklärungs- und Geheimhaltungsinteressen zu erzielen, bei dem die Bedeutung des Grundsatzes der öffentlichen Beweiserhebung angemessene Berücksichtigung findet.

3. Die Beweiserhebungsbefugnisse im Einzelnen

Zur Ermittlung der für eine Untersuchung erheblichen Tatsachen stehen dem Untersuchungsausschuss mehrere Mittel zur Verfügung. Es ist davon auszugehen, dass das Untersuchungsausschussgesetz die in Betracht kommenden Beweismittel abschließend benennt[411]. Bereits von Verfassungs wegen ausgeschlossen wird gem. Art. 44 II S. 2 GG eine Anwendbarkeit der strafprozessualen Möglichkeiten zur Einschränkung des Brief-, Post- und Fernmeldegeheimnisses auf Grundlage des Art. 10 II GG[412].

a) Die Vorlage von Beweismitteln gem. § 18 I bis III PUAG

Die verfassungsrechtliche Ableitung eines Vorlageanspruchs gegenüber der Bundesregierung und der ihr nachgeordneten Dienststellen aus Art. 44 I S. 1 GG wird seit der „Flick"-Entscheidung des Bundesverfassungsgerichts nicht mehr bestritten[413]. Einfach-gesetzlich gestaltet nun § 18 I bis III PUAG einen Anspruch des Untersuchungsausschusses aus, von Bundesregierung, Behörden des Bundes und bundesunmittelbaren Körperschaften, Anstalten und Stiftungen des öffentlichen Rechts die Vorlage sächlicher Beweismittel zu verlangen.

aa) Bedeutung und Umfang des Aktenvorlageanspruchs

Wie § 18 I PUAG selbst ausführt, umfasst dieser Urkundsbeweis „insbesondere" die Vorlage der den Untersuchungsgegenstand betreffenden Akten als aussagekräftige sächliche Beweismittel. Der Anspruch des Untersuchungsausschusses auf Aktenvorlage wird allgemein als „Wesenskern" des Untersuchungsrechts be-

---

[411] Vgl. auch Klein, in: *Maunz / Dürig*, Grundgesetz, Art. 44 Rn. 220.

[412] Pieroth, in: *Jarass / Pieroth*, Grundgesetz, Art. 44 Rn. 7; Magiera, in: *Sachs*, Grundgesetz, Art. 44 Rn. 24; Versteyl, in: *v. Münch / Kunig*, Grundgesetz, Art. 44 Rn. 34; Klein, in: *Maunz / Dürig*, Grundgesetz, Art. 44 Rn. 220 f.; Achterberg / Schulte, in: *v. Mangoldt / Klein / Starck*, Grundgesetz, Art. 44 Rn. 177; Art. 44 II S. 2 GG ohne nähere Begründung lediglich deklaratorischen Charakter zubilligend Schneider, in: Alternativkommentar zum Grundgesetz, Art. 44 Rn. 15.

[413] BVerfGE 67, 100 (127 ff.); zustimmend *Meyer-Bohl*, Grenzen der Pflicht zur Aktenvorlage und Aussage, S. 45; *Schröder*, Gutachten für den 57. Deutschen Juristentag, S. 67; Achterberg / Schulte, in: *v. Mangoldt / Klein / Starck*, Grundgesetz, Art. 44 Rn. 149; Morlok, in: *Dreier*, Grundgesetz, Art. 44 Rn. 47; für eine Ableitung aus Art. 44 III GG noch *Stern*, AöR 1984 (109), 199 (243).

zeichnet[414]. Die damit zum Ausdruck gebrachte besondere Bedeutung dieser Beweisquelle ergibt sich bezüglich der in § 18 PUAG geregelten Beiziehung von Akten im amtlichen Gewahrsam schon aus dem Grundsatz der Verwaltung, dass die Vollständigkeit das oberste Prinzip der Aktenführung darstellt[415]. Hinsichtlich der Untersuchung politischer Vorgänge wird dem Urkundsbeweis gegenüber dem Zeugenbeweis aber auch ein regelmäßig höherer Beweiswert zugemessen, weil „das Gedächtnis von Zeugen aus mancherlei Gründen unergiebig werden kann“[416].

Der zum Zwecke einer effektiven Kontrolle der Regierungstätigkeit zentrale Aktenvorlageanspruch des § 18 I PUAG ist nicht schrankenlos gewährleistet. Gem. § 18 I PUAG ist dem Ersuchen des Untersuchungsausschusses nur vorbehaltlich verfassungsrechtlicher Grenzen nachzukommen. Diese können nicht nur Vorkehrungen zum Geheimnisschutz, sondern auch die Vorenthaltung von Beweismitteln gebieten. Hier werden die bereits ermittelten Grenzen der Untersuchungskompetenz[417] relevant, die zugleich der Ausübung einzelner Beweiserhebungsbefugnisse Schranken ziehen können. Demnach kann die Bundesregierung dem Ausschuss Akten insbesondere dadurch vorenthalten, dass sie sich auf den unausforschbaren Kernbereich exekutiver Eigenverantwortung beruft[418]. Ferner können in Ausnahmefällen sogar Belange des Geheimnisschutzes eine Vorenthaltung von Beweismitteln rechtfertigen. Aufgrund der möglichen Ergreifung von Geheimschutzmaßnahmen sind diese Ausnahmen aber äußerst restriktiv zu bestimmen. Nur so ist der Gefahr zu begegnen, dass der Exekutive mit der Berufung auf Geheimhaltungsinteressen ein Mittel zum Selbstschutz gewährt wird, welches einer wirksamen Kontrolle entgegengesetzt werden kann. Im Verhältnis der Regierung zum Parlament ist der Geheimnisschutz daher grundsätzlich nicht gegen, sondern mit dem Parlament zu realisieren[419]. Die Aufgabe der Wahrung von Geheimschutzinteressen ist Parlament und Regierung gemeinsam anvertraut[420]. Beiden Verfassungsorganen obliegt gleichermaßen die Verantwortung für den Schutz allgemeiner und individueller Rechtsgüter[421]. Folglich schließen staatliche Geheimhaltungsinteressen eine Vorlage nur dann aus, soweit lebenswichtige Staatsinteressen

---

[414] Vgl. BVerfGE 67, 100 (132); Achterberg / Schulte, in: *v. Mangoldt / Klein / Starck*, Grundgesetz, Art. 44 Rn. 149; Klein, in: *Maunz / Dürig*, Grundgesetz, Art. 44 Rn. 216; *Vetter*, DÖV 1986, 590 (597); *Damkowski*, Der parlamentarische Untersuchungsausschuß, S. 33.

[415] Vgl. *Meyer-Bohl*, Grenzen der Pflicht zur Aktenvorlage und Aussage, S. 45.

[416] BVerfGE 67, 100 (132); daran anschließend Morlok, in: *Dreier*, Grundgesetz, Art. 44 Rn. 47; *Schröder*, Gutachten für den 57. Deutschen Juristentag, S. 67.

[417] Siehe o., S. 39 ff.

[418] Siehe BVerfGE 67, 100 (139); vgl. auch Achterberg / Schulte, in: *v. Mangoldt / Klein / Starck*, Grundgesetz, Art. 44 Rn. 152; *Löwer*, Jura 1985, 358 (366); ausführlich zum restriktiv zu bestimmenden „Kernbereich“ siehe o., S. 39 ff.

[419] Vgl. Morlok, in: *Dreier*, Grundgesetz, Art. 44 Rn. 41.

[420] Vgl. BVerfGE 67, 100 (136); Klein, in: *Maunz / Dürig*, Grundgesetz, Art. 44 Rn. 216; *Vetter*, DÖV 1987, 426 (431).

[421] *Schröder*, Gutachten für den 57. Deutschen Juristentag, S. 73.

betroffen sind, bei denen es um den Bestand des Staates und seiner Einrichtungen selbst geht[422]. Die in den Beweismitteln des Staates enthaltenen grundrechtlich geschützten Informationen können eine Vorenthaltung nur gebieten, wenn ihre Weitergabe wegen ihres streng persönlichen Charakters für die Betroffenen unzumutbar ist[423].

bb) Rechtsschutzmöglichkeiten des Untersuchungsausschusses

Mit § 18 II, III PUAG strebt der Gesetzgeber eine Klärung der Verfahrensweise bei Konflikten über die Vorlage von Beweismitteln an. Lehnen der zuständige Minister oder die Bundesregierung ein Ersuchen des Ausschusses ab oder werden Beweismittel als Verschlusssache eingestuft vorgelegt, so ist der Untersuchungsausschuss gem. § 18 II S. 2 Hs. 2 PUAG über die Gründe der Ablehnung oder der Einstufung schriftlich zu unterrichten. Diese Begründungspflicht versetzt den Untersuchungsausschuss in die Lage, über die Ergreifung der in § 18 III PUAG aufgeführten Rechtsschutzmöglichkeiten entscheiden zu können. Diesbezüglich differenziert das Untersuchungsausschussgesetz. Über die Rechtmäßigkeit der Ablehnung eines Ersuchens, also über die Frage des „Ob" der Herausgabe, entscheidet auf Antrag des Ausschusses gem. § 18 III S. 1 Hs. 1 PUAG das Bundesverfassungsgericht. Die nur ausnahmsweise mögliche Verweigerung der Vorlage von Beweismitteln wird folglich im Wege des Organstreitverfahrens überprüft[424].
Gegen die nach Meinung des Ausschusses verfehlte Sicherheitseinstufung eines Beweismittels hingegen, also den Modus der Herausgabe[425], kann gem. § 18 III Hs. 2 PUAG der Ermittlungsrichter des Bundesgerichtshofs angerufen werden. Die Einräumung dieser Rechtsschutzmöglichkeit weist auf das Konfliktpotenzial einer dem Bundestag und der Bundesregierung gemeinsam aufgegebenen Wahrnehmung von Geheimhaltungsinteressen hin. Denn gem. § 3 II GSOBT legt die eine Verschlusssache herausgebende Stelle den Geheimhaltungsgrad verbindlich auch für die Behandlung des Schriftstücks im Bundestag fest[426]. Der Untersuchungsausschuss kann sich somit nicht einseitig von der durch einen Minister oder durch die Bundesregierung für notwendig erklärten Geheimhaltungsstufe lossagen. Auch die Regelungen des § 15 I, II PUAG, nach denen der Ausschuss Beweismittel mit einem Geheimhaltungsgrad versehen kann, lassen anderweitig

---

[422] Ausführlich *Scholz*, AÖR 1980 (105), 564 (611 f.); ihm folgend *Vetter*, DÖV 1987, 426 (434); kritisch *Schleich*, Das parlamentarische Untersuchungsrecht des Bundestages, S. 70 f.

[423] BVerfGE 67, 100 (144); dazu Klein, in: *Maunz / Dürig*, Grundgesetz, Art. 44 Rn. 216; *Vetter*, DÖV 1987, 426 (432). Zur Problematik der Verwendung von Stasi-Unterlagen vgl. *Masing*, ZRP 2001, 36 (40 f.); Umbach, in: *Umbach / Clemens*, Grundgesetz, Art. 44 Rn. 88.

[424] Gemäß dem durch Gesetz vom 22. August 2002 (BGBl. I S. 3386) eingefügten § 66 a BVerfGG kann das Bundesverfassungsgericht dabei ohne mündliche Verhandlung entscheiden.

[425] Zu dieser Unterscheidung siehe Klein, in: *Maunz / Dürig*, Grundgesetz, Art. 44 Rn. 240.

[426] Vgl. auch BVerfGE 67, 100 (135).

vorgenommene Einstufungen unberührt[427]. Folglich bedarf es der Rechtsschutzmöglichkeit des § 18 III Hs. 2 PUAG, um sicherstellen zu können, dass ein Minister oder die Bundesregierung nicht ein „Zuviel" an Geheimnisschutz verlangt.
Für die an das Bundesverfassungsgericht und an den Ermittlungsrichter zu richtenden Anträge reicht der Antrag eines Viertels der Mitglieder des Untersuchungsausschusses aus. Damit werden die gem. § 17 IV PUAG vorgesehenen Rechtsschutzmöglichkeiten der Ausschussminderheit im Rahmen der Beweiserhebung[428] weiter ausgebaut.

b) Verpflichtung zur Rechts- und Amtshilfe gem. § 18 IV PUAG

Art. 44 III GG normiert eine Verpflichtung der Gerichte und Verwaltungsbehörden zur Rechts- und Amtshilfe. Daher braucht der Frage, ob Untersuchungsausschüsse als Behörden im Sinne des Art. 35 I GG zu qualifizieren sind[429] und sich ihr Recht zur Inanspruchnahme von Rechts- und Amtshilfe somit auch aus Art. 35 I GG ergibt, nicht nachgegangen zu werden. Art. 44 III GG konkretisierend legt § 18 IV S. 1 PUAG die Verpflichtung der Gerichte und Verwaltungsbehörden einfach-gesetzlich nieder. Dabei geht § 18 IV S. 1 PUAG davon aus, dass die zu leistende Rechts- und Amtshilfe „insbesondere" die Vorlage sächlicher Beweismittel zum Inhalt hat[430]. Begrifflich lassen sich Rechts- und Amtshilfe nach den Adressaten der Ersuchen differenzieren. Wird von einem Gericht Hilfe erbeten, handelt es sich um Rechtshilfe; wird eine Behörde um Hilfe ersucht, spricht man von Amtshilfe[431].
§ 18 IV S. PUAG regelt somit folgende Konstellationen der Vorlage von im öffentlichen Gewahrsam befindlichen Beweismitteln. Zum einen erfasst er die Vorlage von Gerichtsakten. Eine Einsichtnahme in diese kann für Untersuchungsausschüsse im Hinblick auf parallel durchgeführte Straf- oder Ordnungswidrigkeitsverfahren von Interesse sein[432]. Zum anderen geht es in Abgrenzung zu den gem.

---

[427] Vgl. BT-Drs. 14 / 5790, Begründung zu § 15, S. 16.

[428] Siehe dazu o., S. 54 f.

[429] Bejahend BVerfG, NVwZ 1994, 54 (55); *Schröder*, Gutachten für den 57. Deutschen Juristentag, S. 76; Versteyl, in: *v. Münch / Kunig*, Grundgesetz, Art. 44 Rn. 35; Magiera, in: *Sachs*, Grundgesetz, Art. 44 Rn. 25; Pieroth, in: *Jarass / Pieroth*, Grundgesetz, Art. 44 Rn. 1; ablehnend *Di Fabio*, Rechtsschutz im parlamentarischen Untersuchungsverfahren, S. 70 ff. und S. 124; Schneider, in: Alternativkommentar zum Grundgesetz, Art. 44 Rn. 17; Morlok, in: *Dreier*, Grundgesetz, Art. 44 Rn. 14.

[430] Ferner gehören z.B. Auskunftserteilung sowie Gutachten- und Berichterstattung zum Inhalt der den Untersuchungsausschüssen zu leistenden Rechts- und Amtshilfe; vgl. *Stern*, AöR 1984 (109), 199 (231). Des Weiteren zulässig ist die Vernehmung von Zeugen und Sachverständigen im Wege der Rechts- und Amtshilfe; vgl. dazu *Engels*, Parlamentarische Untersuchungsausschüsse, S. 166 f.; Morlok, in: *Dreier*, Grundgesetz, Art. 44 Rn. 51.

[431] Vgl. nur Achterberg / Schulte, in: *v. Mangoldt / Klein / Starck*, Grundgesetz, Art. 44 Rn. 184.

[432] Vgl. *Schröder*, Untersuchungsausschüsse, Rn. 34; Achterberg / Schulte, in: *v. Mangoldt / Klein / Starck*, Grundgesetz, Art. 44 Rn. 154.

§ 18 I PUAG Verpflichteten um Aktenvorlageersuchen gegenüber den Behörden, die nicht der Kontrollkompetenz des Bundestages unterliegen. Untersuchungsausschüsse können demnach die Akten herausverlangen, die sich in der Verfügungsgewalt der Länder und den ihnen unterstehenden juristischen Personen des öffentlichen Rechts befinden[433]. Da der für parlamentarische Untersuchungen zentrale Aktenvorlageanspruch gegenüber der Bundesregierung und den ihr nachgeordneten Bundesbehörden gem. Art. 44 I S. 1 GG (i.V.m. § 18 I PUAG) und nicht gem. Art. 44 III GG (i.V.m. § 18 IV S. 1 PUAG) gewährleistet ist[434], ist die Vorlage von Beweismitteln im Wege der Amts- und Rechtshilfe im Ergebnis nur von untergeordneter Bedeutung[435].
Umfang und Grenzen der zu leistenden Rechts- und Amtshilfe werden weder in Art. 44 III GG noch in § 18 IV S. 1 PUAG angesprochen. Daher wird je nachdem, ob man die Untersuchungsausschüsse als Behörden im Sinne des § 1 IV VwVfG qualifiziert oder nicht, gefordert, die Regelungen der §§ 4 ff. VwVfG entweder unmittelbar oder entsprechend heranzuziehen[436]. Unabhängig davon, ob man eine unmittelbare oder entsprechende Anwendung des Verwaltungsverfahrensgesetzes für geboten hält, ist es jedoch zwingend erforderlich, die Besonderheiten des parlamentarischen Untersuchungsverfahrens zu berücksichtigen[437]. Eine Herausgabe von Akten kann somit nicht mit der Begründung verweigert werden, dass sie gem. § 5 II S. 2 VwVfG geheimgehalten werden müssen[438]. Da Vorkehrungen zum Geheimnisschutz möglich sind, ist wie bei den gem. § 18 I PUAG an die Bundesregierung oder Bundesbehörden gerichteten Herausgabeverlangen vielmehr von einer grundsätzlichen Verpflichtung der gem. § 18 IV S. 1 PUAG ersuchten Behörden auszugehen, die Beweismittel vorzulegen[439]. Hingegen bleibt es dabei, dass Unterlagen, die zum Beispiel zur Durchführung eines staatsanwaltschaftli-

[433] So bezüglich Art. 44 III GG *Schröder*, Untersuchungsausschüsse, Rn. 34; siehe ferner *Damkowski*, Der parlamentarische Untersuchungsausschuß, S. 40 und Morlok, in: *Dreier*, Grundgesetz, Art. 44 Rn. 51, die auch die Untersuchungsausschüsse der Länder als zur Leistung von Amtshilfe verpflichtet ansehen.

[434] Grundlegend BVerfGE 67, 100 (128 ff.); siehe bereits o., S. 66.

[435] Vgl. Achterberg / Schulte, in: *v. Mangoldt / Klein / Starck*, Grundgesetz, Art. 44 Rn. 183; Morlok, in: *Dreier*, Grundgesetz, Art. 44 Rn. 51; Klein, in: *Maunz / Dürig*, Grundgesetz, Art. 44 Rn. 223.

[436] Vgl. Versteyl, in: *v. Münch / Kunig*, Grundgesetz, Art. 44 Rn. 35; Morlok, in: *Dreier*, Grundgesetz, Art. 44 Rn. 51; Achterberg / Schulte, in: v. *Mangoldt / Klein / Starck*, Grundgesetz, Art. 44 Rn. 186 f.; Klein, in: *Maunz / Dürig*, Grundgesetz, Art. 44 Rn. 226; *Stern*, AöR 1984 (109), 199 (247 ff.).

[437] Klein, in: *Maunz / Dürig*, Grundgesetz, Art. 44 Rn. 226.

[438] Vgl. Morlok, in: *Dreier*, Grundgesetz, Art. 44 Rn. 51; Klein, in: *Maunz / Dürig*, Grundgesetz, Art. 44 Rn. 226; a.A. Achterberg / Schulte, in: v. *Mangoldt / Klein / Starck*, Grundgesetz, Art. 44 Rn. 187.

[439] Zum Gleichlauf der Grenzen hinsichtlich der Vorlage von Beweismitteln vgl. bereits HbgVerfG, NVwZ 1996, 1201 (1203); *Engels*, Parlamentarische Untersuchungsausschüsse, S. 131; *Schröder*, Untersuchungsausschüsse, Rn. 33 f.

chen Ermittlungs- oder Strafverfahrens benötigt werden, gem. § 5 III Nr. 3 VwVfG auch nicht an einen Untersuchungsausschuss herausgegeben werden müssen[440].

Über Streitigkeiten hinsichtlich der von den Gerichten und Verwaltungsbehörden gem. 18 IV S. 1 PUAG zu leistenden Rechts- und Amtshilfe entscheidet gem. § 18 IV S. 2 PUAG auf Antrag des Untersuchungsausschusses oder eines Viertels seiner Mitglieder der Ermittlungsrichter des Bundesgerichtshofes. Das gesetzgeberische Anliegen, die Rechte der qualifizierten Ausschussminderheit innerhalb der Phase der Informationsbeschaffung zu stärken, findet also ebenfalls im Rahmen der Rechts- und Amtshilfe seinen Niederschlag.

c) Der Augenscheinsbeweis gem. § 19 PUAG

Gem. § 19 PUAG gelten für die Einnahme eines Augenscheins die Regelungen zur Vorlage von Beweismitteln gem. § 18 I bis III Hs. 1 PUAG und § 18 IV PUAG entsprechend. Die verfahrensrechtliche Behandlung des Augenscheinsbeweises orientiert sich somit eng an der des Urkundsbeweises. Das Recht der Untersuchungsausschüsse auf Einnahme eines Augenscheins besteht gegenüber der Bundesregierung und der ihr untergeordneten Behörden also gem. § 19 PUAG i.V.m. § 18 I PUAG, gegenüber den Ländern und den ihnen unterstehenden juristischen Personen des öffentlichen Rechts sowie den Gerichten gem. § 19 PUAG i.V.m. § 18 IV S. 1 PUAG. Dabei unterliegen dem Augenscheinsbeweis alle Sachen, soweit sie durch ihre Existenz, Lage oder Beschaffenheit für die Beschlussfassung der Untersuchungsausschüsse relevant sein können[441]. Im Rahmen eines parlamentarischen Untersuchungsverfahrens kann die Inanspruchnahme dieses Beweismittels zum Beispiel zur Aufklärung von Unglücksfällen sinnvoll sein[442]. In der bisherigen parlamentarischen Praxis erlangte die Möglichkeit der Einnahme eines Augenscheins aber keine nennenswerte Bedeutung. Was den Umfang des Rechts zur Augenscheinseinnahme betrifft, gelten aufgrund des Verweises des § 19 PUAG auf § 18 PUAG die bei § 18 PUAG entwickelten Grundsätze. Im Ergebnis kann die Einnahme eines Augenscheins demnach nur ausnahmsweise versagt werden[443].

Eine Abweichung von den Regelungen zum Urkundsbeweis ist lediglich im Rahmen der Rechtsschutzmöglichkeiten zu verzeichnen. Gemäß dem auf § 18 III Hs. 1 PUAG beschränkten Verweis des § 19 PUAG ist bei allen Streitigkeiten mit der Bundesregierung und den ihr untergeordneten Behörden über die Einnahme eines Augenscheins die Zuständigkeit des Bundesverfassungsgerichts gegeben. In den Fällen des § 19 PUAG i.V.m. § 18 IV S. 1 PUAG bleibt es gem. § 19 i.V.m. § 18

---

[440] Ausführlich dazu Klein, in: *Maunz / Dürig*, Grundgesetz, Art. 44 Rn. 226.

[441] In Anlehnung an die Definition des Augenscheinsbeweises im Strafprozess; dazu *Roxin*, Strafverfahrensrecht, § 28 Rn. 1.

[442] Beispiel bei *Partsch*, Gutachten für den 45. Deutschen Juristentag, S. 123 f.

[443] Vgl. o., S. 67 f.

IV S. 2 PUAG hingegen bei einer Zuständigkeit des Ermittlungsrichters des Bundesgerichtshofs.

d) Der Zeugenbeweis

Regelungen zum Zeugenbeweis finden sich in § 20 bis § 28 PUAG und bilden somit einen wesentlichen Bestandteil des sechsunddreißig Paragraphen umfassenden Untersuchungsausschussgesetzes. Die Verweise des § 10 III S. 3 und S. 4 PUAG sehen eine entsprechende Geltung dieser Bestimmungen aber gerade nicht vor. Der Ermittlungsbeauftragte kann Auskunftspersonen gem. § 10 III S. 6 PUAG nur informatorisch anhören. Die Möglichkeit, einen Zeugenbeweis zu erheben, wird ihm nicht eingeräumt. Eine gleichwohl erfolgende Skizzierung der Ausgestaltung des Zeugenbeweises im Untersuchungsausschussgesetz soll dem Anliegen dienen, die Gemeinsamkeiten und Unterschiede von Zeugenvernehmungen und informatorischen Anhörungen herausarbeiten zu können.

aa) Ladung und Vernehmung der Zeugen

Die Ladung der Zeugen und die möglichen Maßnahmen bei ihrem Ausbleiben sind in §§ 20, 21 PUAG geregelt. Um das Erscheinen der Zeugen zu erzwingen, kann der Untersuchungsausschuss ihnen gem. § 21 I S. 1 PUAG die durch ihr Ausbleiben verursachten Kosten auferlegen, ein Ordnungsgeld bis 10.000 Euro[444] festsetzen und die zwangsweise Vorführung anordnen, es sei denn, die Zeugen entschuldigen ihr Ausbleiben rechtzeitig und genügend gem. § 21 II PUAG.
Gem. § 22 I PUAG gelten im Rahmen der Vernehmung das Zeugnisverweigerungsrecht aus beruflichen Gründen aus § 53 StPO[445] und das Zeugnisverweigerungsrecht der Berufshelfer aus § 53 a StPO entsprechend. Ferner gewährt die Regelung des § 22 II PUAG ein Auskunftsverweigerungsrecht. Dieses wurde dem § 55 StPO nachgebildet, sieht aber ein Auskunftsverweigerungsrecht weitergehend als § 55 StPO bereits dann vor, wenn bei einer Aussage die Gefahr bestehen würde, dass ein Angehöriger „einer Untersuchung nach einem gesetzlich geordneten Verfahren" ausgesetzt wird. Ein Auskunftsverweigerungsrecht besteht daher im Unterschied zur Regelung des § 55 StPO nicht nur bei drohenden Ermittlungsverfahren wegen Straftaten oder Ordnungswidrigkeiten, sondern auch bei drohenden Disziplinar- oder Ehrengerichtsverfahren[446]. Über die Zeugnisverweigerungsrechte aus § 22 I PUAG und das Auskunftsverweigerungsrecht des § 22 II PUAG

---

[444] Kritisch zur „exorbitanten" Höhe des möglichen Ordnungsgeldes Klein, in: *Maunz / Dürig*, Grundgesetz, Art. 44 Rn. 183 mit Fn. 2; *Rogall*, Das Untersuchungsausschussgesetz des Bundes und seine Bedeutung für das Straf- und Strafverfahrensrecht, S. 468 f.

[445] Zum Zeugnisverweigerungsrecht des Abgeordneten aus Art. 47 S. 1 GG, § 53 I Nr. 4 StPO ausführlich *Wiefelspütz*, Das Untersuchungsausschussgesetz, S. 243 ff.

[446] Vgl. BT-Drs. 14 / 5790, Begründung zu § 22, S. 18; *Wiefelspütz*, Das Untersuchungsausschussgesetz, S. 251 f.; *Rogall*, Das Untersuchungsausschussgesetz des Bundes und seine Bedeutung für das Straf- und Strafverfahrensrecht, S. 470.

sind die Zeugen gem. § 22 III PUAG bei Beginn der ersten Vernehmung zur Sache zu belehren.
Bei der Vernehmung von Amtsträgern als Zeugen über Umstände, auf die sich ihre Pflicht zur Amtsverschwiegenheit bezieht, sind gem. § 23 I PUAG i.V.m. § 54 I StPO die besonderen beamtenrechtlichen Vorschriften zu beachten, die das Erfordernis der vorherigen Einholung von Aussagegenehmigungen begründen[447]. Für die Vernehmung insbesondere von Mitgliedern des Bundestages oder der Bundesregierung gelten gem. § 23 I PUAG i.V.m. § 54 II StPO entsprechende Vorschriften[448]. Um dem Bedürfnis nach einer effektiven parlamentarische Kontrolle gleichwohl Rechnung zu tragen, wird in § 23 II Hs. 1 PUAG eine Verpflichtung der Bundesregierung festgeschrieben, ihren Mitgliedern die gem. § 6 II BMinG erforderlichen Aussagegenehmigungen zu erteilen. Aufgrund der in § 23 II Hs. 2 PUAG angeordneten entsprechenden Geltung des § 18 I PUAG besteht diese Verpflichtung nur in den Fällen nicht, in denen auch eine Vorenthaltung von Beweismitteln zulässig wäre. Folglich werden der Aktenvorlageanspruch gegenüber der Bundesregierung und der ihr nachgeordneten Behörden, das an diese Stellen gerichtete Ersuchen einer Augenscheinseinnahme sowie der Anspruch auf Erteilung einer Aussagegenehmigung übereinstimmend begrenzt. Bei einem Streit darüber, ob die Ablehnung einer Aussagegenehmigung rechtmäßig war, entscheidet gem. § 23 II Hs. 2 PUAG i.V.m. § 18 III Hs. 1 PUAG auf Antrag des Ausschusses oder eines Viertels seiner Mitglieder das Bundesverfassungsgericht.
§ 27 PUAG sieht Zwangsmaßnahmen für den Fall vor, dass der Zeuge das Zeugnis ohne gesetzlichen Grund verweigert. Gem. § 27 I PUAG kann dem Zeugen die Kostentragungspflicht auferlegt und ein Ordnungsgeld festgesetzt werden. Als zusätzliches und besonders eingriffsintensives Zwangsmittel kann der Untersuchungsausschuss gem. § 27 II PUAG ferner die Anordnung der Haft durch den Ermittlungsrichter beim Bundesgerichtshof beantragen. Die Zuständigkeit eines Richters hinsichtlich der Anordnung von Beugehaft ergibt sich zwingend aus dem verfassungsrechtlichen Richtervorbehalt des Art. 104 II S. 1 GG.
Die Vorschriften über den Zeugenbeweis finden gemäß dem Verweis des § 28 I PUAG auf die Bestimmungen der §§ 20, 22 bis 26 PUAG außerdem weitgehend Anwendung, wenn ein Sachverständigenbeweis erhoben wird. Die Pflicht des Sachverständigen zur Erstattung eines Gutachtens und die Zwangsmittel zur Durchsetzung dieser Pflicht werden aber in § 28 IV bis VI PUAG geregelt[449].
Die Ausgestaltung des Zeugen- und Sachverständigenbeweises mit ihrer grundsätzlichen Orientierung an der Strafprozessordnung und den vielfältigen Einzelverweisen auf Bestimmungen derselben verdeutlicht die durch den Verweis des

[447] Vgl. §§ 61 f. BBG, § 39 BRRG, § 46 DRiG, § 9 BAT.
[448] Vgl. §§ 6 f. BMinG, § 44 c AbgG.
[449] Zum Sachverständigenbeweis vgl. ferner Klein, in: *Maunz / Dürig*, Grundgesetz, Art. 44 Rn. 213.

Art. 44 II S. 1 GG vorgegebene Ausrichtung des parlamentarischen Untersuchungsverfahrens am Modell des Strafverfahrens. Die diese Beweismittel betreffenden Vorschriften wurden durch das Untersuchungsausschussgesetz zwar in einen neuen Rahmen gegossen. Doch vermag die bereits im Jahr 1988 auf die damaligen Gesetzentwürfe bezogene Bewertung, dass die Befugnisse des Untersuchungsausschusses „im Kern die der StPO geblieben" sind[450], weiterhin Geltung zu beanspruchen.

bb) Rechtsschutz gegen Zwangsmittel

So ist auch die grundsätzliche Zulässigkeit von Zeugniszwang im parlamentarischen Untersuchungsverfahren nicht zu bestreiten[451]. Erforderlich ist im konkreten Fall aber die Vornahme einer Abwägung zwischen dem Gewicht des Untersuchungsauftrags und des Beweisthemas sowie der Bedeutung der Aussage für den Erfolg des Untersuchungsverfahrens und den Grundrechtspositionen des von den Zwangsmitteln Betroffenen[452]. Die Befugnis, die Zwangsmittel festzusetzen, steht nach dem Untersuchungsausschussgesetz bis auf die zwingend durch den Richter anzuordnende Beugehaft dem Untersuchungsausschuss selbst zu. Dies entspricht zwar der bisherigen Rechtslage. Jedoch sah diese sich der Kritik ausgesetzt, zu einer wenig sinnvollen Aufspaltung des Rechtsweges zu führen[453]. Denn Streitigkeiten über die unmittelbar vom Untersuchungsausschuss angeordneten Zwangsmaßnahmen wurden vor den Verwaltungsgerichten ausgetragen und gegen richterlich angeordnete Maßnahmen der Beschwerdeweg nach §§ 304 ff. StPO innerhalb der Strafgerichtsbarkeit beschritten[454]. Mit der Verabschiedung des Untersuchungsausschussgesetztes ist diese Kritik nun gegenstandslos geworden. Die Regelungen des § 36 I und III PUAG schließen die Gefahr unerwünschter Rechtswegspaltungen aus und führen darüber hinaus zu einer Konzentration des Rechtsschutzes. Der Bürger kann nun sowohl gegen Maßnahmen des Untersuchungsausschusses (§ 36 I PUAG) als auch gegen Entscheidungen des Ermittlungsrichters (§ 36 III PUAG) den Bundesgerichtshof anrufen. In beiden Konstellationen ist die Beschwerde gem. §§ 304 ff. StPO das statthafte Verfahren[455].

---

[450] So *Schröder*, Gutachten für den 57. Deutschen Juristentag, S. 37.

[451] Vgl. nur BVerfGE 76, 383 ff.; 67, 100 (131); Achterberg / Schulte, in: *v. Mangoldt / Klein / Starck*, Grundgesetz, Art. 44 Rn. 144 ff.

[452] Hinsichtlich einer Anordnung von Beugehaft vgl. BVerfGE 76, 363 (389 ff.).

[453] Vgl. *Friedrich*, Der parlamentarische Untersuchungsausschuß, S. 162 f.; *Schröder*, Gutachten für den 57. Deutschen Juristentag, S. 89; ausführlich zur Unterscheidung zwischen den unmittelbaren Maßnahmen eines Untersuchungsausschusses und richterlich angeordneten Maßnahmen und den jeweils auszumachenden Rechtswegunsicherheiten *Di Fabio*, Rechtsschutz im parlamentarischen Untersuchungsverfahren, S. 98 ff.

[454] Dazu mit Nachweisen zur Rechtsprechung *Hilf*, NVwZ 1987, 537 (544); Achterberg / Schulte in *v. Mangoldt / Klein / Starck*, Grundgesetz, Art. 44 Rn. 169.

[455] Vgl. BT-Drs. 14 / 5790, Begründung zu § 21, S. 18; *Rogall*, Das Untersuchungsausschussgesetz des Bundes und seine Bedeutung für das Straf- und Strafverfahrensrecht, S. 469.

cc) Die „Betroffenen" eines parlamentarischen Untersuchungsverfahrens

Erscheinen die Vorschriften zum Zeugenbeweis auf den ersten Blick als umfassend, so findet sich doch zu einem der umstrittensten Punkte des Untersuchungsrechts, der Rechtsstellung des sogenannten Betroffenen, keine ausdrückliche Regelung[456]. Das Problemfeld des Betroffenen lässt sich in der Fragestellung zusammenfassen, ob den Auskunftspersonen, die ähnlich einem Beschuldigten im Strafverfahren im Mittelpunkt der Untersuchungstätigkeit des Ausschusses stehen, besondere Verfahrensrechte einzuräumen sind. Insbesondere bei dieser Problematik ist der Verweis des Art. 44 II S. 1 GG auf die sinngemäße Anwendung der Vorschriften über den Strafprozess nicht klärender Natur. So zielen die Zeugenvorschriften auf die mittelbare Heranziehung von Auskunftspersonen im Rahmen eines gegen einen Dritten gerichteten Verfahrens und vermögen daher die Stellung des im Mittelpunkt des Verfahrens stehenden Betroffenen nur unzureichend zu erfassen[457]. Die Beschuldigtenvorschriften hingegen beziehen sich auf eine drohende strafrechtliche Verurteilung als Abschluss des Strafverfahrens und können somit nicht ohne weiteres anlässlich eines Verfahrens der sanktionslosen Sachverhaltsermittlung zur Vorbereitung politischer Beschlüsse herangezogen werden[458]. Für die Konstellation eines Betroffenen im Untersuchungsverfahren hält das Strafverfahrensrecht somit kein unmittelbar passendes Regelungsmodell bereit. Diese unsichere Ausgangslage hat zu vielfältigen Streitigkeiten dahingehend geführt, ob den Betroffenen überhaupt ein Sonderstatus zukommen soll, wie eine Betroffenheit gegebenenfalls zu ermitteln ist und welche Rechte diesen Betroffenen im Einzelnen zu gewähren sind[459].

Soweit ein Betroffenenstatus angenommen wird, geht der überwiegende Teil des Schrifttums davon aus, dass sich die Betroffenheit einer Person nicht nur aufgrund des Untersuchungsauftrags ergeben kann, sondern ebenso eine erst im Fortgang des Verfahrens entstehende faktische Betroffenheit ausreicht[460]. Diesem Ansatz entspricht auch die allgemeine Definition des Betroffenen in § 18 I Nr. 4 der IPA-Regeln, nach der es sich bei Betroffenen um die Personen handelt, „bei denen sich aus dem Untersuchungsauftrag oder aus dem Verlaufe der Untersuchung ergibt, dass die Untersuchung sich ausschließlich oder ganz überwiegend gegen sie rich-

---

[456] Zur Problematik des Betroffenen vgl. aus dem Schrifttum *Buchholz*, Der Betroffene im parlamentarischen Untersuchungsausschuß; *Müller-Boysen*, Die Rechtsstellung des Betroffenen vor dem parlamentarischen Untersuchungsausschuß; *Köhler*, Umfang und Grenzen des Untersuchungsrechts, S. 113 ff.; *Beckersdorf*, ZParl. 1989, 35 ff.; *Wohlers*, NVwZ 1994, 40 ff.

[457] Vgl. *Masing*, Parlamentarische Untersuchungen privater Sachverhalte, S. 264 f.

[458] Vgl. *Masing*, Parlamentarische Untersuchungen privater Sachverhalte, S. 264.

[459] Die unterschiedlichen Auffassungen jeweils gegenüberstellend *Köhler*, Umfang und Grenzen des Untersuchungsrechts, S. 113 ff., 120 ff., 125 ff.

[460] Vgl. *Schenke*, JZ 1988, 805 (814 f.); *Müller-Boysen*, Die Rechtsstellung des Betroffenen vor dem parlamentarischen Untersuchungsausschuß, S. 72 ff.; *Friedrich*, Der parlamentarische Untersuchungsausschuß, S. 166; *Quaas / Zuck*, NJW 1988, 1873 (1877); Achterberg / Schulte, in: *v. Mangoldt / Klein / Starck*, Grundgesetz, Art. 44 Rn. 124.

tet"[461]. Die Einbeziehung einer faktischen Betroffenheit lässt sich mit den Überlegungen begründen, dass ein alleiniges Abstellen auf den Untersuchungsauftrag Manipulationsmöglichkeiten eröffnen und zudem unberücksichtigt lassen würde, dass eine Person erst aufgrund der ersten Ergebnisse der Aufklärungsbemühungen des Ausschusses in den Mittelpunkt des Verfahrens rücken kann[462].
Hinsichtlich der Folgefrage, wie sich die Stellung als Betroffener auf die Rechtsstellung im Verfahren auswirkt, werden vornehmlich der Umfang des rechtlichen Gehörs sowie der Umfang eines Aussageverweigerungsrechts einschließlich der Problematik eines etwaigen Verbots der Vereidigung diskutiert[463]. Im Mittelpunkt des Interesses steht dabei die Diskussion, ob für den Betroffenen in sinngemäßer Anwendung des § 136 I S. 2 StPO ein umfassendes Aussageverweigerungsrecht besteht[464]. Nimmt man dies an, könnten Betroffene eines parlamentarischen Untersuchungsverfahrens wie Beschuldigte im Strafverfahren jede Aussage verweigern und wären nicht auf die Geltendmachung des vor einer verfahrensexternen Verfolgung schützenden Auskunftsverweigerungsrechts eines Zeugen angewiesen. Im zunehmenden Maße wird dabei aber die Notwendigkeit gesehen, die Gewährung eines derart weitreichenden Aussageverweigerungsrecht davon abhängig zu machen, ob die Aussage eines betroffenen Privatmanns oder die eines betroffenen Funktionsträgers anlässlich einer etwaig fehlerhaften Amtsführung im Raum steht[465]. Diese Unterscheidung vermag vor dem Hintergrund zu überzeugen, dass es der Kontrollfunktion des Untersuchungsrechts in erheblicher Weise zuwiderlaufen würde, wenn der potenziell politisch Verantwortliche wegen der für ihn denkbaren nachteiligen Folgen ein generelles Schweigerecht geltend machen

[461] Dies soll nicht darüber hinwegtäuschen, dass in anderen Reformvorschlägen und den sich der Figur des Betroffenen annehmenden Landesgesetzen (vgl. § 19 I Nr. 4 BadWürttUA, § 19 I Nr. SachsUA, Art. 13 BayUA) auch Definitionen mit erheblichen Abweichungen entwickelt worden sind; kritisch zu diesen Definitionsversuchen *Köhler*, Umfang und Grenzen des Untersuchungsrechts, S. 26 ff. In § 18 I Nr. 1 bis 3 der IPA-Regeln finden sich über die allgemeine Definition des Betroffenen in § 18 I Nr. 4 IPA-Regeln hinaus spezielle Definitionen bezüglich des Bundespräsidenten, der Abgeordneten, der Regierungsmitglieder und Richter als Betroffene einer parlamentarischen Untersuchung.

[462] Vgl. *Schenke*, JZ 1988, 805 (815).

[463] Vgl. *Müller-Boysen*, Die Rechtsstellung des Betroffenen vor dem parlamentarischen Untersuchungsausschuß, S. 21 ff.; *Köhler*, Umfang und Grenzen des Untersuchungsrechts, S. 128 ff.

[464] Ein umfassendes Aussageverweigerungsrecht bejahen u.a. *Beckersdorf*, ZParl. 1989, 35 (52 ff.); *Müller-Boysen*, Die Rechtsstellung des Betroffenen vor dem parlamentarischen Untersuchungsausschuß, S. 105 ff.; *Schleich*, Das parlamentarische Untersuchungsrecht des Bundestages, S. 52 ff.

[465] Vgl. *Masing*, Parlamentarische Untersuchungen privater Sachverhalte, S. 265 f.; *Schröder*, NJW 2000, 1455 (1457); *Schenke*, JZ 1988, 805 (815); *Quaas / Zuck*, NJW 1988, 1873 (1877). Diese Differenzierung wurde auch in § 15 III S. 2 des Gesetzentwurfs der BT-Drs. 11 / 1896 aufgegriffen, wonach das Aussageverweigerungsrecht des Betroffenen nicht für Mitglieder der Bundesregierung oder andere Amtsträger gilt, soweit sich die Untersuchung auf ihre augenblickliche oder frühere Amtsführung bezieht.

könnte[466]. Denn naturgemäß stellen die Personen, deren Verhalten maßgeblicher Anlass für die Einleitung und Durchführung eines Untersuchungsverfahrens gewesen ist, die zur Aufklärung bedeutsamsten Auskunftspersonen dar[467]. Ihnen kann demnach auch als Betroffene eines Untersuchungsverfahrens lediglich die Berufung auf das Auskunftsverweigerungsrecht eines Zeugen zugebilligt werden. Durch die Normierung einer gesonderten Verfahrensstellung des Betroffenen hätten die angesprochenen Streitfragen einer klärenden gesetzlichen Lösung zugeführt werden können.

Der Gesetzgeber hat jedoch einen anderen Weg gewählt. Auf eine Unterscheidung zwischen Zeugen und Betroffene wurde nach der Begründung der Beschlussempfehlung verzichtet, um schwierige Abgrenzungsfragen und Auseinandersetzungen im Ausschuss bei der Zuordnung von Auskunftspersonen zum Kreis der Zeugen oder der Betroffenen zu vermeiden[468]. Diese Argumentation ist als Konsequenz der Annahme zu begreifen, dass sich die Betroffenenstellung erst im Verlauf des Verfahrens herauskristallisieren kann. Hingegen will der Gesetzgeber mit dem Verzicht auf die Regelung des Betroffenenstatus nicht zum Ausdruck bringen, dass den Auskunftspersonen, die im Fokus der Untersuchung stehen, keine besonderen Verfahrensrechtspositionen zustehen können. In der Begründung der Beschlussempfehlung sah er sich zur Feststellung veranlasst, dass eine über die Regelungen des Gesetzes „hinausgehende Zuerkennung von Rechten für Zeugen in bestimmten Sonderkonstellationen durch die Rechtsprechung nicht ausgeschlossen werden könne“[469]. Es wird also nicht davon ausgegangen, dass das Untersuchungsausschussgesetz die Verfahrensstellung der Auskunftsperson, die als Betroffene qualifiziert werden könnten, abschließend regelt[470]. Somit bleibt beispielsweise weiterhin fraglich, ob im Rahmen eines überwiegend gegen einen Privaten gerichteten Verfahrens ein umfassendes Schweigerecht in sinngemäßer Anwendung des § 136 I S. 2 StPO besteht[471].

Eine Verbesserung der Rechtsstellung der Betroffenen ist dennoch zu verzeichnen. Denn statt zwischen den Zeugen und den Betroffenen eines Untersuchungsverfahrens zu differenzieren, hat sich der Gesetzgeber dafür entschieden, die

---

466 Vgl. *Schenke*, JZ 1988, 805 (815); *Masing*, Parlamentarische Untersuchungen privater Sachverhalte, S. 266.

467 Vgl. *Zeh*, DÖV 1988, 702 (706), der zu Recht auf die Gefahr hinweist, dass man zum Zwecke der Aufklärung ansonsten auf die Aussagen von „Randfiguren“ angewiesen wäre.

468 BT-Drs. 14 / 5790, Begründung zu § 20, S. 17 f.

469 BT-Drs. 14 / 5790, Begründung zu § 20, S. 18; vgl. dazu *Wiefelspütz*, Das Untersuchungsausschussgesetz, S. 254 f.; *Rogall*, Das Untersuchungsausschussgesetz des Bundes und seine Bedeutung für das Straf- und Strafverfahrensrecht, S. 464; *Weisgerber*, Das Beweiserhebungsverfahren, S. 213 f.

470 Zum Untersuchungsausschussgesetz als nicht abschließende Konkretisierung des Art. 44 II S. 1 GG siehe bereits o., S. 21 f.

471 Von einem ausreichenden Schutzes durch das Auskunftsverweigerungsrecht des § 22 II PUAG geht *Rogall*, Das Untersuchungsausschussgesetz des Bundes und seine Bedeutung für das Straf- und Strafverfahrensrecht, S. 465 ff, aus.

Rechtsstellung aller Zeugen auszubauen[472]. So besteht gem. § 20 II PUAG bei Ladung eines Zeugen unter anderem die Pflicht, darauf hinzuweisen, dass der Zeuge einen rechtlichen Beistand seines Vertrauens zu der Vernehmung hinzuziehen darf. Den Zeugen wird damit erstmals ausdrücklich das Recht eingeräumt, vor dem Untersuchungsausschuss mit einem Rechtsbeistand auftreten zu können. Ferner kann jeder Zeuge gem. § 14 III Nr. 3 PUAG einen Antrag auf Ausschluss oder Beschränkung der Öffentlichkeit stellen. Zu Beginn der Vernehmung ist ihnen gem. § 24 IV S. 2 PUAG zudem Gelegenheit zu einer zusammenhängenden Sachdarstellung zu geben[473]. Darüber hinaus wurde auf die Aufnahme einer Vereidigungsbefugnis ins Untersuchungsausschussgesetz, wie sie gem. § 25 des Gesetzentwurfs der Fraktionen SPD und Bündnis 90 / Die Grünen[474] im Gegensatz zum FDP-Entwurf[475] noch vorgesehen war, verzichtet. Dieser Verzicht verdient besondere Aufmerksamkeit. Denn vor Inkrafttreten des Untersuchungsausschussgesetzes wurde überwiegend von einer in sinngemäßer Anwendung der Strafprozessordnung bestehenden Vereidigungsbefugnis des Untersuchungsausschusses ausgegangen[476]. Daraus ist jedoch nicht zwangsläufig der Schluss zu ziehen, dass die gesetzgeberische Entscheidung, dem Untersuchungsausschuss diese Möglichkeit vorzuenthalten, mit Art. 44 II S. 1 GG nicht im Einklang steht[477]. Denn für eine Unbedenklichkeit dieser Vorgehensweise kann ins Feld geführt werden, dass dem Verfassungsgebot der Effektivität parlamentarischer Untersuchungen[478] durch die gem. § 153 II StGB klargestellte Möglichkeit der Strafbarkeit wegen uneidlicher Falschaussage gem. § 153 I StGB[479] ausreichend Rechnung getragen wurde und somit ein angemessener Ausgleich zwischen dem Aufklärungsinteresse des Par-

[472] Eine Verbesserung der Rechtsstellung aller in Betracht kommenden Aussagepersonen forderte bereits *Zeh*, DÖV 1988, 702 (706). Gegen eine Unterscheidung zwischen Zeugen und Betroffene auch *Köhler*, Umfang und Grenzen des Untersuchungsrechts, S. 209 ff.; Enquête-Kommission „Verfassungsreform“, BT-Drs. 7 / 5924, S. 54 f.

[473] Zum Schutz der Zeugen gem. § 25 I S. 2 und § 26 PUAG vgl. *Mager*, Der Staat 2002, 597 (612).

[474] BT-Drs. 14 / 2518.

[475] Vgl. BT-Drs. 14 / 2363.

[476] Vgl. BVerfGE 67, 100 (131); Pieroth, in: *Jarass / Pieroth*, Grundgesetz, Art. 44 Rn. 8; Brockmeyer, in: *Schmidt-Bleibtreu / Klein*, Grundgesetz, Art. 44 Rn. 8 b; *Friedrich*, Der parlamentarische Untersuchungsausschuß, S. 160; *Schleich*, Das parlamentarische Untersuchungsrecht des Bundestages, S. 23 f.; vgl. auch *Wiefelspütz*, ZRP 2002, 14 (15 f.); a.A. *Hamm*, ZRP 2002, 11 ff. und *Güther / Seiler*, NStZ 1993, 305; kritisch zur Möglichkeit der Vereidigung ferner mehrheitlich die Enquête-Kommission Verfassungsreform, BT-Drs. 7 / 5924, S. 55 f.

[477] Zweifelnd Klein, in: *Maunz / Dürig*, Grundgesetz, Art. 44 Rn. 210.

[478] Vgl. BVerfGE 67, 100 (131).

[479] Gem. Art. 2 des Untersuchungsausschussgesetzes wurde der Straftatbestand des § 153 StGB um den § 153 II StGB ergänzt und der Untersuchungsausschuss eines Gesetzgebungsorgans des Bundes oder des Landes somit einer der in § 153 I StGB genannten Stelle gleichstellt. Unter Hinweis auf den Rechtspflegeschutzcharakter des § 153 I StGB kritisch zum neuen § 153 II StGB *Vormbaum*, JZ 2002, 166 (170).

laments und der Schwere der drohenden strafrechtlichen Sanktionen gefunden worden ist.
Ein neuartiges Recht wird den Zeugen gem. § 32 I PUAG anlässlich der Beendigung des Untersuchungsverfahrens gewährt. Danach ist den Personen, die durch die Veröffentlichung des Abschlussberichts in ihren Rechten erheblich beeinträchtigt werden können, vor der Veröffentlichung die Gelegenheit zur Stellungnahme zu den sie betreffenden Ausführungen zu geben. Der wesentliche Inhalt dieser Stellungnahme muss gem. § 32 II PUAG im Abschlussbericht des Ausschusses wiedergegeben werden. Allerdings besteht das Recht zur Stellungnahme aus § 32 I PUAG nicht, soweit die Ausführungen mit der betroffenen Person bereits in einer Sitzung zur Beweisaufnahme erörtert worden sind. Und eine Berücksichtigung des im Rahmen dieser Erörterung Vorgetragenen im Schlussbericht wird vom Untersuchungsausschussgesetz ebenfalls nicht verlangt. Ein verstärkt gefordertes allgemeines Recht auf Gegendarstellung[480], das insbesondere die im Mittelpunkt des Verfahrens stehenden Auskunftspersonen in Anspruch nehmen können, ist folglich nicht eingeführt worden. Das Recht aus § 32 PUAG kommt in erster Linie denjenigen zugute, die lediglich indirekt in das Untersuchungsverfahren einbezogen worden sind und daher noch keine Möglichkeit hatten, sich zu den sie betreffenden Vorwürfen oder Behauptungen zu äußern[481].

e) Die Vorlage von Beweismitteln seitens Privater gem. §§ 29, 30 PUAG

Die Beweiserhebungsbefugnisse des Untersuchungsausschusses zum Abschluss bringend werden in §§ 29, 30 PUAG die Verpflichtungen Privater zur Herausgabe von Beweismitteln und das den Umfang dieser Verpflichtungen regelnde Verfahren festgeschrieben. Eine Herausgabepflicht kann bezüglich privater Sachverhalte bestehen, die unmittelbar oder mittelbar zum Gegenstand der parlamentarischen Untersuchung werden[482]. In beiden Konstellationen kann die Erreichung des Untersuchungsziels entscheidend davon abhängen, ob zum Zwecke der Aufklärung auch Privat- und Geschäftsunterlagen einbezogen werden können. Die Notwendigkeit einer Einbeziehung solcher Unterlagen ergibt sich insbesondere bei der Untersuchung politisch und wirtschaftlich komplexer Materien[483]. Da sich Untersuchungsausschüsse im wachsenden Umfang mit Vorgängen befassen, die zumindest mittelbar den privatwirtschaftlichen Bereich betreffen, werden vor allem Un-

[480] Vgl. *Zeh*, DÖV 1988, 701 (706); *Köhler*, Umfang und Grenzen des Untersuchungsrecht, S. 214 ff.; Versteyl, in: *v. Münch / Kunig*, Grundgesetz, Art. 44 Rn. 47 und 49, der den dort genannten und mit § 32 PUAG übereinstimmenden Reformvorschlägen eine zu weitreichende Bedeutung zumisst.
[481] Vgl. Beschlussempfehlung und Bericht des Ausschusses für Wahlprüfung, Immunität und Geschäftsordnung, BT-Drs. 14 / 5790, Begründung zu § 32, S. 20.
[482] Zur Problematik der unmittelbar private Sachverhalte betreffenden Untersuchungen siehe o., S. 42 ff. und 46 ff.
[483] Vgl. *Di Fabio*, Rechtsschutz im parlamentarischen Untersuchungsverfahren, S. 49.

ternehmen zunehmend mit Ansprüchen der Ausschüsse auf Vorlage der in ihrem Gewahrsam befindlichen Akten, Aufzeichnungen und sonstigen Unterlagen konfrontiert[484].

aa) Grundsätzliche Herausgabepflicht gem. § 29 I PUAG

Gem. § 29 I S. 1 PUAG wird die grundsätzliche Verpflichtung Privater niedergelegt, in ihrem Gewahrsam befindliche Gegenstände, die als Beweismittel für die Untersuchung von Bedeutung sein können, auf Verlangen des Untersuchungsausschusses herauszugeben. Dies entspricht dem vor Erlass des Untersuchungsausschussgesetzes auf Art. 44 II S. 1 GG i.V.m. §§ 94 I, 95 I StPO gestützten Herausgabeverlangen des Ausschusses[485]. Gem. § 29 I S. 2 PUAG besteht diese Verpflichtung ausnahmsweise nicht, soweit die Beweismittel Informationen enthalten, „deren Weitergabe wegen ihres streng persönlichen Charakters für die Betroffenen unzumutbar" ist. Damit übernimmt das Untersuchungsausschussgesetz wortwörtlich eine vom Bundesverfassungsgericht im „Flick"-Urteil und der Entscheidung in Sachen „Neue Heimat" aufgeführte Begrenzung der Untersuchungsbefugnisse[486].

bb) Die Zwangsmittel nach § 29 II und III PUAG

Wird die Pflicht zur Herausgabe nicht freiwillig erfüllt, kann der Untersuchungsausschuss gem. § 29 II S. 1 PUAG ein Ordnungsgeld festsetzen. Zudem kann gem. § 29 II S. 2 PUAG die Anordnung der Haft durch den Ermittlungsrichter beim Bundesgerichtshof beantragt werden. Sowohl die Möglichkeit der Festsetzung eines Ordnungsgeldes als auch die der Anordnung der Haft finden ihre Grenzen in § 29 II S. 4 PUAG. Sie dürfen nicht gegenüber Personen verhängt werden, die sich auf ein Zeugnis- oder Auskunftsverweigerungsrecht des § 22 PUAG berufen können.

Das Mittel der Beschlagnahme wird in § 29 III S. 1 PUAG geregelt. Diese Möglichkeit der zwangsweisen Beschaffung von Beweismitteln lässt sich mit dem Erfordernis einer wirksamen parlamentarischen Kontrolle rechtfertigen. Eine solche Kontrolle könnte nicht gewährleistet werden, falls Untersuchungsausschüsse außer Stande wären, die erforderlichen Beweismittel auch dann zu erheben, wenn die freiwillige Mitwirkung verweigert wird[487]. Der Einwand, bei der Beschlagnahme handele es sich um ein spezifisch strafprozessuales Instrument, ist mit dem

---

[484] *Schröder*, Gutachten für den 57. Deutschen Juristentag, S. 77; *Linck*, ZRP 1987, 11 (11).

[485] Vgl. dazu *Friedrich*, Der parlamentarische Untersuchungsausschuß, S. 172.

[486] Siehe BVerfGE 67, 100 (144); 77, 1 (47). Kritisch zur bloßen Übernahme dieser Begrenzung *Rogall*, Das Untersuchungsausschussgesetz des Bundes und seine Bedeutung für das Straf- und Strafverfahrensrecht, S. 475.

[487] BVerfGE 77, 1 (48); vgl. im Anschluss daran auch *Schröder*, Untersuchungsausschüsse, Rn. 38.

Bundesverfassungsgericht zu verwerfen. Schließlich ist die Möglichkeit der Beschlagnahme nicht nur in der Strafprozessordnung, sondern auch in verwaltungsrechtlichen Gesetzen vorgesehen[488]. Schon der Begriff der Beweiserhebung im Sinne des Art. 44 II S. 1 GG setzt voraus, dass dem Untersuchungsausschuss auch diejenigen Befugnisse zur Verfügung stehen, die eine Sachverhaltserklärung überhaupt erst ermöglichen[489]. Der Untersuchungsausschuss muss die Beweiserhebungen, die er für erforderlich im Sinne des Art. 44 I S. 1 GG hält, auch durchsetzen können. Mit gleicher Begründung ist auch die gem. § 29 III S. 2 f. PUAG und in Anlehnung an §§ 102 ff. StPO erfolgte Einräumung des in sachlichem Zusammenhang mit der Beschlagnahme stehenden Durchsuchungsrechts zu rechtfertigen[490]. Eine denkbare unterschiedliche Eingriffsintensität von Beschlagnahme und Durchsuchung kann im Rahmen der zwingend vorzunehmenden Verhältnismäßigkeitsprüfung berücksichtigt werden[491].
Über die Beschlagnahme von Beweismitteln entscheidet auf Antrag des Ausschusses gem. § 29 III S. 1 Hs. 1 PUAG der Ermittlungsrichter beim Bundesgerichtshof. Die Begründung der Zuständigkeit eines Richters steht mit der Forderung des Bundesverfassungsgerichts im Einklang, es auch anlässlich parlamentarischer Untersuchungsverfahren bei der Zuständigkeitsregel des § 98 I S. 1 StPO zu belassen[492]. Von der Möglichkeit, in Anlehnung an § 98 I S. 1 StPO eine Zuständigkeit des Untersuchungsausschusses bei Gefahr im Verzug vorzusehen[493], hat der Gesetzgeber keinen Gebrauch gemacht. Gem. § 29 III S. 2 PUAG bleibt es dem Ermittlungsrichter des Bundesgerichtshofs ferner vorbehalten, eine Durchsuchung zur Beschlagnahme der nicht vorgelegten Gegenstände anzuordnen[494].
Hinsichtlich der Zwangsmittel der Beschlagnahme und der Durchsuchung sind besondere befugnisbegrenzende Vorschriften zu beachten. So verweist § 29 III S. 1 Hs. 2 PUAG auf die die beschlagnahmefreien Gegenstände aufzählende Norm des § 97 StPO[495] und § 29 III S. 2 PUAG auf die das Verfahren der Durchsuchung näher regelnden §§ 104 ff. StPO. Darüber hinaus ist vor einer Anwendung dieser

---

[488] So BVerfGE 77, 1 (49) mit Verweis auf § 76 III AO und § 7 II, III UzwG; daran anschließend *Friedrich*, Der parlamentarische Untersuchungsausschuß, S. 175 f.; Achterberg / Schulte, in: *v. Mangoldt / Klein / Starck*, Grundgesetz, Art. 44 Rn. 123.

[489] Vgl. *Di Fabio*, Rechtsschutz im parlamentarischen Untersuchungsverfahren, S. 58; siehe auch BVerfGE 77, 1 (49).

[490] So bereits vor Erlass des Untersuchungsausschussgesetzes *Schröder*, Untersuchungsausschüsse, Rn. 39.

[491] Vgl. dazu *Di Fabio*, Rechtsschutz im parlamentarischen Untersuchungsverfahren, S. 59 f.

[492] BVerfGE 77, 1 (52).

[493] Vom Bundesverfassungsgericht ausdrücklich offen gelassen: BVerfGE 77, 1 (52 f.).

[494] Hier verlangt, soweit nicht „Gefahr im Verzuge" gegeben ist, schon Art. 13 II GG die Anordnung durch einen Richter.

[495] Zur Beschlagnahmefreiheit entsprechend § 97 I StPO, der eine dem Beschuldigten vergleichbare Situation einer Person infolge parlamentarischer Untersuchungen voraussetzt, siehe BVerfG, NVwZ 1994, 54 (55 f.); zu der damit angesprochenen Figur des „Betroffenen" siehe o., S. 75 ff.

einschneidenden Zwangsmittel abzuwägen, ob das Gewicht des Untersuchungszwecks und die Bedeutung des Beweisthemas eine Beschlagnahme und eine zu diesem Zwecke erforderliche Durchsuchung rechtfertigen[496].

cc) Verfahren bei der Vorlage von Beweismitteln gem. § 30 PUAG

Regelt § 29 PUAG das grundsätzliche Bestehen und die Mittel zur Durchsetzung des Herausgabeanspruchs, so werden gem. § 30 PUAG die einzelnen Verfahrensschritte für den Fall festgelegt, dass ein Gewahrsamsinhaber Einwände gegen ein Vorlageersuchen erhebt. Ziel des in § 30 PUAG normierten Verfahrens ist es, dem Untersuchungsausschuss unter Berücksichtigung der Vertrauensschutzinteressen und der Persönlichkeitssphäre der Herausgabepflichtigen möglichst weitgehende Aufklärungsmöglichkeiten zu garantieren[497]. Zu diesem Zweck wird eine zunächst geheime Behandlung der herauszugebenden Unterlagen vorgeschrieben.
Denn macht ein Gewahrsamsinhaber gegenüber dem Herausgabeverlangen eines Untersuchungsausschusses geltend, dass ein Beweismittel für das Untersuchungsverfahren nicht bedeutsam sei oder dass es ein in § 14 I Nr. 1 bis 4 PUAG bezeichnetes Geheimnis beträfe, so dürfen gem. § 30 I PUAG die in § 29 II und § 29 III S. 1 PUAG benannten Zwangsmittel nur dann angeordnet werden, wenn der Ausschuss für die Behandlung dieses Beweismittels den Geheimhaltungsgrad „geheim" beschlossen hat[498]. Wird also ein entsprechender Beschluss gefasst, kann einem Herausgabeverlangen nicht mehr entgegengehalten werden, dass nur unzureichende Vorkehrungen zum Geheimnisschutz getroffen worden sind. Allerdings weist § 30 I PUAG zugleich darauf hin, dass selbst eine Ergreifung von Geheimschutzmaßnahmen die Anordnung von Zwangsmitteln dann nicht ermöglicht, wenn die Beweismittel Informationen enthalten, deren Weitergabe wegen ihres streng vertraulichen Charakters für den Betroffenen unzumutbar ist. Im Ergebnis entsprechen die verfahrensrechtlichen Vorgaben des § 30 I PUAG somit dem Grundsatz, Verkürzungen des Beweiserhebungsrechts des Untersuchungsausschusses grundsätzlich nicht zuzulassen, soweit ausreichende Vorkehrungen für den Geheimnisschutz getroffen worden sind[499].
Werden die fraglichen Beweismittel letztlich herausgegeben, steht gem. § 30 II S. 1 PUAG dem Untersuchungsausschuss die Prüfung ihrer Beweiserheblichkeit zu. Daraufhin sind gem. § 30 II S. 2 PUAG diejenigen Beweismittel, die nach einstimmiger Auffassung des Ausschusses für die Untersuchung unerheblich sind, dem Gewahrsamsinhaber unverzüglich zurückzugeben. Soweit die Beweismittel

---

[496] Vgl. BVerfGE 77, 1 (53); BVerfG, NVwZ 1994, 54 (55); zustimmend Achterberg / Schulte, in: *v. Mangoldt / Klein / Starck*, Grundgesetz, Art. 44 Rn. 156; Brockmeyer, in: *Schmidt-Bleibtreu / Klein*, Grundgesetz, Art. 44 Rn. 8 c.
[497] Vgl. 14 / 5790, Begründung zu § 30, S. 20.
[498] Zur Einstufung auch privater Geheimnisse in Geheimhaltungsgerade der Geheimschutzordnung siehe o., S. 60 ff.
[499] Vgl. BVerfGE 67, 100 (144); 77, 1 (54 f.); siehe bereits o., S. 65.

hingegen für die Untersuchung erheblich sind, kann der Untersuchungsausschuss gem. § 30 III S. 1 PUAG die Aufhebung des Geheimhaltungsgrades „geheim" beschließen. Betreffen sie jedoch ein in § 14 I Nr.1 bis 4 PUAG bezeichnetes Geheimnis, kann ein entsprechender Beschluss gem. § 30 III S. 2 PUAG nur dann gefasst werden, wenn ihre öffentliche Verwendung zur Erfüllung des Untersuchungsauftrages unerlässlich und nicht unverhältnismäßig ist. Dabei stellen die Regelungen des § 30 IV PUAG sicher, dass der Untersuchungsausschuss nicht letztverbindlich über die Aufhebung des Geheimhaltungsgrades entscheidet. Denn vor der Beschlussfassung nach § 30 III S. 1 PUAG ist die über das Beweismittel verfügungsberechtigte Person[500] nicht nur nach § 30 IV S.1 PUAG anzuhören; vielmehr hat gem. § 30 IV S. 2 Hs. 1 PUAG die Aufhebung des Geheimhaltungsgrades „geheim" zu unterbleiben, wenn die anzuhörende Person der Aufhebung widerspricht. Dem Untersuchungsausschuss bleibt dann lediglich die Möglichkeit, einen Antrag gem. § 30 IV S. 2 Hs. 2 PUAG dahingehend zu stellen, dass der Ermittlungsrichter beim Bundesgerichtshof die Aufhebung des Geheimhaltungsgrades für zulässig erklärt.
Das Bemerkenswerte an der Regelung des Vorlageverfahrens in § 30 PUAG ist, dass gem. § 30 II S. 1 PUAG ausdrücklich dem Untersuchungsausschuss die Prüfung der Beweiserheblichkeit zugewiesen wird. Damit greift das Untersuchungsausschussgesetz nicht den vom Bundesverfassungsgericht vorgezeichneten Weg auf, eine richterliche Sichtung der Beweismittel zur Beurteilung der potenziellen Beweiserheblichkeit vorzusehen, die gegebenenfalls im Zusammenwirken mit (einer kleinen Zahl von) Ausschussmitgliedern erfolgen kann[501]. Diese Loslösung von der gerichtlichen Erheblichkeitsprüfung wird für verfassungsrechtlich bedenklich gehalten. Dabei stützt sich die Kritik jedoch in erster Linie auf die bloße Behauptung, dass die Geheimhaltung beim Untersuchungsausschuss nicht in gleicher Weise garantiert sei wie beim Richter[502]. Dem ist entgegenzuhalten, dass mit der Ergänzung der Geheimschutzordnung des Deutschen Bundestages um den § 2 a nun erstmals unstreitig auch privaten Geheimnissen die Schutzvorkehrungen der Geheimschutzordnung zuteil werden können. Ferner ist dem Untersuchungsausschuss der Zugriff auf Informationen streng persönlichen Charakters (vgl. § 29 I S. 2 PUAG) oder streng vertraulichen Charakters (vgl. § 30 I PUAG) von vornherein verwehrt[503]. Dem Anliegen der bisher für erforderlich gehaltenen richterlichen Vorprüfung, grundrechtsschonend zu verhindern, dass private Daten unnötig

[500] Die verfügungsberechtigte Person im Sinne des § 30 IV PUAG muss nicht mit dem Gewahrsamsinhaber im Sinne des § 30 I PUAG übereinstimmen.

[501] So BVerfGE 77, 1 (55 f.).

[502] Vgl. Klein, in: *Maunz / Dürig*, Grundgesetz, Art. 44 Rn. 185 f; kritisch auch *Weisgerber*, Das Beweiserhebungsverfahren, S. 315 ff.

[503] Vgl. auch *Mager*, Der Staat 2002, 597 (611).

in die Öffentlichkeit geraten[504], tragen die Regelungen der §§ 29 f. PUAG ausreichend Rechnung[505].

---

[504] Vgl. *Masing*, Parlamentarische Untersuchungen privater Sachverhalte, S. 218.
[505] Im Ergebnis auch *Mager*, Der Staat 2002, 597 (610 f.).

Zweiter Teil: Die Rechtsstellung des Ermittlungsbeauftragten

A. Die Unterstützung des Untersuchungsausschusses durch einen Ermittlungsbeauftragten

Im Rahmen der Aufbereitung der Grundlagen des parlamentarischen Untersuchungsrechts ist deutlich geworden, wie das Untersuchungsausschussgesetz die Vorgaben der verfassungsgerichtlichen Rechtsprechung weitgehend verarbeitet und vielfältige Verfahrensfragen gelöst hat. Mit dem Ermittlungsbeauftragten zur Unterstützung der Untersuchungstätigkeit des Ausschusses führt es darüber hinaus ein neues Element in das parlamentarische Untersuchungsrecht ein. Auf die gewonnenen Grundlagen aufbauend soll diese Neuerung nun in das komplexe Gefüge des Untersuchungsrechts eingeordnet werden. Somit kann die mögliche Bedeutung des Ermittlungsbeauftragten für die Durchführung parlamentarischer Untersuchungsverfahren sichtbar werden.

I. Die Forderung nach der Einführung einer vorbereitenden Untersuchung

War dem Recht der parlamentarischen Untersuchung die Institution eines Ermittlungsbeauftragten im Sinne des § 10 PUAG bisher unbekannt, so fragt sich zunächst, welche Erwägungen zu ihrer Aufnahme in das Untersuchungsausschussgesetz geführt haben. § 10 III S. 1 PUAG sieht vor, dass der Ermittlungsbeauftragte die Untersuchung durch den Untersuchungsausschuss vorbereitet. Der Ruf nach vorbereitenden Untersuchungen ist aber nicht neu. Anlässlich der langwierigen Bemühungen um eine Reform des parlamentarischen Untersuchungsrechts ist aus verschiedenen Erwägungen heraus bereits mehrfach gefordert worden, vorgeschaltete oder begleitende Untersuchungen einzuführen. Unterschiedliche Modelle zur Umsetzung dieses Anliegens sind entwickelt worden und haben auf Länderebene teilweise sogar eine verfahrensrechtliche Ausgestaltung erfahren.

1. Gründe für die Durchführung vorbereitender Untersuchungen

Zum einen wird auf die bei komplexen Untersuchungsmaterien drohende Überlastung und Überforderung der Untersuchungsausschussmitglieder verwiesen. Schon daraus ergebe sich die Notwendigkeit einer Aufbereitung des Untersuchungsstoffs durch vorbereitende Gremien[506]. Zum anderen sollen vorbereitende Untersuchun-

[506] Vgl. die Diskussionsbeiträge von Langner und Struck (dieser zur entsprechenden Überforderung der Mitarbeiter der Fraktionen), in: *Thaysen / Schüttemeyer*, Bedarf das Recht der parlamentarischen Untersuchungsauschüsse einer Reform?, S. 86 f. und 62.; *Jekewitz*, RuP 2000, 215 (217 f.).

gen eine zeitliche Straffung der Untersuchungsverfahren bewirken[507]. Der Wunsch nach einer Verfahrensbeschleunigung ist damit zu erklären, dass der Erfolg von Kontroll- und Skandalenquêten von einer zügigen Durchführung des Verfahrens abhängt. Besteht die hauptsächliche Sanktionsmöglichkeit des parlamentarischen Untersuchungsrechts in der Einwirkung auf die öffentliche Meinung[508], muss das in einer Mediengesellschaft nur begrenzt zur Verfügung stehende Gut der öffentlichen Aufmerksamkeit mittels einer konzentrierten Abwicklung der Verfahren auch ausgeschöpft werden können[509]. Ferner kann eine wegen Diskontinuität drohende Auflösung eines Untersuchungsausschusses[510] die zügige Abwicklung des Untersuchungsverfahrens verlangen.

Wird dem Untersuchungsausschuss mit den Ergebnissen einer Vorermittlung eine sachlich aufbereitete Grundlage für seine Untersuchungstätigkeit bereitgestellt, könnte sich dadurch ferner die Chance einer Objektivierung des Untersuchungsverfahrens eröffnen[511]. Konzentriert sich der Untersuchungsausschuss auf das Wesentliche, lassen sich unnötige Streitigkeiten im Ausschuss eventuell vermeiden. Denn gerade die auf diesem Wege aus dem Untersuchungsverfahren verbannten Nebenschauplätze sollen die Felder parteipolitischer Kontroversen und Polemik darstellen[512].

Schließlich wird die Einführung einer vorbereitenden Untersuchung für erforderlich gehalten, um Private vor ungerechtfertigten Belastungen zu bewahren. So stellte schon der Bericht zum in der 7. Wahlperiode eingesetzten Untersuchungsausschuss „Steiner / Wienand" fest, dass der Schutz des Bürgers vor Eingriffen in seine Privatsphäre im Rahmen eines Untersuchungsverfahrens mangels eines Vorverfahrens geringer sei als in jedem anderen Verfahren[513]. Bereits auf Grundlage der Ergebnisse einer vorbereitenden Ermittlung könnten unwesentliche Beweismittel wieder zurückgegeben und die Ladung und grundsätzlich öffentliche Vernehmung derjenigen Zeugen, deren Aussage nicht von Bedeutung ist, von vornherein vermieden werden[514].

---

[507] Vgl. *Partsch*, Gutachten für den 45. Deutschen Juristentag, S. 220; Versteyl, in: *v. Münch / Kunig*, Grundgesetz, Art. 44 Rn. 56; *Morlok*, RuP 2000, 208 (211 f.).

[508] Vgl. o., S. 56 f.

[509] Vgl. *Morlok*, RuP 2000, 208 (211 f.).

[510] Dazu o., S. 49.

[511] Zur Objektivierung der Verfahren durch Vorermittlungen vgl. *Baum*, ZParl 1974, 531 (533); *Kipke*, Die Untersuchungsausschüsse des Deutschen Bundestages, S. 208.

[512] Vgl. *Kipke*, Die Untersuchungsausschüsse des Deutschen Bundestages, S. 208.

[513] Vgl. BT-Drs. 7 /1803, S. 10; zustimmend *Studenroth*, Die parlamentarische Untersuchung privater Sachverhalte, S. 32.

[514] Vgl. bezüglich unwesentlicher Beweismittel BT-Drs. 7 /1803, S. 10; vgl. bezüglich überflüssiger Vernehmungen den Diskussionsbeitrag von Kleinert, in: *Thaysen / Schüttemeyer*, Bedarf das Recht der parlamentarischen Untersuchungsausschüsse einer Reform?, S. 71; *Kipke*, Die Untersuchungsausschüsse des Deutschen Bundestages, S. 208 f.

2. Verfahrensmodelle

Was die verfahrensrechtliche Umsetzung betrifft, wurde insbesondere im Hinblick auf eine erhoffte Beschleunigung und Objektivierung des Verfahrens eine Durchführung von Vorermittlungen durch parlamentsfremde Hilfspersonen aus dem Justizbereich erwogen[515]. Danach wären außerhalb des Justizapparates tätig werdende Richter oder Staatsanwälte damit zu beauftragen, komplizierte Sachverhalte zu ermitteln und darzustellen[516]. Dieser Überlegung ähnelnd wurde zum Zwecke der Sondierung der in Frage kommenden Beweismittel auch die Bestellung eines Vertreters des öffentlichen Interesses beim Bundestag als Ermittlungsführer diskutiert[517]. Die Untersuchungsausschussgesetze der Länder und Gesetzentwürfe auf Bundesebene griffen diese Vorschläge allerdings nicht auf.

So sieht das „Hamburger Modell" ein abweichend strukturiertes Verfahren der informationellen Aufbereitung der Untersuchungsmaterialien vor[518]. Gem. Art. 26 IV S. 2 HambVerf. hat der Senat den Untersuchungsausschüssen auf Ersuchen die zu ihrer Unterstützung erforderlichen und von ihnen ausgewählten Bediensteten zur Verfügung zu stellen. Aufgabe und Verfahren des somit geschaffenen Arbeitsstabes werden im Untersuchungsausschussgesetz der Hamburgischen Bürgerschaft konkretisiert. Gem. § 16 II S. 1 HbgUA führt der Arbeitsstab seine Aufgabe der Unterstützung des Untersuchungsausschusses nach Maßgabe von Weisungen des Untersuchungsausschussvorsitzenden durch, soweit der Untersuchungsausschuss nichts anderes beschließt. Arbeitsaufträge, die der Vorbereitung der Beweiserhebung dienen, können gem. § 16 II S. 2 HbgUA bereits von einem Viertel der Mitglieder beschlossen werden. Ein dem „Hamburger Modell" ähnelndes, landesverfassungsrechtlich verankertes Personalrekrutierungsrecht des Untersuchungsausschusses gegenüber der Regierung findet sich zudem in Art. 105 V S. 6 und S. 7 BremVerf. Dieses Recht ist im Untersuchungsausschussgesetz jedoch nicht näher ausgestaltet. Ferner wird dem Untersuchungsausschuss gem. Art. 105 V S. 7 BremVerf. die Auswahl des zur Unterstützung erforderlichen Personals im Unterschied zur Hamburger Regelung nicht alleinverantwortlich, sondern im Einvernehmen mit dem Senat zugewiesen[519].

Statt der Einschaltung eines Arbeitsstabes gewähren die Untersuchungsausschussgesetze der Länder dem Untersuchungsausschuss vielfach die Möglichkeit,

[515] Vgl. die kritische Erörterung bei *Baum*, ZParl 1974, 531 (532 ff.), der ferner davon ausgeht, dass diese Vorermittlungen auch Beweiserhebungen umfassen können.

[516] Vgl. *Baum*, ZParl 1974, 531 (533).

[517] Im Ergebnis ablehnend Enquête-Kommission Verfassungsreform, BT-Drs. 7 / 5924, S. 54; vgl. ferner *Schäfer*, ZParl 1974, 496 (501); *Vogel*, ZParl 1974, 503 (507).

[518] Zum „Hamburger Modell" gem. Art. 25 IV a.F. HambVerf. vgl. *Damkowski*, Der parlamentarische Untersuchungsausschuß, S. 54, 66 f. und 163.

[519] Zur Beteiligung im Wege des Einvernehmens als bestimmende Art der Mitwirkung siehe u., S. 105 ff.

einen Unterausschuss einzusetzen[520]. Die Durchführung einer vorbereitenden Untersuchung durch einen Unterausschuss stellt das auf Länderebene favorisierte Verfahrensmodell dar. Damit wird § 8 I des Mustergesetzentwurfes der Präsidenten der deutschen Länderparlamente von 1972 entsprochen[521]. Übereinstimmend weisen die landesgesetzlichen Bestimmungen den vorbereitenden Unterausschüssen die Aufgabe zu, den Untersuchungsstoff zu sammeln und zu gliedern sowie das erforderliche Beweismaterial zu beschaffen. § 8 II S. 2 des Mustergesetzentwurfes folgend wird den Unterausschüssen zur Erfüllung dieser Aufgabe überwiegend das Recht eingeräumt, Personen informatorisch anzuhören[522]. Eine Übertragung von Beweiserhebungsbefugnissen der Untersuchungsausschüsse auf die vorbereitenden Unterausschüsse findet aber nicht statt[523].
Das Modell, einen Unterausschuss mit Votermittlungen zu beauftragen, unterscheidet sich wesentlich von den übrigen Vorschlägen. Denn nur die Durchführung einer Vorermittlung durch den Unterausschuss als einer aus den Untersuchungsausschussmitgliedern selbst zu bildenden Einheit setzt keine zusätzliche Heranziehung von Nichtparlamentariern voraus und stellt daher eine rein parlamentsinterne Lösung dar.
Im Einklang mit dem in den Untersuchungsausschussgesetzen der Länder favorisierten Modell sahen ebenfalls die Gesetzesentwürfe auf Bundesebene primär die mögliche Einsetzung von vorbereitenden Unterausschüssen vor[524]. Auch der Gesetzentwurf der Fraktionen SPD und Bündnis 90 / Die Grünen aus der 14. Wahlperiode[525], der als Vorlage für das letztlich verabschiedete Untersuchungsausschussgesetz diente, sprach sich noch in § 10 I des Gesetzentwurfes für die Vorbereitung der Untersuchung durch einen Unterausschuss aus, der gem. § 10 II des Gesetzentwurfes die erforderlichen sächlichen Beweismittel zu beschaffen hat und berechtigt ist, informatorische Anhörungen durchzuführen.

---

[520] Siehe § 7 I BayUA, § 6 I BerlUA, § 10 I BrandbgUA, § 12 I MVUA, § 8 I NWUA, § 9 I RhPfUA, § 10 I SachsAnhUA, § 9 I SchlHUA, § 9 I ThürUA, § 44 I des Gesetzes über den Landtag des Saarlandes. § 14 I HbgUA enthält diese Option zusätzlich zum Personalrekrutierungsrecht gem. Art. 26 IV S. 2 HambVerf.

[521] Zum Rückgriff der Untersuchungsausschussgesetze der Länder auf den Mustergesetzentwurf von 1972, der seinerseits auf die Empfehlungen der Konferenz der Präsidenten der deutschen Länderparlamente von 1961 zurück greift, siehe bereits o., S. 15.

[522] Lediglich § 10 II BrandbgUA und § 8 II NWUA gewähren dem Unterausschuss dieses Recht nicht.

[523] § 14 III des Mustergesetzentwurfes folgend eröffnen jedoch § 10 III BerlUA, § 15 IV BrandbgUA, § 13 IV NWUA, § 9 I RhPfUA, § 9 I SchlHUA, § 14 I HbgUA und § 9 I ThürUA die Möglichkeit, einen Unterausschusses zur Beweisaufnahme einzusetzen. Die Regelung des § 10 I SachsAnhUA trennt nicht klar zwischen dem vorbereitenden Unterausschuss und dem Unterausschuss zur Beweisaufnahme.

[524] Zu § 7 I der IPA-Regeln siehe bereits o., S. 10; vgl. ferner BT-Drs. 11 / 2025, § 8 I. Teilweise wurde eine vorbereitende Untersuchung durch einen Unterausschuss oder Beauftragte (!) erwogen: siehe BT-Drs. 10 / 6587, § 10 I und BT-Drs. 11 / 1896, § 10 I.

[525] BT-Drs. 14 / 2518.

II. Die Neuerung des Ermittlungsbeauftragten

Das Untersuchungsausschussgesetz hat das Modell eines vorbereitenden Unterausschusses jedoch nicht aufgenommen, sondern sich mit § 10 PUAG für die Einführung eines Ermittlungsbeauftragten entschieden. Gem. § 10 I S. 1 PUAG kann der Untersuchungsausschuss nun zu seiner Unterstützung eine Untersuchung beschließen, die durch einen Ermittlungsbeauftragten durchgeführt wird. Es fragt sich, welche Aufgaben eine Untersuchung zur Unterstützung des Untersuchungsausschusses umfassen und auf welche Untersuchungsgegenstände sie sich zulässiger Weise erstrecken kann.

1. Die Aufgabe der Vorbereitung der Untersuchung nach § 10 PUAG

§ 10 III S. 1 PUAG konkretisiert den in § 10 I S. 1 PUAG gewählten Begriff der Unterstützung. Demnach bereitet der Ermittlungsbeauftragte in der Regel die Untersuchung durch den Untersuchungsausschuss vor. Gem. § 10 III S. 2 PUAG beinhaltet dies die Beschaffung und Sichtung der erforderlichen Beweismittel. Nach der Begründung der Beschlussempfehlung zum Untersuchungsausschussgesetz wird dabei vom Ermittlungsbeauftragten angesichts der in tatsächlicher und rechtlicher Hinsicht regelmäßig umfangreichen Untersuchungsaufträge eine Aufbereitung der zu beurteilenden Sachverhalte sowohl in tatsächlicher als auch in rechtlicher Hinsicht erwartet[526]. Die vom Ermittlungsbeauftragten zu leistende intensive Vorarbeit soll es dem Untersuchungsausschuss ermöglichen, sich auf die eigentlichen Kernfragen konzentrieren und insbesondere seine Beweisaufnahme gezielter und zügiger durchführen zu können[527]. Zur Beschaffung und Sichtung der Beweismittel werden ihm gem. § 10 III S. 3 PUAG das Recht auf Vorlage von Beweismitteln entsprechend § 18 PUAG sowie das Recht der Augenscheineinnahme entsprechend § 19 PUAG gewährt. Das Recht, von privaten Herausgabepflichtigen die Vorlage von Beweismitteln gem. § 30 PUAG zu verlangen, steht ihm gem. § 10 III S. 4 PUAG zu. Darüber hinaus kann er gem. § 10 III S. 6 PUAG Personen informatorisch anhören. Nach Abschluss seiner vorbereitenden Untersuchung besteht gem. § 10 III S. 9 PUAG eine Pflicht des Ermittlungsbeauftragten, dem Untersuchungsausschuss über das Ergebnis seiner Tätigkeit Bericht zu erstatten. Über eine bloße Wiedergabe der Ergebnisse hinaus hat dieser Bericht gem. § 10 III S. 10 PUAG einen Vorschlag über die weitere Vorgehensweise des Ausschusses zu enthalten.

a) Die Ziele der Arbeitserleichterung und der Verfahrensbeschleunigung

Soll eine vorbereitende Untersuchung vor allem eine Basis zur gezielteren und zügigeren Durchführung der Beweisaufnahme durch den Untersuchungsausschuss

---

526 BT-Drs. 14 / 5790, Begründung zu § 10, S. 15.

527 Vgl. BT-Drs. 14 / 5790, Begründung zu § 10, S. 15.

schaffen, belegt dies, dass auch das Modell der Vorschaltung eines Ermittlungsbeauftragten die Entlastung der Ausschussmitglieder und die Beschleunigung des Untersuchungsverfahrens zum Ziel hat. Überträgt man den hinsichtlich der Ausschussmitglieder angeführten Aspekt der Überlastung auf die Person des Ermittlungsbeauftragten, erscheint jedoch zweifelhaft, ob denn durch einen Ermittlungsbeauftragten allein die tatsächliche und rechtliche Aufbereitung des Beweismaterials in angemessener Zeit zu leisten ist. Zwar bestimmt § 10 I S. 1 PUAG ausdrücklich, dass die Unterstützung des Ausschusses durch nur einen Ermittlungsbeauftragten zu erfolgen hat. Etwaige Bedenken hinsichtlich einer Überlastung des Ermittlungsbeauftragten entkräftet jedoch die Regelung des § 10 IV S. 3 PUAG. Danach wird ihm das Recht zugebilligt, für seinen Ermittlungsauftrag in angemessenem Umfang Hilfskräfte einzusetzen. Es ist davon auszugehen, dass bei komplexen Untersuchungsmaterien regelmäßig Hilfspersonal eingeschaltet werden muss, um den Ausschuss entlasten und das Verfahren beschleunigen zu können.

Dem Aspekt der angestrebten zeitlichen Straffung des Verfahrens ist ferner die in § 10 I S. 2 PUAG vorgesehene zeitliche Begrenzung des Ermittlungsauftrags auf höchstens sechs Monate zuzuordnen. Diese Restriktion soll sicherstellen, dass die Tätigkeit des Ermittlungsbeauftragten und seiner Hilfskräfte nicht zu unnötigen Verzögerungen des Untersuchungsverfahrens führt[528]. Als „Soll – Vorschrift" konzipiert lässt § 10 I S. 2 PUAG jedoch Ausnahmen zu. Damit wird dem Umstand Rechnung getragen, dass zum Beispiel anlässlich eines äußerst umfangreichen Untersuchungsgegenstandes auch eine über den Zeitraum von sechs Monaten hinausgehende Beauftragung geboten sein kann.

Trotz der vorgesehenen zeitlichen Begrenzung der Ermittlungen könnte die Einschaltung eines Beauftragten Verzögerungen zur Folge haben und sich somit kontraproduktiv auswirken, wenn die Untersuchungstätigkeit des Ausschusses für die Dauer der Tätigkeit des Beauftragten auszusetzen hätte. Das Untersuchungsausschussgesetz sieht ein zwingend stufenweise durchzuführendes Verfahren aber gerade nicht vor. Vielmehr weist die Begründung der Beschlussempfehlung ausdrücklich darauf hin, dass der Einsatz eines Ermittlungsbeauftragten nicht bedeutet, dass der Untersuchungsausschuss in seiner Arbeit innezuhalten und die Ergebnisse der vorbereitenden Untersuchung abzuwarten hat[529]. Ein anderes Verständnis findet in den Regelungen des Untersuchungsausschussgesetzes keine Grundlage. Aus verfahrensrechtlicher Sicht ist ein Abwarten auf die Ermittlungsergebnisse des Beauftragten somit nicht zwingend erforderlich.

---

[528] Vgl. BT-Drs. 14 / 5790, Begründung zu § 10, S. 15.

[529] So mit Verweis auf BT-Drs. 14 / 5790, Begründung zu § 10, S. 15, bereits *Bachmaier*, NJW 2002, 348 (348 f.).

b) Bestehen eines Zielkonflikts?

Jedoch wird die Wahrscheinlichkeit eines Eintritts von Verzögerungen mit Erwägungen zur parlamentarischen Praxis begründet. Demnach lohne es sich bei umfangreichen Aufträgen nicht, die Arbeit im Ausschuss zu beginnen, bevor die Ergebnisse des Beauftragten vorlägen[530]. Es sei daher ein Zielkonflikt zwischen dem Wunsch des Ausschusses nach einer durch den Einsatz eines Ermittlungsbeauftragten zu bewirkenden Arbeitserleichterung und der zügigen Durchführung des Untersuchungsverfahrens auszumachen[531].

Ein derartiger Zielkonflikt ist jedoch nicht notwendiger Weise gegeben. Zunächst gilt festzuhalten, dass ein Abwarten der Ermittlungsergebnisse des Beauftragten keineswegs zu einer Verzögerung des Untersuchungsverfahrens führen muss. Wird durch die Vorarbeit des Ermittlungsbeauftragten eine Konzentration des Ausschusses auf die Kernfragen erreicht, eröffnet sich damit auch die Chance, den durch den Ausschuss durchzuführenden und oft langwierigen Verfahrensabschnitt der Beweisaufnahme erheblich zu verkürzen. Es liegt auf der Hand, dass die auf diesem Wege gewonnene Zeitspanne über die in eine vorbereitende Ermittlung investierte hinausreichen kann. Zudem besitzt der Untersuchungsausschuss die Möglichkeit, lediglich einzelne komplexe Bestandteile des Untersuchungsauftrags durch den Ermittlungsbeauftragten aufbereiten zu lassen. Die Regelungen zum Ermittlungsbeauftragten in § 10 PUAG verlangen nicht, dass der vom Untersuchungsausschuss erteilte Ermittlungsauftrag im gleichen Umfang wie der dem Untersuchungsausschuss erteilte Untersuchungsauftrag bestehen muss. Umfasst der Ermittlungsauftrag aber nur einen Teil des Untersuchungsauftrags, sind zeitlich parallele Untersuchungen durch den Untersuchungsausschuss sogar geboten. Ferner könnte es sich für den Untersuchungsausschuss anbieten, diejenigen Zeugen, deren Aussagen unabhängig von etwaigen Ergebnissen einer Vorermittlung im Mittelpunkt des Interesses stehen, bereits vor Abschluss einer vorbereitenden Untersuchung zu vernehmen. Durch sorgfältige Bestimmung des Ermittlungsauftrags und / oder parallele Untersuchungstätigkeiten vermag der Untersuchungsausschuss also sicherzustellen, dass die Ziele der Arbeitserleichterung und der zeitlichen Konzentration des Untersuchungsverfahrens kumulativ erreicht werden können.

c) Vorbereitende Untersuchungen im Wege begleitender Untersuchungen

Der Beschreibung als Regelfall in § 10 III S. 1 PUAG folgend gingen die bisherigen Ausführungen allein von der dem Ermittlungsbeauftragten zugewiesenen Aufgabe einer vorbereitenden Untersuchung aus. Bildet die Vorbereitung der Untersuchung durch den Ausschuss aber lediglich die Regel, stellt sich zwangsläufig

---

[530] Vgl. *Schneider*, NJW 2002, 1328 (1328).
[531] Vgl. *Schneider*, NJW 2002, 1328 (1328).

die Frage, welche weiteren Aufgabenbereiche vom Begriff der unterstützenden Untersuchung im Sinne des § 10 I S. 1 PUAG erfasst sein könnten.
Bereits dargelegt worden ist, dass die Einsetzung eines Ermittlungsbeauftragten zum Zwecke der Vorbereitung der Untersuchung einer zeitgleichen Untersuchungstätigkeit des Ausschusses nicht entgegensteht. Angesprochen wurde damit die Konstellation, dass der Untersuchungsausschuss seine Untersuchungstätigkeit aufnimmt, obwohl der Beauftragte seine vorbereitende Ermittlung noch nicht abgeschlossen hat. Des Weiteren ist aber auch eine erst im fortgeschrittenen Stadium der Untersuchungstätigkeit des Ausschusses erfolgende und somit nachträgliche Einschaltung eines Ermittlungsbeauftragten denkbar. So ist nicht auszuschließen, dass das Bedürfnis nach Ermittlungen eines Beauftragten zur Unterstützung des Ausschusses erst im Laufe eines Untersuchungsverfahrens sichtbar wird. Dem trägt das Untersuchungsausschussgesetz Rechnung, indem es in § 10 I S. 1 PUAG die Formulierung wählt, dass der Ausschuss „jederzeit" die Unterstützung seiner Untersuchung durch einen Ermittlungsbeauftragten beschließen kann. Dem Untersuchungsausschuss soll folglich auch die Möglichkeit eröffnet werden, eine seine bereits aufgenommene Untersuchungstätigkeit begleitende Untersuchung durch einen Ermittlungsbeauftragten in die Wege zu leiten. Auch im Falle einer solchen nachträglichen Einsetzung hat der Ermittlungsbeauftragte aber gem. § 10 III S. 2 PUAG die noch erforderlichen Beweismittel zu beschaffen und zu sichten, um noch nicht geklärte Sachverhalte sachlich und rechtlich aufzubereiten. Dem Ermittlungsbeauftragten kommt also auch in dieser Konstellation die Aufgabe zu, dem Untersuchungsausschuss eine gezielte und zügige Durchführung seiner Untersuchung, insbesondere der noch ausstehenden Beweiserhebungen, zu ermöglichen. Inhaltlich stellt die begleitende Untersuchung eines Ermittlungsbeauftragten somit ebenfalls eine vorbereitende Untersuchung dar. Wenn § 10 III S. 1 PUAG davon ausgeht, dass die vorbereitende Untersuchung durch den Ermittlungsbeauftragten nur den Regelfall bildet, wird im Ergebnis lediglich auf die Möglichkeit einer späteren Einsetzung des Ermittlungsbeauftragten und damit auf ein besonderes zeitliches Moment hingewiesen. Ein vom Regelfall abweichender inhaltlicher Aufgabenbereich besteht hingegen nicht. Zwischen vorbereitenden und begleitenden Untersuchungen braucht daher im Folgenden nicht differenziert zu werden.

2. Mögliche Gegenstände vorbereitender Untersuchungen

Was kann Gegenstand einer vorbereitenden Untersuchung sein? Darzustellen sind zunächst die denkbaren Betätigungsfelder des Ermittlungsbeauftragten, der zur Unterstützung eines gem. Art. 44 I S. 1 GG i.V.m. § 1 PUAG eingesetzten Untersuchungsausschusses zum Einsatz gelangt. Des Weiteren ist der Frage nachzugehen, ob nicht nur ein auf Grundlage des Art. 44 GG gebildeter Untersuchungsausschuss, sondern auch der gem. Art. 45 a II GG als Untersuchungsausschuss tätig werdende Ausschuss für Verteidigung einen Ermittlungsbeauftragten einsetzen kann.

a) Der Einsatz eines Ermittlungsbeauftragten im Rahmen des Art. 44 GG

Die zulässigen Gegenstände der den Untersuchungsausschüssen des Art. 44 GG dienenden vorbereitenden Untersuchungen sind anhand der Reichweite der parlamentarischen Untersuchungskompetenz zu bestimmen. Denknotwendig kann der Ermittlungsbeauftragte den Untersuchungsausschuss nur im Rahmen von dessen Untersuchungskompetenz unterstützen. Soweit die parlamentarische Untersuchungskompetenz des Art. 44 GG auf verfassungsrechtliche Grenzen stößt[532], beschränken diese folglich auch die möglichen Gegenstände einer vorbereitenden Untersuchung. Aufgrund der unbeschadet dieser Grenzen auszumachenden gegenständlichen Weite des Untersuchungsrechts nach Art. 44 GG[533] bestehen grundsätzlich vielfältige Gebiete, auf denen ein Ermittlungsbeauftragter zum Einsatz kommen kann.

Der gewonnene Überblick über die den verschiedenen Untersuchungsausschusstypen beizumessende Bedeutung[534] erlaubt einen Hinweis auf diejenigen Untersuchungsgegenstände, die insbesondere Anlass für vorbereitende Untersuchungen durch einen Ermittlungsbeauftragten geben werden. Wurde herausgearbeitet, dass Untersuchungsausschüsse in erster Linie die Aufgabe der Kontrolle der Regierungs- und Verwaltungstätigkeit wahrnehmen, so ist zu erwarten, dass das hauptsächliche Betätigungsfeld des Ermittlungsbeauftragten ebenfalls in diesem Bereich liegen wird. Der Ermittlungsbeauftragte wird seine Aufgabe der vorbereitenden Untersuchung also regelmäßig im Rahmen von Untersuchungsverfahren zu erfüllen haben, die im besonderen Maße vom Spannungsverhältnis zwischen Aufklärungsinteresse und politischem Kampf geprägt werden[535].

Führen seineVerermittlungen zu einer Konzentration der Ausschusstätigkeit auf die eigentlichen Kernfragen, könnte dadurch eine Versachlichung des gesamten Verfahrens bewirkt werden[536]. Zusätzlich zu den erklärten Zielen der Arbeitserleichterung und Verfahrensbeschleunigung wird daher die Hoffnung gehegt, dass die Tätigkeit eines Ermittlungsbeauftragten dazu beitragen könnte, die sachorientierte Aufklärungsarbeit in ein ausgewogeneres Verhältnis zur parlamentarischen Auseinandersetzung zu bringen[537].Auch dem Verfahrensmodell des Ermittlungsbeauftragten wird also die Funktion zugeschrieben, das Untersuchungsverfahren zu objektivieren[538].

---

532 Siehe ausführlich o., S. 39 ff.

533 Siehe o., S. 38 und 46.

534 Siehe o., S. 33 ff.

535 Siehe dazu o., S. 36 ff.

536 Vgl. auch Klein, in: *Maunz / Dürig*, Grundgesetz, Art. 44 Rn. 196.

537 So *Bachmaier*, NJW 2002, 348 (349).

538 Zur Objektivierung der Verfahren durch vorbereitende Untersuchungen siehe o., S. 86.

Die Inanspruchnahme vorbereitender Untersuchungen könnte sich ebenso bei Skandalenquêten[539] anbieten. Das Interesse an einer Objektivierung des Verfahrens mag hier zwar unter Umständen in den Hintergrund treten, da private Sachverhalte betreffende parlamentarische Untersuchungen nicht zwangsläufig als politische Kampfinstrumente der Parlamentsminderheit gegenüber der Parlamentsmehrheit oder der Mehrheit gegenüber der Minderheit fungieren. Die mit der Einsetzung eines Ermittlungsbeauftragten bezweckte Arbeitserleichterung und zeitliche Straffung der Untersuchung ist aber unabhängig von einem mehr oder weniger ausgeprägten politischen Charakter des Verfahrens zu erreichen.
Denkbar ist daher auch die Unterstützung des Untersuchungsausschusses durch einen Ermittlungsbeauftragten im Rahmen einer Kollegialenquête. Da solche Untersuchungsverfahren aber nur vereinzelt durchgeführt werden[540], ist diese Möglichkeit lediglich von untergeordneter Bedeutung.
An der geringen praktischen Relevanz von Gesetzgebungsenquêten vermag die Einführung der Figur des Ermittlungsbeauftragten in das parlamentarische Untersuchungsrecht nichts zu ändern. Allein aufgrund der neu geschaffenen Möglichkeit einer vorbereitenden Untersuchung stellt die Durchführung eines Untersuchungsverfahrens keine sachnähere Alternative zur Vorbereitung komplexer Gesetzesvorhaben dar als die zu diesem Zweck entwickelten Instrumente der Einsetzung von Enquête-Kommissionen gem. § 56 GOBT und der Vornahme öffentlicher Anhörungssitzungen gem. § 70 GOBT[541]. Die Einschaltung eines Ermittlungsbeauftragten zur Unterstützung eines Untersuchungsausschusses, der vornehmlich mit der Aufgabe der Gesetzesvorbereitung betraut wird, ist demnach nicht zu erwarten.

b) Der Einsatz eines Ermittlungsbeauftragten im Rahmen des Art. 45 a GG

Neben den durch das Untersuchungsrecht des Art. 44 GG eröffneten Gegenständen einer vorbereitenden Untersuchung könnten Vorermittlungen durch einen Ermittlungsbeauftragten auch hinsichtlich solcher Untersuchungsverfahren zulässig sein, die von dem als Untersuchungsausschuss tätig werdenden Ausschuss für Verteidigung durchführt werden.

aa) Der Ausschuss für Verteidigung als Untersuchungsausschuss

Dem Ausschuss für Verteidigung wird gegenüber den übrigen Fachausschüssen mit Art. 45 a GG eine verfassungsrechtlich fundierte Sonderstellung verliehen. Abweichend vom Grundsatz, dass der Bundestag auf Grundlage seiner Geschäftsordnungsautonomie gem. Art. 40 I S. 2 GG die Zahl der Fachausschüsse bestimmt und ihre Aufgabenbereiche festlegt, muss gem. Art. 45 I a GG neben dem Aus-

---

[539] Zu dieser Enquêteart siehe o., S. 38.
[540] Siehe o., S. 34.
[541] Zu diesen Instrumenten siehe o., S. 33 f.

schuss für auswärtige Angelegenheiten auch ein Verteidigungsausschuss eingesetzt werden[542]. Der Ausschuss für Verteidigung wird somit zu einem verfassungsunmittelbaren Pflichtausschuss erhoben[543]. Auf diese Weise soll die parlamentarische Kontrolle über den Wehrbereich verstärkt werden[544]. Denn die Einrichtung als Pflichtausschuss stellt sicher, dass das Handeln der Bundesregierung auf diesem Sachgebiet durchgehend parlamentarisch begleitet wird[545].

Der Geschäftsbereich des Verteidigungsausschusses erstreckt sich nur auf das Gebiet der militärischen Verteidigung. Dies ergibt sich aus dem Wortlaut des Art. 45 a GG, der anders als Art. 17 a II, 73 Nr. 1 und 87 b II S. 1 GG lediglich von „Verteidigung" und eben nicht von „Verteidigung einschließlich des Schutzes der Zivilbevölkerung" spricht. Dabei umfasst das Gebiet der militärischen Verteidigung neben den Gegenständen, die die Bundeswehr einschließlich der Bundeswehrverwaltung und all ihren Einrichtungen betreffen, auch Fragen der allgemeinen Sicherheits- und Bündnispolitik[546].

Als für die Dauer der Wahlperiode einzurichtende Institution stellt der Verteidigungsausschuss einen sogenannten ständigen Ausschuss dar[547]. Kommen den ständigen Ausschüssen zwar grundsätzlich keine von denen der anderen Ausschüsse abweichenden Rechte zu[548], gilt hinsichtlich des Ausschusses für Verteidigung von Verfassung wegen etwas anderes. Art. 45 a II S. 1 GG gewährt dem Verteidigungsausschuss die Rechte eines Untersuchungsausschusses im Sinne des Art. 44 GG. Damit werden auch dem Verteidigungsausschuss umfangreiche Beweiserhebungsbefugnisse zur Informationserlangung und damit durchgreifende Kontrollmittel an die Hand gegeben[549]. Will der Verteidigungsausschuss als Untersuchungsausschuss tätig werden, setzt dies eine förmliche Konstituierung als Untersuchungsausschuss im Einzelfall voraus[550]. Der verfassungsrechtlichen Ga-

---

[542] Vgl. Dürig / Klein, in: *Maunz / Dürig*, Grundgesetz, Art. 45 a Rn. 1, 2.

[543] Heun, in: *Dreier*, Grundgesetz, Art. 45 a Rn. 3. Gleiches gilt gem. Art. 45 GG für den Ausschuss für Angelegenheiten der Europäischen Union und gem. Art. 45 c GG für den Petitionsausschuss.

[544] Dürig / Klein, in: *Maunz / Dürig*, Grundgesetz, Art. 45 a Rn. 5; Berg, in: Bonner Kommentar zum Grundgesetz, Art. 45 a Rn. 69 ff.

[545] Vgl. BVerfGE 90, 286 (385).

[546] Siehe dazu nur Berg, in: Bonner Kommentar zum Grundgesetz, Art. 45 a Rn. 115 ff. und Dürig / Klein, in: *Maunz / Dürig*, Grundgesetz, Art. 45 a Rn. 21 ff.

[547] Achterberg / Schulte, in: *v. Mangoldt / Klein / Starck*, Grundgesetz, Art. 45 a Rn. 9. Als ständige Einrichtung des Bundestages unterliegen sie nicht der institutionellen, wohl aber der personellen und sachlichen Diskontinuität; vgl. dazu Pieroth, in: *Jarass / Pieroth*, Grundgesetz, Art. 45 a Rn. 1 mit Art. 39 Rn. 4.

[548] Vgl. Achterberg / Schulte, in: *v. Mangoldt / Klein / Starck*, Grundgesetz, Art. 45 a Rn. 16; Pieroth, in: *Jarass / Pieroth*, Grundgesetz, Art. 45 a Rn. 1.

[549] Vgl. Dürig / Klein, in: *Maunz / Dürig*, Grundgesetz, Art. 45 a Rn. 32.

[550] Vgl. Berg, in: Bonner Kommentar zum Grundgesetz, Art. 45 a Rn. 223 ff.; Heun, in: *Dreier*, Grundgesetz, Art. 45 a Rn. 8; Brockmeyer, in: *Schmidt-Bleibtreu / Klein*, Grundgesetz, Art. 45 a Rn. 3; Dürig / Klein, in: *Maunz / Dürig*, Grundgesetz, Art. 45 a Rn. 35; Pieroth, in: *Jarass / Pie-*

rantie der Minderheitsenquête in Art. 44 I S. 1 GG entsprechend hat gem. Art. 45 a II S. 2 GG eine Konstituierung als Untersuchungsausschuss bereits auf Antrag eines Viertels der Mitglieder des Verteidigungsausschusses zu erfolgen[551]. Von zentraler Bedeutung ist die ausschließliche Zuständigkeit des Verteidigungsausschusses für Untersuchungsgegenstände auf dem Gebiet der Verteidigung. Diese ergibt sich daraus, dass Art. 44 I GG gem. Art. 45 a III GG auf dem Gebiet der Verteidigung keine Anwendung findet. Dem Plenum wird somit untersagt, auf Grundlage des Art. 44 I S. 1 GG selbst einen Untersuchungsausschuss mit einem entsprechenden Untersuchungsauftrag einzusetzen[552]. Für den Verteidigungsausschuss begründet Art. 45 a III GG insoweit ein Untersuchungsmonopol[553]. Zudem wird mittels Art. 45 a III GG eine verfahrensrechtliche Besonderheit festgeschrieben. Denn der Negativverweis erklärt das in Art. 44 I GG niedergelegte Öffentlichkeitsgebot[554] für nicht anwendbar. Um den besonderen Geheimhaltungsbedürfnissen auf dem Gebiet der Verteidigung Rechnung zu tragen, finden Beweiserhebungen in Verteidigungsangelegenheiten demnach zwingend in nichtöffentlicher Sitzung statt[555].

---

roth, Grundgesetz, Art. 45 a Rn. 2. Einfach-gesetzlich findet sich diese Voraussetzung nun in § 34 I S. 1 und S. 2 PUAG.

[551] Art. 45 a II S. 2 GG wird nun durch § 34 I S. 2 PUAG und den Verweis des § 34 I S. 3 auf § 1 bis § 3 PUAG konkretisiert.

[552] So die einhellige Meinung, vgl. nur: Achterberg / Schulte, in: *v. Mangoldt / Klein / Starck*, Grundgesetz, Art. 45 a Rn. 35; Berg, in: Bonner Kommentar zum Grundgesetz, Art. 45 a Rn. 210; Dürig / Klein, in: *Maunz / Dürig*, Grundgesetz, Art. 45 a Rn. 39; Magiera, in: *Sachs*, Grundgesetz, Art. 45 a Rn. 8; Pieroth, in: *Jarass / Pieroth*, Grundgesetz, Art. 45 a Rn. 2. Nach überwiegender Auffassung dieser Autoren soll es gem. Art. 45 a III GG ferner ausgeschlossen sein, dass das Plenum den Verteidigungsausschuss mit einer entsprechenden Untersuchung beauftragt; a. A. Pieroth, in: *Jarass / Pieroth*, Grundgesetz, Art. 45 a Rn. 2. Zugleich erwägen aber auch diese Autoren eine Beschränkung der Reichweite des Beauftragungsverbotes, indem sie davon ausgehen, dass das Plenum eine Konstituierung des Verteidigungsausschusses als Untersuchungsausschuss im Wege des Organstreitverfahrens erzwingen kann; vgl. Dürig / Klein, in: *Maunz / Dürig*, Grundgesetz, Art. 45 a Rn. 40; Berg, in: Bonner Kommentar zum Grundgesetz, Art. 45 a Rn. 210.

[553] Vgl. Heun, in: *Dreier*, Grundgesetz, Art. 45 a Rn. 9; Achterberg / Schulte, in: *v. Mangoldt / Klein / Starck*, Grundgesetz, Art. 45 a Rn. 35. Hinsichtlich der somit bedeutsam werdenden Abgrenzung zur Untersuchungskompetenz des Parlaments als Ganzem vgl. Dürig / Klein, in: *Maunz / Dürig*, Grundgesetz, Art. 45 a Rn. 41 f.

[554] Zur grundsätzlichen Öffentlichkeit der Beweiserhebung gem. Art. 44 I GG siehe o., S. 55 ff.

[555] Vgl. Dürig / Klein, in: *Maunz / Dürig*, Grundgesetz, Art. 45 a Rn. 45; Achterberg / Schulte, in: *v. Mangoldt / Klein / Starck*, Grundgesetz, Art. 45 a Rn. 39; Hernekamp, in: *v. Münch / Kunig*, Grundgesetz, Art. 45 a Rn. 10; Heun, in: *Dreier*, Grundgesetz, Art. 45 a Rn. 9; a. A. insbesondere Berg, in: Bonner Kommentar zum Grundgesetz, Art. 45 a Rn. 238 ff., der dem Verteidigungsausschuss das Recht zubilligt, im Einzelfall selbst darüber entscheiden zu können, ob er Beweise in öffentlicher Verhandlung erhebt. Folgt man der überwiegenden Auffassung, die zu Recht davon ausgeht, dass Art. 45 a III GG allein die Nichtanwendbarkeit des Art. 44 I GG anordnet und seine umgekehrte Anwendung gerade nicht vorsieht, ist eine verfassungskonforme Auslegung des § 34 IV S. 1 PUAG dahingehend erforderlich, dass die §§ 13 f. PUAG von der Verweisung des § 34 IV S. 1 PUAG nicht erfasst werden; vgl. Klein, in: *Maunz / Dürig*, Grundgesetz, Art. 45 a Rn. 45 f.

Im Übrigen gelten für Untersuchungen des Verteidigungsausschusses die Verfahrensregeln für Untersuchungsausschüsse nach Art. 44 GG[556]. Daher wurden in Ermangelung eines Ausführungsgesetzes zu Art. 44 GG bisher ebenso den Untersuchungsverfahren des Verteidigungsausschusses die sogenannten IPA-Regeln zugrunde gelegt[557]. Dementsprechend bestimmt nun § 34 IV S. 1 PUAG, dass für Verfahren des Verteidigungsausschusses als Untersuchungsausschuss die „Vorschriften dieses Gesetzes" gelten. Der Verweis des § 34 IV S. 1 PUAG auf die Vorschriften des Untersuchungsausschussgesetzes könnte folglich auch die Regelungen zum Ermittlungsbeauftragten umfassen. Demnach wäre ebenfalls dem als Untersuchungsausschuss konstituierten Verteidigungsausschuss die Möglichkeit eröffnet, zur Vorbereitung seiner Untersuchung einen Ermittlungsbeauftragten einzuschalten.

bb) Vorbereitende Untersuchungen auf dem Gebiet der Verteidigung

In der parlamentarischen Praxis ist ein Bedürfnis nach vorbereitenden Untersuchungen auch grundsätzlich bezüglich der auf dem Gebiet der Verteidigung durchzuführenden Untersuchungsverfahren auszumachen. So hat sich der Verteidigungsausschuss zur Entlastung des Gesamtausschusses zunächst eines Unterausschusses und im Folgenden dann der Hilfskonstruktion der sogenannten „interfraktionellen Vorbesprechungen" bedient[558]. Die interfraktionellen Vorbesprechungen wurden durch einen Teil der Ausschussmitglieder in Form eines informellen Steuerungsgremiums durchgeführt, welches die offiziellen Sitzungen und Beschlüsse des Gesamtausschusses vorbereitete[559]. Damit sollte den besonderen Problematiken Rechnung getragen werden, die sich bei Untersuchungsverfahren des Verteidigungsausschusses ergeben. Denn konstituiert sich der Verteidigungsausschuss als Untersuchungsausschuss, kann die somit aufgenommene Untersuchungstätigkeit so weit im Vordergrund stehen, dass die laufende Arbeit des Verteidigungsausschusses als Fachausschuss erheblich behindert oder sogar blockiert wird[560]. Gelingt die erforderliche zeitliche Koordinierung der Untersuchungstätigkeit mit der Fachausschusstätigkeit nicht, fungiert das verliehene Untersuchungsrecht in der Praxis nicht wie gewünscht als zusätzliches, sondern vielmehr als alternatives Kontrollinstrument[561]. Ferner birgt die im Vergleich zur üblichen Größe eines Untersuchungsausschusses nach Art. 44 GG große Anzahl an Mitgliedern

---

[556] Vgl. Achterberg / Schulte, in: *v. Mangoldt / Klein / Starck*, Grundgesetz, Art. 45 a Rn. 38.

[557] Vgl. Berg, in: Bonner Kommentar zum Grundgesetz, Art. 45 a Rn. 234. Allgemein zu den IPA-Regeln siehe o., S. 9 ff.

[558] Näher dazu Berg, in: Bonner Kommentar zum Grundgesetz, Art. 45 a Rn. 257.

[559] Vgl. *Hucko*, ZParl 1979, 304 (306); Berg, in: Bonner Kommentar zum Grundgesetz, Art. 45 a Rn. 257.

[560] Vgl. *Berg*, Der Verteidigungsausschuß des Deutschen Bundestages, S. 246 ff.; Dürig / Klein, in: *Maunz / Dürig*, Grundgesetz, Art. 45 a Rn. 47.

[561] *Berg*, Der Verteidigungsausschuß des Deutschen Bundestages, S. 246.

des Verteidigungsausschusses[562] die Gefahr einer Verzögerung der Untersuchungsverfahren. Steht es grundsätzlich sämtlichen Mitgliedern des Verteidigungsausschusses frei, Frage- und Akteneinsichtsrechte wahrzunehmen, so kann dies dem Anliegen einer zielstrebigen und geordneten Beweisaufnahme zuwiderlaufen[563].

Ebenso wie die vom Verteidigungsausschuss entwickelten und praktizierten Vorkehrungen könnte die vorbereitende Untersuchung durch einen Ermittlungsbeauftragten eine weitgehende Blockade der sonstigen Ausschussarbeit sowie drohende Verzögerungen vermeiden helfen. Darüber hinaus könnte der Einsatz eines Ermittlungsbeauftragten auch hier dem Anliegen der Objektivierung der Untersuchungsverfahren dienen. Denn fungiert das Untersuchungsrecht des Verteidigungsausschusses als Instrument der Kontrolle, bewegen sich parlamentarische Untersuchungen auf dem Gebiet der Verteidigung in vergleichbarer Weise wie Kontrollenquêten nach Art. 44 GG im Spannungsfeld zwischen Aufklärungsinteresse und politischer Auseinandersetzung[564].

cc) Abgrenzung zum Unterausschuss gem. § 34 III PUAG

Gegen ein Recht des als Untersuchungsausschuss tätig werdenden Verteidigungsausschusses, eine vorbereitende Untersuchung durch den Ermittlungsbeauftragten in Auftrag zu geben, könnte jedoch die Regelung des § 34 III PUAG sprechen. Diese gewährt dem Verteidigungsausschuss die Möglichkeit, einen Unterausschuss einzusetzen. Damit könnte das Untersuchungsausschussgesetz vorsehen, dass der Verteidigungsausschuss nicht durch einen Ermittlungsbeauftragten, sondern durch einen Unterausschuss unterstützt wird. Nach der Begründung der Beschlussempfehlung gelten die Vorschriften des Untersuchungsausschussgesetzes gemäß dem Verweis des § 34 IV S. 1 PUAG nur „im Übrigen“ und daher lediglich ergänzend zu den Vorgaben der § 34 I bis III PUAG[565]. Folglich könnte § 34

---

562 Dem Verteidigungsausschuss der 15. Wahlperiode gehören 30 Abgeordnete als Mitglieder an. Die Zahl der Mitglieder der Untersuchungsausschüsse der 11. bis 14. Wahlperiode schwankte zwischen 7 und 15; vgl. Klein, in: *Maunz / Dürig*, Grundgesetz, Art. 44 Rn. 90. Der sich der Zusammensetzung des Untersuchungsausschusses annehmende § 4 PUAG schreibt keine konkrete Zahl an vom Bundestag zu bestimmenden Mitgliedern vor. Gem. § 4 S. 2 PUAG wird lediglich vorausgesetzt, dass die Bemessung der Mitgliederzahl sowohl die Mehrheitsverhältnisse wiederzuspiegeln als auch die Aufgabenstellung und die Arbeitsfähigkeit des Untersuchungsausschusses zu berücksichtigen hat. Gem. § 4 S. 3 PUAG muss jede Fraktion im Untersuchungsausschuss vertreten sein. Dies berücksichtigend gehören dem 1. Untersuchungsausschuss der 15. Wahlperiode 11 Mitglieder an.

563 Zur Problematik der „Überbesetzung“ vgl. *Hucko*, ZParl 1979, 304 (306); *Berg*, Der Verteidigungsausschuß des Deutschen Bundestages, S. 248 f.; Berg, in: Bonner Kommentar zum Grundgesetz, Art. 45 a Rn. 256.

564 Der Charakter der Kontrollenquête als politisches Kampfinstrument wird hier nur teilweise dadurch abgeschwächt, dass der Öffentlichkeit die parteipolitischen Auseinandersetzungen im Ausschuss aufgrund der nichtöffentlichen Beweisaufnahme lediglich mittelbar zugetragen werden.

565 Vgl. BT-Drs. 14 / 5790, Begründung zu § 34, S. 20.

III PUAG einem Verweis des § 34 IV S. 1 PUAG auch auf die Regelungen des Untersuchungsausschussgesetzes zum Ermittlungsbeauftragten entgegenstehen.
Im Unterschied zu den in den Untersuchungsausschussgesetzen der Länder und in einigen Gesetzentwürfen auf Bundesebene vorgesehenen vorbereitenden Unterausschüssen[566] kommt dem Unterausschuss im Sinne des § 34 III PUAG die Aufgabe der vorbereitenden Untersuchung aber gerade nicht zu. Die Regelung des § 34 III PUAG spricht vielmehr von der Einsetzung eines Unterausschusses zur „Durchführung" der Untersuchung. Dem Verteidigungsausschuss soll somit die Möglichkeit gegeben werden, die eigentlichen Untersuchungshandlungen in einen Unterausschuss zu verlagern[567]. Im Ergebnis zielt die Regelung also darauf ab, den Unterausschuss die gesamte Untersuchung einschließlich der zwangsmittelbewehrten Beweiserhebung anstelle des Verteidigungsausschusses durchführen zu lassen[568]. Gem. § 34 IV S. 2 PUAG bleibt es dem Verteidigungsausschuss dann lediglich vorbehalten, den Bundestag über das Ergebnis der Untersuchung Bericht zu erstatten[569].
Art. 45 a II S. 1 GG aber weist ausdrücklich dem Verteidigungsausschuss die Rechte eines Untersuchungsausschusses zu. Zwar wurde der Verteidigungsausschuss in einem ersten Entwurf dieser Verfassungsnorm dazu ermächtigt, diese Rechte an einen Unterausschuss zu übertragen[570]. Aufgrund des Einwandes, dass die Rechte eines Untersuchungsausschusses nur dem Gesamtausschuss zustehen sollten, fand die Ermächtigung zur Delegation jedoch keinen Eingang in Art. 45 a GG[571]. Eine wie mit § 34 III PUAG vorgesehene einfach-gesetzliche Übertragung des Untersuchungsrechts auf einen Unterausschuss stößt daher auf erhebliche verfassungsrechtliche Bedenken[572].

---

566 Vgl. o., S. 87 f.

567 Vgl. die Begründung der zu § 34 III PUAG identischen Norm des Porzner-Entwurfs, BT-Drs. 11 / 8085, Begründung zu § 29, S. 29.

568 Vgl. Dürig / Klein, in: *Maunz / Dürig*, Grundgesetz, Art. 45 a Rn. 50.

569 Mit dieser Regelung ist der Gesetzgeber der Auffassung gefolgt, die davon ausgeht, dass das Untersuchungsmonopol den Ausschuss nicht von seiner Berichtspflicht gegenüber dem Plenum befreit; vgl. dazu Heun, in: *Dreier*, Grundgesetz, Art. 45 a Rn. 9; Dürig / Klein, in: *Maunz / Dürig*, Grundgesetz, Art. 45 a Rn. 43; Achterberg / Schulte, in: *v. Mangoldt / Klein / Starck*, Grundgesetz, Art. 45 a Rn. 42. Für die Gegenmeinung vgl. Hernekamp, in: *v. Münch / Kunig*, Grundgesetz, Art. 45 a Rn. 10.

570 Siehe Art. 45 a II S. 2 des Entwurfs des Ausschussvorsitzenden des Ausschusses für Fragen der Europäischen Sicherheit vom 28. Oktober 1955; abgedruckt bei Berg, in: Bonner Kommentar zum Grundgesetz, Art. 45 a Entstehungsgeschichte Ziff. 2 a).

571 Vgl. Berg, in: Bonner Kommentar zum Grundgesetz, Art. 45 a Rn. 258 und Entstehungsgeschichte Ziff. 2 a).

572 Eine einfach-gesetzliche Delegation für unzulässig halten Hernekamp, in: *v. Münch / Kunig*, Grundgesetz, Art. 45 a Rn. 10; Dürig / Klein, in: *Maunz / Dürig*, Grundgesetz, Art. 45 a Rn. 50; *Berg*, Der Verteidigungsausschuß des Deutschen Bundestages, S. 251. Wortlaut und Zweck des § 34 III PUAG verbieten es ferner, die Norm auf eine Ermächtigung zur Einsetzung von vorbereitenden Unterausschüssen zu reduzieren; anders anscheinend Dürig / Klein, in: *Maunz / Dürig*, Grundgesetz, Art. 45 a Rn. 49.

Selbst wenn man aber § 34 III PUAG als verfassungsgemäß ansähe, stünde die somit zulässige Einsetzung eines Unterausschusses zur Durchführung der Untersuchung der Einschaltung eines Ermittlungsbeauftragten zur Vorbereitung derselben nicht entgegen. Denn nach der Aufgabenzuweisung im Untersuchungsausschussgesetz soll ein Unterausschuss im Sinne des § 34 III PUAG nicht anstelle eines Ermittlungsbeauftragten, sondern anstelle des Verteidigungsausschusses selbst tätig werden. Die fragwürdige Möglichkeit des § 34 III PUAG schließt einen Verweis des § 34 IV S. 1 PUAG auf die Regelungen zum Ermittlungsbeauftragten folglich nicht aus.
Auch der als Untersuchungsausschuss tätig werdende Verteidigungsausschuss kann sich also gem. § 34 IV S. 1 i.V.m. § 10 PUAG eines Ermittlungsbeauftragten zur Vorbereitung seiner Untersuchung bedienen. Hielte man eine Untersuchung durch den Unterausschuss anstelle des Verteidigungsausschusses für verfassungsrechtlich zulässig, wäre diese Möglichkeit gem. § 34 III, IV S. 1 i.V.m. § 10 I S. 1 PUAG ebenfalls dem Unterausschuss eröffnet. Untersuchungen auf dem Gebiet der Verteidigung stellen folglich ein weiteres denkbares Betätigungsfeld für einen Ermittlungsbeauftragten dar.

B. Das Verfahren der Einsetzung und Bestimmung des Ermittlungsbeauftragten

Welches Quorum eines Untersuchungsausschusses nach Art. 44 GG oder Art. 45 a GG kann aber die Einsetzung eines Ermittlungsbeauftragten verlangen? Wie wird die Person des Ermittlungsbeauftragten bestimmt? Grenzt das Untersuchungsausschussgesetz den Kreis der als Ermittlungsbeauftragten in Frage kommenden Personen ein? Antworten darauf geben die Regelungen des § 10 I S. 1 und II PUAG.

I. Vorbereitende Untersuchungen auf Antrag einer Ausschussminderheit

Gem. § 10 I S. 1 PUAG ist es Sache des Untersuchungsausschusses, eine Untersuchung zu seiner Unterstützung zu beschließen, die durch einen Ermittlungsbeauftragten durchgeführt wird. Der Beschluss über eine unterstützende Untersuchung stellt also zugleich einen Beschluss über die Einsetzung eines Ermittlungsbeauftragten dar. Mangels abweichender Regelung ist dieser Beschluss gem. § 9 IV S. 1 PUAG mit der Mehrheit der abgegebenen Stimmen zu fassen.
Bereits auf Antrag eines Viertels seiner Mitglieder besteht für den Untersuchungsausschuss gem. § 10 I S. 1 PUAG aber nicht nur das Recht, sondern die Pflicht zu einer entsprechenden Beschlussfassung. Das gesetzgeberische Anliegen einer Stärkung der Rechte der qualifizierten Minderheit im Untersuchungsverfah-

ren, welches sich insbesondere in den Regelungen zur Beweiserhebung niedergeschlagen hat[573], findet somit auch Eingang in das Verfahren zur Einsetzung eines Ermittlungsbeauftragten. Das Erfordernis der Antragstellung durch mindestens ein Viertel der Ausschussmitglieder entspricht der allgemeinen Regelungstechnik des Untersuchungsausschussgesetzes zum Schutz der Minderheit im Ausschuss, die sich ausnahmslos am gem. Art. 44 I S. 1 GG erforderlichen Viertelquorum des Bundestages zur Stellung eines Antrags auf Einsetzung eines Untersuchungsausschusses orientiert[574]. Neben der Erreichung einer bestimmten Anzahl an Ausschussmitgliedern stellt das Untersuchungsausschussgesetz keine weiteren Anforderungen an die Zusammensetzung einer Ausschussminderheit, die Minderheitsrechte ausüben will[575]. Die Pflicht des Untersuchungsausschusses, gem. § 10 I S. 1 PUAG eine Untersuchung zu seiner Unterstützung zu beschließen, besteht demnach auch dann, wenn die einen entsprechenden Antrag stellende Ausschussminderheit nicht die qualifizierte Minderheit des Bundestages repräsentiert, die die Einsetzung des Untersuchungsausschusses gem. Art. 44 I S. 1 GG i.V.m. §§ 1, 2 PUAG beantragt hat oder beantragen könnte. Ebenso ist unerheblich, ob die den Antrag gem. § 10 I S. 1 PUAG stellende Ausschussminderheit mit dem Viertel der Ausschussmitglieder übereinstimmt, das Beweiserhebungen beziehungsweise Beweiserzwingungen bereits durchgesetzt hat, beantragt hat oder zu beantragen gedenkt. Im Ergebnis ist der in § 10 I S. 1 PUAG vorgesehene Beschluss des Untersuchungsausschusses über die Einsetzung eines Ermittlungsbeauftragten also auf Antrag irgendeiner das Viertelquorum erfüllenden Ausschussminderheit zu fassen.

Durch das Viertelquorum als alleinige Voraussetzung zur Ausübung von Minderheitsrechten im Untersuchungsverfahren werden die möglichen unterschiedlichen Konstellationen der parlamentarischen Praxis berücksichtigt. Denn eine Ausschussminderheit kann sich auch fraktionsübergreifend zusammensetzen oder sich sogar innerhalb der Ausschussmehrheit bilden[576]. So muss zum Beispiel bei einer Minderheitsenquête das Viertel der Ausschussmitglieder, das Interesse an der Vorbereitung der Untersuchung durch einen Ermittlungsbeauftragten zeigt, nicht notwendiger Weise mit dem Teil des Ausschusses übereinstimmen, der die qualifizierte Minderheit des Bundestages als Initiator des Untersuchungsverfahrens vertritt. Denn an einer Arbeitsentlastung, Straffung der Untersuchungstätigkeit des Ausschusses oder Objektivierung des Verfahrens können ebenso die Ausschuss-

---

[573] Zum Schutz der Ausschussminderheit im Rahmen der Beweiserhebung siehe o., S. 52 ff.

[574] Vgl. §§ 8 II und III, 17 II bis IV, 18 III und IV S. 2, 19, 27 II, 29 II S. 2 und III S. 1, 30 IV PUAG.

[575] Davon zu trennen ist die Frage, in welchem Umfang die im Untersuchungsausschussgesetz normierten Rechte der qualifizierten Minderheit auch eine verfassungsrechtliche Grundlage in Art. 44 I S. 1 GG haben; siehe dazu o., S. 52 ff.

[576] Zur notwendigen Befreiung des Minderheitenschutzes von seiner Verengung auf den Schutz einer Oppositionsfraktion vgl. *Schröder*, Gutachten für den 57. Deutschen Juristentag, S. 98 und 112; *Kretschmer*, DVBl. 1988, 811 (816 f.).

mitglieder interessiert sein, die nicht - wie zumeist die das Verfahren einleitende Minderheit - das Ziel einer möglichst umfassenden Aufklärung verfolgen. Korrespondierend zu den vielfältigen Erwartungen, die mit der Durchführung einer vorbereitenden Untersuchung verbunden werden, ist somit auch die Bildung von verschiedenen Minderheiten im Ausschuss denkbar, die sich zu dem Zweck zusammenfinden, die Einsetzung eines Ermittlungsbeauftragten zu beantragen.

II. Die Bestimmung des Ermittlungsbeauftragten durch den Untersuchungsausschuss mit Zweidrittelmehrheit

Mit dem gem. § 10 I S. 1 PUAG zu fassenden Beschluss über die von einem Ermittlungsbeauftragten durchzuführende Untersuchung wird zugleich das Verfahren zur Bestimmung der Person des Ermittlungsbeauftragten eingeleitet. Denn gem. § 10 II S. 1 PUAG ist die Person des Ermittlungsbeauftragten innerhalb von drei Wochen nach Beschlussfassung gem. § 10 I S. 1 PUAG mit einer Mehrheit von zwei Dritteln der anwesenden Mitglieder des Untersuchungsausschusses zu bestimmen. Bei der Personalentscheidung gem. § 10 II S. 1 PUAG handelt es sich also um eine Wahl[577]. Da das Untersuchungsausschussgesetz keine besondere Form vorschreibt, ist eine geheime oder offene Wahl möglich[578]. Die Fristsetzung des § 10 II S. 1 PUAG verlangt vom Untersuchungsausschuss, sich zügig um eine Zweidrittelmehrheit für eine bestimmte Person zu bemühen, und ist somit Ausdruck des gesetzgeberischen Anliegens, das Untersuchungsverfahren durch den Einsatz eines Ermittlungsbeauftragten beschleunigen zu können[579].

Die Voraussetzung der Zweidrittelmehrheit gem. § 10 II S. 1 PUAG ist zu erläutern. Für den Fall, dass die Zusammensetzung eines Ausschusses die Mehrheitsverhältnisse im Parlament widerspiegelt, begreift das Bundesverfassungsgericht das Erfordernis, Entscheidungen mit einer Zweidrittelmehrheit der Ausschussmitglieder zu treffen, als Sicherstellung, dass die Entscheidungen mit einer Mehrheit getroffen werden, die in der Regel eine Fraktion übergreift und auch die Opposition einbezieht[580]. Diese Bewertung kann auf die erforderliche Zweidrittelmehrheit zur Bestimmung der Person des Ermittlungsbeauftragten übertragen werden. § 4 I S. 2 PUAG verlangt ausdrücklich, dass die Zusammensetzung des Untersuchungsausschusses die Mehrheitsverhältnisse im Plenum widerzuspiegeln hat. Um

[577] Art. 42 II GG bezieht sich nur auf Entscheidungen des Bundestages, die er als Ganzer trifft; vgl. nur Pieroth, in: *Jarass / Pieroth*, Grundgesetz, Art. 42 Rn. 3. Folglich stellt § 10 II S. 1 PUAG keine Ausnahme im Sinne des Art. 42 II S. 2 GG dar, die ausnahmsweise formell-gesetzlich geregelt werden durfte.

[578] Vgl. bezüglich der Wahl der Schriftführer nach § 3 GOBT *Pieroth*, JuS 1991, 90 (94).

[579] Dazu bereits o., S. 89 f.

[580] Vgl. BVerfGE 94, 351 (371) bezüglich Nr. 1 IV der gem. § 44 b IV AbgG festgelegten Richtlinien des vom Ausschuss für Wahlprüfung, Geschäftsordnung und Immunität durchzuführenden Verfahrens zur Überprüfung von Bundestagsabgeordneten auf eine Tätigkeit oder politische Verantwortung für den Staatssicherheitsdienst der ehemaligen Deutschen Demokratischen Republik; zum Verfahren nach § 44 b AbgG siehe bereits o., S. 34 f.

die gem. § 10 II S. 1 PUAG erforderliche Zweidrittelmehrheit im Untersuchungsausschuss zu erreichen, muss sich daher in der Regel eine die Oppositionsfraktion(en) einschließende Mehrheit zusammenfinden. Notwendig wird somit regelmäßig die Bildung einer „punktuellen großen Koalition"[581] im parlamentarischen Untersuchungsverfahren. Da sich in diesem Bereich die beiden stärksten politischen Lager oft besonders offenkundig als Gegner gegenüberstehen, fragt es sich, warum gerade hier das Erreichen einer Zweidrittelmehrheit vorgesehen wird.
Die Begründung der Beschlussempfehlung zum Untersuchungsausschussgesetz führt die Voraussetzung der Zweidrittelmehrheit auf die Überlegung zurück, dass die Arbeit des Ermittlungsbeauftragten nur dann die erforderliche Akzeptanz finden wird, wenn die Person des Ermittlungsbeauftragten von einer breiten Mehrheit getragen wird[582]. Dem ist zuzustimmen. Ein Untersuchungsausschuss wird nur die Untersuchungsergebnisse eines Ermittlungsbeauftragten, der das Vertrauen der im weiteren Verlauf des Verfahrens als politische Gegner agierenden Ausschusslager genießt, als anerkannte Basis für seine weitere Untersuchungstätigkeit heranziehen können. Spricht sich eine breite Mehrheit im Ausschuss für eine bestimmte Person als Ermittlungsbeauftragten aus, wird es den dieser Mehrheit zuzuordnenden Ausschusslagern erschwert, unerwünschte Ermittlungsergebnisse des Beauftragten unter Berufung auf eine angeblich aus parteipolitischen Motiven erfolgte einseitige Ermittlungstätigkeit zurückzuweisen. Damit kann insbesondere eine Degradierung des Ermittlungsbeauftragten zum bloßen „Majoritäts-Assistenten" vermieden werden[583]. Das Erfordernis der Zweidrittelmehrheit schließt es regelmäßig aus, dass ein Ermittlungsbeauftragter nur die Unterstützung der Repräsentanten der die Regierung stützenden Abgeordnetenmehrheit bedarf und somit dem bei einer Minderheitsenquête von der Ausschussminderheit verfolgten Ziel der effektiven Kontrolle sogar entgegenstehen könnte.
Im Ergebnis strebt die Voraussetzung der Zweidrittelmehrheit also die Einführung eines neutralen Elements in das parlamentarische Untersuchungsverfahren an. Durchgesetzt hat sich demnach die Erkenntnis, dass die erwünschten Effekte der Arbeitserleichterung sowie Beschleunigung und Objektivierung des Untersuchungsverfahrens nur durch einen unparteiisch agierenden Ermittlungsbeauftragten zu erreichen sind.
Der hinsichtlich der Bestimmung des Ermittlungsbeauftragten gewählte Weg der erforderlichen Zweidrittelmehrheit ist dem Recht der parlamentarischen Kontrolle im Übrigen nicht fremd. Bereits vor der Ausgestaltung der Rechtsfigur eines Er-

---

[581] Zu dieser Konsequenz hinsichtlich einer erwogenen Zweidrittelmehrheit zur Wahl des Wehrbeauftragten vgl. Busch, in: Bonner Kommentar zum Grundgesetz, Art. 45 b Rn. 350.
[582] Siehe BT-Drs. 14 / 5790, Begründung zu § 10, S. 15.
[583] So die Bezeichnung des (nunmehr gem. § 13 S. 1 WBeauftrG) lediglich mit Mehrheit der Mitglieder des Bundestages zu wählenden Wehrbeauftragten bei *Eschenburg*, Institutionelle Sorgen in der Bundesrepublik, S. 14. Vgl. zur Diskussion über die Heraufsetzung des Quorums für die Wahl des Wehrbeauftragten: Busch, in: Bonner Kommentar zum Grundgesetz, Art. 45 b Rn. 349; Klein, in: *Maunz / Dürig*, Grundgesetz, Art. 45 b Rn. 19; *Ule*, JZ 1957, 422 (423).

mittlungsbeauftragten im Untersuchungsausschussgesetz ist eine vergleichbare Verfahrensregelung in das Gesetz über die parlamentarische Kontrolle nachrichtendienstlicher Tätigkeit des Bundes[584] aufgenommen worden. Gem. § 1 I PKGrG wird dem parlamentarischen Kontrollgremium, das sich gem. § 4 I PKGrG aus Mitgliedern des Bundestages zusammensetzt, die Aufgabe der Kontrolle der Bundesregierung hinsichtlich der Tätigkeit des Bundesamtes für Verfassungsschutz, des Militärischen Abschirmdienstes und des Bundesnachrichtendienstes zugewiesen. Gemäß dem zur Verbesserung der parlamentarischen Kontrolle[585] im Jahre 1999 eingefügten § 2 c S. 1 PKGrG[586] kann das Kontrollgremium im Einzelfall einen Sachverständigen damit beauftragen, zur Wahrnehmung seiner Kontrollaufgaben Untersuchungen durchzuführen. Eine entsprechende Beauftragung kann jedoch gem. § 2 c S. 1 PKGrG erst nach Anhörung der Bundesregierung und eben nur mit Zweidrittelmehrheit der Gremiumsmitglieder beschlossen werden. Dadurch soll hier gleichermaßen gewährleistet werden, dass die vom Sachverständigen gem. § 2 c S. 2 PKGrG zu berichtenden Ergebnisse die erforderliche Akzeptanz finden.
Betrachtet man die geschaffenen Verfahrensmodelle des Sachverständigen nach § 2 c PKGrG und des Ermittlungsbeauftragten nach § 10 PUAG, so lässt sich eine gewisse Tendenz des Gesetzgebers erkennen, mit Zweidrittelmehrheit zu bestimmende und somit unparteiische Elemente zur Unterstützung der Kontrolltätigkeit parlamentarischer Gremien einzuführen.

III. Die Bestimmung des Ermittlungsbeauftragten durch den Vorsitz

Das Erfordernis der Zweidrittelmehrheit hat denknotwendig zur Folge, dass bereits ein sich aus mehr als einem Drittel der Ausschussmitglieder zusammensetzendes Ausschusslager die Möglichkeit besitzt, die Wahl einer Person zum Ermittlungsbeauftragten zu blockieren[587]. Zudem kann die aus gutem Grunde knapp bemessene Dreiwochenfrist des § 10 II S. 1 PUAG[588] eine schwer zu nehmende Hürde bezüglich der personellen Besetzung im Einzelfall darstellen.

---

[584] PKGrG vom 11. April 1978 (BGBl. I S. 453), zuletzt geändert durch Art. 3 I des Gesetzes vom 26. Juni 2001 (BGBl. I S. 1254).

[585] Vgl. BT-Drs. 14 / 539, Begründung des Gesetzentwurfes, S. 6.

[586] Siehe Art. 1 des Gesetzes zur Änderung von Vorschriften über parlamentarische Gremien vom 17. Juni 1999 (BGBl. I S. 1334).

[587] Vgl. die „entlarvende" Würdigung des Verfahrens der Bestimmung eines Ermittlungsbeauftragten durch den Abgeordneten Wiefelspütz, in: Deutsche Vereinigung für Parlamentsfragen, Was leistet das neue Untersuchungsausschussgesetz?, S. 22: „Zweidrittelmehrheiten sind sehr kompliziert zu erreichen. Wie wollen Sie denn in einer politisch umstrittenen Institution eine Zweidrittelmehrheit für einen Ermittlungsbeauftragten zusammenbekommen? (...) Zweidrittelmehrheiten erzielen Sie nur dann, wenn Sie Geschäfte machen können. Welche Geschäfte sollen denn in einem Untersuchungsausschuss gemacht werden, wenn eine Zweidrittelmehrheit verlangt wird, um einen Ermittlungsbeauftragten einzusetzen?"

[588] Siehe o., S. 102.

Wie die Regelung des § 10 II S. 2 PUAG zur Verfahrensweise bei Fristablauf zeigt, ist sich auch der Gesetzgeber der Gefahr eines Scheiterns des in § 10 II S. 1 PUAG vorgesehenen Besetzungsverfahrens bewusst gewesen. Denn gem. § 10 II S. 2 PUAG ist die Person des Ermittlungsbeauftragten bei nicht fristgemäßem Vorgehen innerhalb weiterer drei Wochen durch den Vorsitzenden im Einvernehmen mit der Stellvertretung und im Benehmen mit den Obleuten der Fraktionen im Untersuchungsausschuss zu bestimmen. Das Untersuchungsausschussgesetz sieht mit § 10 II S. 2 PUAG also ein hilfsweise greifendes Verfahren vor. Der Gesetzgeber bemüht sich damit um eine verfahrensrechtliche Lösung, die bewirken soll, dass die gem. § 10 I S. 1 PUAG bereits auf Antrag einer qualifizierten Minderheit bestehende Pflicht des Ausschusses, einen Beschluss über die Durchführung einer vorbereitenden Untersuchung zu fassen, nicht ins Leere läuft, weil sich der Ausschuss nicht auf eine zum Ermittlungsbeauftragten zu bestimmende Person einigen kann.

1. Das Einvernehmen zwischen dem Vorsitzenden und dem Stellvertreter

§ 10 II S. 2 PUAG setzt dabei zunächst ein Einvernehmen zwischen dem Vorsitzenden des Untersuchungsausschusses und dem Stellvertreter hinsichtlich der Person des Ermittlungsbeauftragten voraus. Es fragt sich, welche rechtliche Bedeutung dem Erfordernis des Einvernehmens im Sinne des § 10 II S. 2 PUAG zukommt.

Weitgehend bekannt ist die Voraussetzung der Herstellung eines Einvernehmens als Verfahrenselement des Verwaltungsrechts[589]. Mit dem Erfordernis des Einvernehmens wird hier die Mitwirkung anderer Behörden oder Verwaltungsträger an der Entscheidung einer Behörde in einer Weise vorgeschrieben, die als bestimmende oder bindende Mitwirkungsart qualifiziert wird[590]. Eine Beteiligung in der Form des Einvernehmens verlangt demnach zwingend eine Einigung bezüglich der zu treffenden Entscheidung[591]. Vielfach sehen auch Entscheidungen über Geschäftsordnungsbelange des Bundestages die Herstellung eines Einvernehmens vor[592]. Eine dem Verfahren der Bestimmung eines Ermittlungsbeauftragten gem. § 10 II S. 2 PUAG ähnelnde Regelung findet sich in § 7 V S. 3 GOBT. Danach hat der Präsident des Bundestages unter anderem für die Bestellung und Ernen-

---

[589] Siehe zum Beispiel § 31 und § 36 I BauGB. Siehe jedoch auch Art. 85 II S. 3, Art. 89 III und Art. 108 II S. 3 GG.

[590] Vgl. Badura, in: *Erichsen / Ehlers*, Allgemeines Verwaltungsrecht, § 37 Rn. 33; *Achterberg*, Allgemeines Verwaltungsrecht, § 13 Rn. 43 f.

[591] Zum gem. Art. 89 III GG erforderlichen Einvernehmen zwischen Bund und Ländern als Mitwirkungsrecht der Länder mit entsprechendem Zwang zur Einigung vgl. Bull, in: Alternativkommentar zum Grundgesetz, Art. 89 Rn. 16; Ibler, in: *v. Mangoldt / Klein / Starck*, Grundgesetz, Art. 89 Rn. 79 ff.

[592] Vgl. §§ 7 II S. 2 und V S. 3, 8 II S. 1, 45 II S. 1 und IV, 56 II S. 1, 59 IV, 69 a I S. 1 und 2, 70 III S. 1 und 3, 122 III GOBT.

nung des Leitenden Beamten, dem gem. § 16 II S. 1 WBeauftrG[593] die Aufgabe der Unterstützung des Wehrbeauftragten zukommt, ein Einvernehmen mit dem Wehrbeauftragten herzustellen. Dies setzt ebenfalls eine Einigung der Beteiligten voraus[594].

Der insoweit einheitlichen Bedeutung der Beteiligungsform des Einvernehmens entsprechend geht auch die Begründung der Beschlussempfehlung zum Untersuchungsausschussgesetz von einem gem. § 10 II S. 2 PUAG vorgegebenen Einigungszwang zwischen dem Vorsitzendem und dem Stellvertreter hinsichtlich der Bestimmung einer Person zum Ermittlungsbeauftragten aus[595]. Die Stellungnahme des Stellvertreters ist also bindender Natur, der Ausschussvorsitzende kann sich über dessen ablehnendes Votum nicht hinwegsetzen. Rechnung getragen werden soll somit dem Anliegen einer größtmöglichen Akzeptanz der Person des Ermittlungsbeauftragten[596], das im Interesse einer möglichen Nutzung seiner Ergebnisse als vom Ausschuss anerkannte Arbeitsgrundlage besteht.

In der parlamentarischen Praxis führt das dem Stellvertreter mit § 10 II S. 2 PUAG eingeräumte Vetorecht jedoch dazu, dass die Bestellung eines Ermittlungsbeauftragten wie beim Erfordernis der Zweidrittelmehrheit in der Regel die Bildung einer „punktuellen großen Koalition" verlangt. Dies ergibt sich aus dem im Untersuchungsausschussgesetz niedergelegten Verfahren der Besetzung des aus Vorsitzendem und Stellvertreter bestehenden Vorsitzes. Zunächst erfordert § 6 I S. 1 PUAG die Berücksichtigung der Fraktionen für den Vorsitz im Verhältnis ihrer Stärke. Näher auf den konkreten Ablauf des Besetzungsverfahrens eingehend sehen § 6 I S. 2 und § 7 I Hs. 1 PUAG vor, dass der Untersuchungsausschuss ein Mitglied aus seiner Mitte als Vorsitzenden und ein weiteres als stellvertretenden Vorsitzenden nach den Vereinbarungen im Ältestenrat bestimmt. § 7 I Hs. 2 PUAG stellt klar, dass der Stellvertreter einer anderen Fraktion als der des Vorsitzenden angehören muss. Die Verfahrensregelungen der §§ 6 I, 7 I PUAG knüpfen damit im Ergebnis an das für die Ausschüsse des Deutschen Bundestages in §§ 12 S. 1, 6 II S. 2, 58 GOBT normierte Verfahren der Regelung des Vorsitzes an. Die Besetzung des Untersuchungsausschussvorsitzes gem. §§ 6 I, 7 I PUAG entspricht daher der bisher üblichen Praxis[597]. In dieser folgen die Absprachen im Ältestenrat hinsichtlich der Besetzung des Vorsitzes dem von St. Lague / Schepers entwickelten Proportionalverfahren[598]. Danach stellt im ersten Untersuchungsausschuss einer Wahlperiode die stärkste Fraktion den Vorsitzenden und die zweitstärkste

---

[593] Gesetz über den Wehrbeauftragten des Bundestages vom 16. Juni 1982 (BGBl. I S. 677), zuletzt geändert durch Art. 16 des Gesetzes vom 20. Dezember 2001 (BGBl. I S. 4013).

[594] Vgl. *Ritzel / Bücker / Schreiner*, Kommentar zur Geschäftsordnung des Deutschen Bundestages, § 7 S. 12 b; Busch, in: Bonner Kommentar zum Grundgesetz, Art. 45 b Rn. 456.

[595] BT-Drs. 14 / 5790, Begründung zu § 10, S. 15.

[596] Vgl. BT-Drs. 14 / 5790, Begründung zu § 10, S. 15.

[597] Vgl. BT-Drs. 14 / 5790, Begründung zu § 6 und § 7, S. 14.

[598] Vgl. *Engels*, Parlamentarische Untersuchungsausschüsse, S. 67 f.; Morlok, in: *Dreier*, Grundgesetz, Art. 44 Rn. 38.

Fraktion den Stellvertreter. Hinsichtlich eines weiteren Untersuchungsausschusses in der gleichen Wahlperiode erfolgt die Besetzung des Vorsitzes in umgekehrter Weise[599]. Neben dem Erfordernis der Zweidrittelmehrheit gem. § 10 II S. 1 PUAG setzt also auch das Verfahren zur Bestimmung eines Ermittlungsbeauftragten nach § 10 II S. 2 PUAG eine Einigung der Vertreter der sich regelmäßig als Kontrahenten gegenüberstehenden größten politischen Lager voraus[600]. Im Interesse einer möglichst breiten Vertrauensbasis wirkt daher ebenso das Erfordernis des Einvernehmens auf die Auswahl eines neutralen, parteipolitisch nicht eingebundenen Ermittlungsbeauftragten hin.

Eine wesentliche Verfahrenserleichterung gegenüber dem Erfordernis der Zweidrittelmehrheit begründet die Hilfskonstruktion des § 10 II S. 2 PUAG demnach nicht. Kommt eine Zweidrittelmehrheit im Ausschuss aufgrund parteipolitischer Kontroversen nicht zustande, vermag auch die vorgesehene Bestimmung des Ermittlungsbeauftragten durch den Vorsitz regelmäßig nicht zu gewährleisten, dass der Beschluss über die Durchführung einer vorbereitenden Untersuchung in die Bestellung eines Ermittlungsbeauftragten einmündet.

2. Das Benehmen mit den Obleuten der Fraktionen im Ausschuss

Die Bestimmung der Person des Ermittlungsbeauftragten durch den Vorsitzenden gem. § 10 II S. 2 PUAG hat nicht nur im Einvernehmen mit der Stellvertretung, sondern zudem im Benehmen mit den Obleuten der Fraktionen zu erfolgen. Die Bedeutung dieser zusätzlichen verfahrensrechtlichen Anforderung ist zu klären.

In Abgrenzung zur Beteiligungsform des Einvernehmens als bestimmende Mitwirkung wird die Beteiligung im Wege des Benehmens als Ausformung einer lediglich beratenden Mitwirkung qualifiziert[601]. Beispiele für derartige beratende Mitwirkungen sind wiederum dem Geschäftsordnungsrecht des Bundestages zu entnehmen[602]. So hat unter anderem die durch den Bundestagspräsidenten vorzunehmende Ernennung und Einstellung der gem. § 16 I S. 2 WBeauftrG neben dem Leitenden Beamten vorgesehenen weiteren Beschäftigten des Wehrbeauftragten gem. § 7 V S. 2 GOBT im Benehmen mit dem Wehrbeauftragten zu erfolgen. Dem beratenden Charakter der Beteiligungsform entsprechend erfordert eine Entscheidung im Benehmen mit dem Wehrbeauftragten lediglich die „gegenseitige

---

599 Vgl. *Engels*, Parlamentarische Untersuchungsausschüsse, S. 67 f.; zur alternierenden Besetzung der Position des Vorsitzenden und des Stellvertreters durch die Fraktionen der CDU / CSU und der SPD bei der Einsetzung mehrerer Untersuchungsausschüsse in einer Wahlperiode ab der 4. Wahlperiode siehe *Schindler*, Datenhandbuch zur Geschichte des Deutschen Bundestages 1949 – 1999, S. 2191 ff.

600 Vgl. auch *Wiefelspütz*, Das Untersuchungsausschussgesetz, S. 202. Für den Verteidigungsausschuss gilt entsprechendes gemäß der Besetzung des Vorsitzes nach §§ 12 S. 1, 6 II S. 2, 58 GOBT.

601 Vgl. nur Badura, in: *Erichsen / Ehlers*, Allgemeines Verwaltungsrecht, § 37 Rn. 33.

602 Vgl. §§ 7 V S. 2, 69 a I S. 1, 77 II, 80 I, 92, 93 III, 104 III GOBT; siehe ferner Art. 108 I S. 3 GG.

Fühlungsnahme" und Unterrichtung in formeller Hinsicht ohne materiellen Einigungszwang[603]. Bundestagspräsident und Wehrbeauftragter haben sich demnach um eine gemeinsame Lösung zu bemühen, die Letztentscheidungskompetenz liegt aber beim Bundestagspräsidenten[604].

Es ist kein Grund dafür ersichtlich, dem Benehmen im Sinne des § 10 II S. 2 PUAG eine andere Bedeutung beizumessen. Die Stellungnahmen der Obleute der Fraktionen entfalten somit keinerlei Bindungswirkung für den Ausschussvorsitzenden. Eine Zustimmung ihrerseits ist im Interesse einer möglichst großen Akzeptanz der Person des Ermittlungsbeauftragten im Ausschuss zwar zu begrüßen, stellt aber keine zwingende Voraussetzung dar. Aufgrund der lediglich beratenden Mitwirkung der Obleute besitzt im Verfahren nach § 10 II S. 2 PUAG also der Vorsitz des Untersuchungsausschusses die Letztentscheidungskompetenz bezüglich der Person des Ermittlungsbeauftragten.

Können die Obleute der Fraktionen daher letztlich übergangen werden, fragt es sich, ob ihre zusätzliche Mitwirkung nicht nur zu unnötigen Zeitverlusten führt. Denn allein das Bemühen um die Herstellung eines Benehmens hat Verzögerungen des Verfahrens zur Folge und könnte somit das Ziel der Verfahrensbeschleunigung konterkarieren. Der Eintritt unverhältnismäßiger Verzögerungen ist jedoch aufgrund der gem. § 10 II S. 2 PUAG knapp bemessenen Dreiwochenfrist von vornherein ausgeschlossen. Ferner dürfte sich in der parlamentarischen Praxis die Herstellung eines Benehmens mit den Obleuten derjenigen Fraktionen als unproblematisch erweisen, die den Vorsitz des Ausschusses stellen. Hat der Vorsitzende bereits ein Einvernehmen mit seiner Stellvertretung erzielt, ist ein davon abweichendes Votum der Obleute der den Vorsitz stellenden Fraktionen nicht zu erwarten. Geringfügige Zeitverluste entstehen demnach nur aufgrund einer Beteiligung der Obleute der übrigen Fraktionen im Ausschuss. Derartige Verzögerungen lassen sich aber mit der Erwägung rechtfertigen, dass die Herstellung des Benehmens mit sämtlichen Obleuten im Ausschuss einer allgemeinen Akzeptanz der Ermittlungsergebnisse und somit einer erfolgreichen Durchführung der vorbereitenden Untersuchung dient. Denn stimmen alle Obleute dem Vorschlag des Vorsitzes zu, können auch die den Vorsitz nicht stellenden Fraktionen die Ergebnisse der Vorermittlung später nicht mit der Begründung zurückweisen, dass ihnen ein unerwünschter Ermittlungsbeauftragter aufgezwungen worden ist.

---

[603] Busch, in: Bonner Kommentar zum Grundgesetz, Art. 45 b Rn. 456; vgl. auch *Ritzel / Bücker / Schreiner*, Kommentar zur Geschäftsordnung des Deutschen Bundestages, § 7 S. 8.

[604] Vgl. Achterberg / Schulte, in: *v. Mangoldt / Klein / Starck*, Grundgesetz, Art. 45 b Rn. 31.

IV. Keine gesetzliche Festlegung auf einen bestimmten Personenkreis

Nach dem Untersuchungsausschussgesetz hat die Person, die zum Ermittlungsbeauftragten bestimmt werden soll, keine besonderen Voraussetzungen zu erfüllen.

1. Bestimmung eines Nichtparlamentariers zum Ermittlungsbeauftragten

Im Gegensatz zu den bisher erwogenen beziehungsweise umgesetzten Verfahrensmodellen[605] entscheidet sich das Untersuchungsausschussgesetz nicht ausdrücklich zwischen der Wahrnehmung der Aufgabe einer vorbereitenden Untersuchung durch Parlamentarier einerseits oder Parlamentsexterne andererseits. So wird zum einen nicht verlangt, dass die Person des Ermittlungsbeauftragten aus der Mitte des Bundestages oder des Untersuchungsausschusses zu stammen hat. Zum anderen enthält das Gesetz keine negative Voraussetzung der Art, dass ein Abgeordneter nicht als Ermittlungsbeauftragter bestellt werden kann. Dem Untersuchungsausschuss steht es somit grundsätzlich frei, sowohl einen Parlamentsfremden als auch ein Mitglied des Bundestages oder sogar des Untersuchungsausschusses selbst zum Ermittlungsbeauftragten zu bestimmen[606].
Jedoch lassen sich dem Untersuchungsausschussgesetz Hinweise dahingehend entnehmen, dass der Gesetzgeber von der Berufung eines Nichtparlamentariers ausgeht. So differenzieren die den Zugang zu Verschlusssachen und die Amtsverschwiegenheit regelnden § 16 I und II PUAG zwischen den Mitgliedern des Untersuchungsausschusses und dem Ermittlungsbeauftragten. Diese Bestimmungen setzen also voraus, dass der Ermittlungsbeauftragte nicht dem Kreise der Untersuchungsausschussmitglieder entstammt. Damit wird zwar keine Aussage darüber getroffen, ob ein nicht dem Ausschuss angehörender Abgeordneter zum Ermittlungsbeauftragten bestimmt werden kann. Diesbezüglich ist aber die Regelung des § 35 II S. 1 PUAG zu beachten. Danach wird der Ermittlungsbeauftragte nach dem Gesetz über die Entschädigung von Zeugen und Sachverständigen[607] entschädigt, wobei gem. § 35 II S. 3 Hs. 1 PUAG der Höchstsatz für Sachverständige anzuwenden ist[608]. Die gem. § 35 II S. 1 PUAG ausnahmslos vorzunehmende Entschädigung von Ermittlungsbeauftragten als Sachverständige zeigt, dass mit der Auswahl eines Abgeordneten nicht gerechnet wird.
In erster Linie ist es jedoch Konsequenz der Erfordernisse der Zweidrittelmehrheit gem. § 10 II S. 1 PUAG und des Zwangs zur Einigung im Vorsitz gem. § 10 II S. 2 PUAG, dass die Bestimmung eines Abgeordneten zum Ermittlungsbeauftragten

---

605 Siehe o., S. 87 f.

606 Vgl. auch *Rogall*, Das Untersuchungsausschussgesetz des Bundes und seine Bedeutung für das Straf- und Strafverfahrensrecht, S. 458.

607 In der Fassung der Bekanntmachung vom 1. Oktober 1969 (BGBl. I S. 1756), zuletzt geändert durch Gesetz vom 22. Februar 2002 (BGBl. I S. 981).

608 Gem. § 35 II S. 3 Hs. 2 PUAG bleibt ferner § 3 III des Gesetzes über die Entscheidung von Zeugen und Sachverständigen unberührt, der die Voraussetzungen für eine mögliche Überschreitung des Höchstsatzes festlegt.

als fern liegend erscheint. Denn in der parlamentarischen Praxis ist die Bildung einer „punktuellen großen Koalition“ nur hinsichtlich solcher Persönlichkeiten zu erwarten, bei denen eine parteipolitische Eingebundenheit weitestgehend ausgeschlossen werden kann. Zwar sind die Abgeordneten gem. Art. 38 I S. 2 GG Vertreter des ganzen Volkes und somit diesem gegenüber verantwortlich und nicht etwa einer Partei[609]. Da sie darüber hinaus gem. Art. 38 I S. 2 GG nicht an Aufträge und Weisungen gebunden und nur ihrem Gewissen unterworfen sind, schließt es ihr verfassungsrechtlicher Status ferner aus, dass ihnen gegenüber rechtliche Bindungen hinsichtlich der Art und Weise der Ausübung des Mandats zustande kommen können[610]. Faktische Bindungen des in aller Regel als Kandidat einer Partei gewählten Abgeordneten gegenüber dieser Partei oder faktische Abhängigkeiten von der entsprechenden Fraktion im Bundestag werden durch die Gewährleistung des freien Mandats in Art. 38 I S. 2 GG aber nicht verhindert[611]. Dabei kann das Verhalten von Abgeordneten insbesondere während parlamentarischer Untersuchungsverfahren maßgeblich von parteipolitischen Interessen und Erwartungen beeinflusst werden. Ein Ziel der in diesen Rahmen ausgetragenen Streitigkeiten ist es schließlich, für die eigene Partei politische „Siege“ zu erringen[612]. Auch ein als Ermittlungsbeauftragter tätig werdender Parlamentarier wäre daher dem ständigen Verdacht ausgesetzt, sich bei der Vorbereitung der Untersuchung parteipolitischen Loyalitäten unterzuordnen oder sich sogar instrumentalisieren zu lassen. Die in ersten Stellungnahmen zum Untersuchungsausschussgesetz gehegten Vermutungen, dass Nichtparlamentarier mit Erfahrungen hinsichtlich der Ermittlung von Sachverhalten den Posten des Ermittlungsbeauftragten besetzen werden[613], überraschen somit nicht.

2. Verzicht auf die Normierung eines Juristenmonopols

Kommt dem Ermittlungsbeauftragten die Aufgabe der nicht nur tatsächlichen, sondern auch rechtlichen Aufbereitung der Sachverhalte zu[614], erscheinen juristische Qualifikationen der zu bestimmenden Person wünschenswert. Demnach hätte

[609] Pieroth, in: *Jarass / Pieroth*, Grundgesetz, Art. 38 Rn. 24.

[610] Ausführlich dazu *Wefelmeier*, Repräsentation und Abgeordnetenmandat, S. 162 ff.; siehe ferner *Badura*, Die Stellung des Abgeordneten, Rn. 20; *Klein*, in: HdbStR, Bd. II, § 41 Rn. 12; Pieroth, in: *Jarass / Pieroth*, Grundgesetz, Art. 38 Rn. 27.

[611] Siehe *Wefelmeier*, Repräsentation und Abgeordnetenmandat, S. 164, der auch auf die Notwendigkeit faktischer Bindungen hinweist, um die Beziehung zwischen Bürgern, intermediären Gruppen (insbesondere Parteien und Fraktionen) und Repräsentanten herzustellen, die für die ständige Aktualisierung der Repräsentation zwingend erforderlich ist. Vgl. ferner Pieroth, in: *Jarass / Pieroth*, Grundgesetz, Art. 38 Rn. 27; *Stock*, ZRP 1995, 286 (286).

[612] Vgl. *Linck*, DÖV 1988, 261 (265).

[613] Vgl. *Prantl*, in: SZ vom 27. Februar 2001, S. 1; *Bachmaier*, Interview in: SZ vom 27. Februar 2001, S. 6; *Klein*, in: FAZ vom 28. Mai 2001, S. 10.

[614] Siehe o., S. 89.

es nahe gelegen, die Befähigung zum Richteramt[615] als Voraussetzung zur Wahrnehmung dieser Aufgabe zu verlangen[616]. Nicht ohne Grund ist unter anderem die Einschaltung von Staatsanwälten oder Richtern zur Durchführung von Vorermittlungen vorgeschlagen worden[617].
Derartigen Forderungen lässt sich zunächst die Behandlung vergleichbarer Bestrebungen bezüglich der Person des Wehrbeauftragten entgegenhalten. Aufgrund der juristischen Aspekte der von ihm wahrzunehmenden Kontrolltätigkeit wurde die Niederlegung eines entsprechenden Qualifikationserfordernisses für den gem. § 13 WBeauftrG vom Bundestag zu wählenden Wehrbeauftragten zwar erwogen, im Ergebnis aber abgelehnt[618]. Die anfangs geäußerte Befürchtung, dass ein Wehrbeauftragter ohne Nachweis juristischer Fähigkeiten sein Amt nicht sachgerecht ausüben könne[619], wird mittlerweile als unberechtigt zurückgewiesen[620]. Demnach sprechen die Erfahrungen mit dem über vier Jahrzehnte nahezu ausschließlich von Nichtjuristen[621] wahrgenommenen Amt des Wehrbeauftragten nicht dafür, dass ein Ermittlungsbeauftragter entsprechende Qualifikationen vorweisen muss. Ferner hat der Ermittlungsbeauftragte gem. § 10 IV S. 2 PUAG die Möglichkeit, bei Bedarf Hilfskräfte mit entsprechender Qualifikation einzusetzen. Im Übrigen ist darauf hinzuweisen, dass das Untersuchungsausschussgesetz den Nachweis der Befähigung zum Richteramt nicht einmal von dem die Sitzungen des Ausschusses leitenden und dessen Beschlüsse durchführenden Vorsitzenden verlangt[622], obwohl dem Ausschuss mit der möglichen Festsetzung und Anordnung von Zwangsmitteln eingriffsintensive Befugnisse im Rahmen seiner Beweiserhebung zur Verfügung stehen[623]. Vor diesem Hintergrund wäre es geradezu widersprüchlich gewesen, ein Juristenmonopol für den Posten des Ermittlungsbeauftragten vorzusehen.

---

[615] Dieses Qualifikationserfordernis ist dem Recht der parlamentarischen Kontrolle auf Bundesebene nicht unbekannt: nach § 15 I S.1 des Gesetzes zur Beschränkung des Brief, Post- und Fernmeldegeheimnisses vom 26. Juni 2001 (BGBl. I S. 1254), zuletzt geändert durch Art. 5 I des Gesetzes vom 22. August 2002 (BGBl. I S. 3390), muss der Vorsitzende der G-10-Kommission die Befähigung zum Richteramt besitzen.

[616] So auch *Rogall*, Das Untersuchungsausschussgesetz des Bundes und seine Bedeutung für das Straf- und Strafverfahrensrecht, S. 458.

[617] Siehe o., S. 87. Im Rahmen des Hamburger Modells zur Unterstützung des Untersuchungsausschusses bestimmt § 16 I S. 4 HbgUA, dass der Leiter des Arbeitsstabes die Befähigung zum Richteramt haben soll.

[618] Vgl. zur Entstehungsgeschichte des Gesetzes über den Wehrbeauftragten des Bundestages vom 26. Juni 1957 Busch, in: Bonner Kommentar zum Grundgesetz, Art. 45 b S. 21 f.

[619] So insbesondere *Ule*, JZ 1957, 422 ff.

[620] Vgl. Achterberg / Schulte, in: *v. Mangoldt / Klein / Starck*, Grundgesetz, Art. 45 b Rn. 19; Klein, in: *Maunz / Dürig*, Grundgesetz, Art. 45 b Rn. 20.

[621] Bisher war nur einer von ihnen Jurist; dazu Klein, in: *Maunz / Dürig*, Grundgesetz, Art. 45 b Rn. 20.

[622] Zu den Aufgaben des Vorsitzenden siehe BT-Drs. 14 / 5790, Begründung zu § 6, S. 14; Klein, in: *Maunz / Dürig*, Grundgesetz, Art. 44 Rn. 96.

[623] Vgl. §§ 21 I, 27 I, 28 VI und 29 II S. 1 PUAG.

V. Bewertung

Ausgangspunkt der Erläuterung des Verfahrens der Einsetzung und Bestimmung eines Ermittlungsbeauftragten war der gem. § 10 I S. 1 PUAG von einem Viertel der Ausschussmitglieder zu erwirkende Beschluss über eine von einem Ermittlungsbeauftragten durchzuführende vorbereitende Untersuchung. Demnach kann eine Ausschussminderheit zwar den Anstoß zu vorbereitenden Untersuchungen geben. Die Person des Ermittlungsbeauftragten muss zur erfolgreichen Erfüllung der ihr zugewiesenen Aufgabe aber von einer breiten Mehrheit des Untersuchungsausschusses getragen werden. Somit ist einerseits von vornherein ausgeschlossen, dass der qualifizierten Minderheit im Ausschuss Möglichkeiten an die Hand gegeben werden, die Bestimmung einer von ihr favorisierten Persönlichkeit durchzusetzen. Andererseits führt die benötigte breite Vertrauensbasis im Ausschuss regelmäßig dazu, dass die qualifizierte Ausschussminderheit in den Prozess der Entscheidungsfindung einbezogen wird. Denn fungiert das parlamentarische Untersuchungsrecht in der Regel als Instrument der stärksten Oppositionsfraktion, wird eine bestimmende Mitwirkung der Repräsentanten dieser Fraktion im Ausschuss durch die Voraussetzung der Zweidrittelmehrheit gem. § 10 II S. 1 PUAG beziehungsweise durch den Zwang zur Einigung im Vorsitz gem. § 10 II S. 2 PUAG gewährleistet. Unter anderem in der Konstellation einer großen Koalition ermöglicht das in § 10 II PUAG vorgesehene Bestimmungsverfahren jedoch auch, dass die eine vorbereitende Untersuchung beantragende qualifizierte Minderheit einen ihr unerwünschten Ermittlungsbeauftragten aufgezwungen bekommt[624]. Das Quorum von einem Viertel der Ausschussmitglieder gem. § 10 I S. 1 PUAG garantiert eben keine zwingend erforderliche Mitwirkung gem. § 10 II S. 1 oder S. 2 PUAG[625]. Lehnen die Obleute der dieser qualifizierten Minderheit zuzurechnenden Fraktionen im Ausschuss einen Vorschlag zur Besetzung des Postens ab, steht dies der Bestimmung der vorgeschlagenen Person zum Ermittlungsbeauftragten durch den Vorsitz gerade nicht entgegen.

Die Regelungen zum Verfahren der Einsetzung und Bestimmung weisen somit im Ergebnis darauf hin, dass die Figur des Ermittlungsbeauftragten nicht als spezifisches Element des Minderheitenschutzes zu begreifen ist[626]. Ein Ermittlungsbeauftragter soll gerade nicht als Instrument der ihn beantragenden Ausschussmin-

[624] Vgl. auch *Weisgerber*, Das Beweiserhebungsverfahren, S. 472.

[625] Voraussetzung ist folglich, dass diese Minderheit nicht mehr als ein Drittel der Ausschussmitglieder umfasst und nicht den Vorsitzenden oder seinen Stellvertreter stellt.

[626] Vgl. ansatzweise auch die Begründung der Beschlussempfehlung, nach der vom Untersuchungsausschuss nicht verlangt werden kann, die Ergebnisse des Ermittlungsbeauftragten abzuwarten, da andernfalls eine Beeinträchtigung des Minderheitenrechts aus Art. 44 GG zu befürchten wäre; BT-Drs. 14 / 5790, Begründung zu § 10, S. 15.

derheit fungieren[627]. Er ist nicht einer Ausschussminderheit, sondern gem. § 10 III S. 6 PUAG dem ganzen Untersuchungsausschuss verantwortlich. Die Ausgestaltung des Verfahrens und die darauf basierende nahe liegende Bestellung eines Nichtparlamentariers zum Ermittlungsbeauftragten machen vielmehr deutlich, dass mit dem Institut des Ermittlungsbeauftragten die Einführung eines neutralen Elements in das parlamentarische Untersuchungsrecht und somit eine stärkere Gewichtung der sachlichen Aufklärungsarbeit gegenüber der politischen Auseinandersetzung angestrebt wird.

Das in § 10 II PUAG niedergelegte Verfahren vermag nicht zu verhindern, dass die Bestimmung der Person eines Ermittlungsbeauftragten im konkreten Fall scheitert. Die gem. § 10 II S. 1 PUAG regelmäßig erforderliche Einigung der beiden größten Fraktionen im Ausschuss oder die nach Fristablauf gem. § 10 II S. 2 PUAG erforderliche Einigung der Repräsentanten dieser Fraktionen kann durch eine qualifizierte Minderheit im Sinne des § 10 I S. 1 PUAG nicht erzwungen werden. Dies rechtfertigt aber keine kritische Bewertung des vom Untersuchungsausschussgesetz vorgegebenen Verfahrens. Denn würde das Bestimmungsverfahren keinen weitgehenden Konsens im Ausschuss voraussetzen, könnte es auch keine ausreichende Vertrauensbasis für die Person des Ermittlungsbeauftragten schaffen. Dies würde letztlich zur Folge haben, dass die Durchführung einer vorbereitenden Untersuchung mangels allgemeiner Akzeptanz ihrer Ergebnisse als Grundlage für das weitere Vorgehen ihren Sinn verlöre[628]. Die zu Unrecht als „kompliziert" gerügte Ausgestaltung des Bestimmungsverfahrens in § 10 II PUAG[629] erfolgte demnach aus gutem Grund. Ist im Ausschuss und Vorsitz bereits vor dem Eintritt in die insbesondere vom politischen Kampf geprägte Phase der öffentlichen Beweiserhebung keine Bereitschaft vorhanden, sich auf einen Ermittlungsbeauftragten zu verständigen, kann daraus nicht auf eine Unzulänglichkeit der Verfahrensvorgaben des Gesetzgebers geschlossen werden. Vielmehr besteht dann ein Anlass, das Verhalten der verantwortlichen Mitglieder des Untersuchungsausschusses kritisch zu hinterfragen.

---

627 Von einer „Entwertung" des Rechts der qualifizierten Minderheit aus § 10 I S. 1 PUAG durch das Erfordernis der Zweidrittelmehrheit kann folglich nicht gesprochen werden; so aber *Wiefelspütz*, Das Untersuchungsausschussgesetz, S. 202.

628 Fehl geht daher auch der Vorschlag von *Wiefelspütz*, Das Untersuchungsausschussgesetz, S. 202, eine Einigung des Vorsitzenden und des Stellvertreters im Sinne des § 10 II S. 2 PUAG notfalls durch Losentscheid herbeizuführen.

629 So *Wiefelspütz*, ZParl 2002, 551 (560); *ders.*, Das Untersuchungsausschussgesetz, S. 202.

C. Die Stellung des Ermittlungsbeauftragten im Verhältnis zum Untersuchungsausschuss

I. Der Ermittlungsbeauftragte als Hilfsorgan des Untersuchungsausschusses

Die zur Unterstützung des Parlaments eingesetzten Untersuchungsausschüsse werden überwiegend als Hilfsorgane des Parlaments bezeichnet[630]. Ausgehend von der dem Ermittlungsbeauftragten zugewiesenen Aufgabe der Unterstützung des Untersuchungsausschusses bietet sich daher an, den Ermittlungsbeauftragten ebenfalls als Hilfsorgan zu qualifizieren. Er wird somit als Hilfsorgan eines Hilfsorgans des Bundestages tätig.
Die Einordnung des Untersuchungsausschusses als Hilfsorgan des Parlaments stößt zwar aufgrund der besonderen verfassungsrechtlichen Konstruktion, nach der dem Untersuchungsausschuss Befugnisse zugewiesen werden, die das Plenum nicht wahrzunehmen berechtigt ist, auch auf Kritik[631]. Im Verhältnis des Ermittlungsbeauftragten zum Untersuchungsausschuss spiegelt sich diese Besonderheit aber nicht wider. Mit der gem. § 10 III S. 3 und S. 4 PUAG angeordneten entsprechenden Geltung der §§ 18, 19, 30 PUAG zur Beschaffung der sächlichen Beweismittel und der Möglichkeit aus § 10 III S. 6 PUAG, Personen informatorisch anzuhören, werden dem Ermittlungsbeauftragten keine über diejenigen des Ausschusses hinausreichenden Befugnisse verliehen. Ferner ist darauf hinzuweisen, dass die wahrscheinliche Bestimmung eines Nichtparlamentariers zum Ermittlungsbeauftragten einer Qualifizierung des Ermittlungsbeauftragten als Hilfsorgan des Ausschusses nicht entgegensteht. Schließlich wird in Art. 45 b GG auch der gem. § 14 III WBeauftrG sogar zwingend dem Parlament nicht angehörende Wehrbeauftragte als Hilfsorgan des Parlaments bezeichnet.
Eine über die Aussage, dass der Ermittlungsbeauftragte gegenüber dem Untersuchungsausschuss eine rein unterstützende Funktion auszuüben hat, hinausgehende Bedeutung ist der Begrifflichkeit des Hilfsorgans aber nicht beizumessen[632]. Präzisierungen der Rechtsstellung des Ermittlungsbeauftragten im Verhältnis zum Untersuchungsausschuss sind daher erforderlich und werden durch die Regelungen zum Ermittlungsbeauftragten im Untersuchungsausschussgesetz geleistet.

II. Das Recht zur Abberufung

So entscheidet der Untersuchungsausschuss nicht nur in bereits erläuterter Weise über die Einsetzung eines Ermittlungsbeauftragten, sondern besitzt gem. § 10 IV S. 2 PUAG die damit korrespondierende Möglichkeit, den Ermittlungsbeauftragten abzuberufen. Das Recht zur Abberufung ist auf die Notwendigkeit zurückzu-

[630] Siehe o., S. 48 f.
[631] Siehe o., S. 50.
[632] Vgl. bezüglich der Figur des Wehrbeauftragten Klein, in: *Maunz / Dürig*, Grundgesetz, Art. 45 b Rn. 16; vgl. ferner *Achterberg*, Parlamentsrecht, S. 506.

führen, sich von einem aus persönlichen oder politischen Gründen untragbar gewordenen Ermittlungsbeauftragten trennen zu können[633]. Mit der Aufnahme dieser Möglichkeit in das Gesetz wird zum Ausdruck gebracht, dass die Person des Ermittlungsbeauftragten für die gesamte Dauer der von ihr durchzuführenden vorbereitenden Untersuchung des Vertrauens des Ausschusses bedarf[634].
Die Abberufung eines Ermittlungsbeauftragten setzt gem. § 10 IV S. 2 PUAG eine Mehrheit von zwei Dritteln der anwesenden Ausschussmitglieder voraus. Diese Anforderung besteht also unabhängig davon, ob die Person des Ermittlungsbeauftragten gem. § 10 II S. 1 PUAG mit einer Zweidrittelmehrheit des Ausschusses oder gem. § 10 II S. 2 PUAG durch den Vorsitz bestimmt worden ist. Das Erfordernis der Zweidrittelmehrheit verhindert in diesem Kontext, dass bereits eine die Regierungsmehrheit repräsentierende einfache Ausschussmehrheit die vorzeitige Absetzung eines ihr „unbequem" werdenden Ermittlungsbeauftragten beschließen und damit die erfolgreiche Durchführung einer vorbereitenden Untersuchung vereiteln kann[635]. Folge der gem. § 10 IV S. 2 PUAG verlangten Zweidrittelmehrheit ist jedoch zugleich, dass die qualifizierte Minderheit im Ausschuss allein die Abberufung des Ermittlungsbeauftragten nicht verhindern kann. Dies entspricht aber lediglich der Regelungstechnik des Bestimmungsverfahrens. So wie eine zwingende Mitwirkung der lediglich aus einem Viertel der Ausschussmitglieder bestehenden Minderheit bei der Bestimmung eines Ermittlungsbeauftragten nicht vorgesehen wird[636], bedarf es ihrer Zustimmung eben auch nicht hinsichtlich seiner Abberufung. Die Ausgestaltung des Abberufungsrechts in § 10 IV S. 2 PUAG verdeutlicht nochmals, dass das Institut des Ermittlungsbeauftragten kein spezifisches Element des Minderheitenschutzes darstellt.
Kann der Untersuchungsausschuss jederzeit nicht nur die Einsetzung, sondern auch die Absetzung eines Ermittlungsbeauftragten beschließen, entspricht dies seiner Herrschaft über die Art und Weise der Durchführung des parlamentarischen Untersuchungsverfahrens[637]. In diesem Sinne ist dem Untersuchungsausschuss ebenfalls die Möglichkeit eröffnet, nach gem. § 10 IV S. 2 PUAG erfolgter Abberufung eines Ermittlungsbeauftragten unter Anwendung des in § 10 II PUAG vorgesehenen Verfahrens einen neuen Ermittlungsbeauftragten zu bestimmen[638]. Die

[633] Vgl. bezüglich der gem. § 15 IV S. 1 WBeauftrG vorgesehenen Abberufungsmöglichkeit eines Wehrbeauftragten Klein, in: *Maunz / Dürig*, Grundgesetz, Art. 45 b Rn. 24.

[634] Vgl. zum gem. § 15 IV S. 2 WBeauftrG bereits auf Verlangen der Mehrheit der Mitglieder des Bundestages abzusetzenden Wehrbeauftragten Achterberg / Schulte, in: *v. Mangoldt / Klein / Starck*, Grundgesetz, Art. 45 b Rn. 28.

[635] Zur aus vergleichbaren Gründen erhobenen Forderung eines Zweidrittelvotums hinsichtlich der Abberufung des Wehrbeauftragten siehe Hernekamp, in: *v. Münch / Kunig*, Grundgesetz, Art. 45 b Rn. 40. Zum durch das Erfordernis der Zweidrittelmehrheit bewirkten Ausschluss einer Degradierung des Ermittlungsbeauftragten zum Majoritätsassistenten siehe bereits o., S. 103.

[636] Siehe o., S. 112.

[637] Siehe dazu o., S. 50 f.

[638] Vgl. BT-Drs. 14 / 5790, Begründung zu § 10, S. 15.

Dreiwochenfrist des § 10 II S. 1 PUAG macht in dieser Konstellation aber nur dann Sinn, wenn sie ab der Beschlussfassung über die Abberufung gem. § 10 IV S. 2 PUAG zu laufen beginnt. Insoweit ist also eine entsprechende Anwendung des § 10 II S. 1 PUAG erforderlich. Ferner ist darauf hinzuweisen, dass sich für einen Untersuchungsausschuss, der die Neubestimmung eines Ermittlungsbeauftragten erwägt, grundsätzlich die Frage stellt, ob ein solches Vorgehen mit dem Anliegen der zeitlichen Straffung des Untersuchungsverfahrens zu vereinbaren ist.

III. Die Unabhängigkeit des Ermittlungsbeauftragten

Der Ermittlungsbeauftragte ist gem. § 10 IV S. 1 PUAG im Rahmen seines Auftrags unabhängig. Die Bezugnahme der Norm auf den Rahmen des Auftrags stellt zunächst klar, dass - der Bindung des Untersuchungsausschusses an den ihm erteilten Untersuchungsauftrag entsprechend[639] - der Ermittlungsbeauftragte an den vom Untersuchungsausschuss erteilten Auftrag gebunden ist. Untersuchungen des Beauftragten, die nicht mehr vom Ermittlungsauftrag gedeckt werden, sind daher unzulässig. Eine selbständige Ausdehnung der Ermittlungstätigkeiten ist ihm nicht gestattet.

Innerhalb des vom Untersuchungsausschuss festzulegenden Ermittlungsrahmens geht § 10 IV S. 1 PUAG von einer unabhängigen Ausführung des Auftrages aus. Der Begründung der Beschlussempfehlung ist diesbezüglich lediglich der Hinweis zu entnehmen, dass Angehörige von Justiz oder Verwaltung nur dann mit Vorermittlungen beauftragt werden können, wenn sie für die Zeit der Ermittlungen von ihren dienstlichen Aufgaben freigestellt werden[640]. Gewichtige Argumente sprechen aber dafür, dass mit der Unabhängigkeit im Sinne des § 10 IV S. 1 PUAG zudem die Rechtsstellung des Ermittlungsbeauftragten gegenüber dem Untersuchungsausschuss konkretisiert wird. Denn erwartet man vom Ermittlungsbeauftragten eine objektive und zügige Aufgabenerfüllung, muss dieser auch alleinverantwortlich über die Organisation und den Ablauf der von ihm durchzuführenden vorbereitenden Untersuchung entscheiden können. Die insoweit erforderliche sachliche Unabhängigkeit des Ermittlungsbeauftragten verlangt, dass dieser im Rahmen seines Auftrags keinerlei Weisungen des Untersuchungsausschusses unterworfen ist[641]. Eine derartige Auslegung des Begriffs „unabhängig“ in § 10 IV S. 1 PUAG lässt sich auch auf gesetzessystematische Erwägungen stützen. So sieht die Regelung zur Berichterstattung in § 10 III S. 9 PUAG lediglich vor, dass der Ermittlungsbeauftragte dem Ausschuss nach Abschluss seiner Untersuchungen Bericht erstattet. Hingegen kann der Ausschuss nicht die Vorlage von Zwischenberichten über den jeweiligen Stand der Ermittlungen verlangen. Ferner verzichtet § 10 IV S. 3 PUAG darauf, den Ausschuss bei der Entscheidung des Er-

---

[639] Siehe o., S. 49.

[640] Vgl. BT-Drs. 14 / 5790, Begründung zu § 10, S. 15.

[641] So ohne Begründung auch *Schneider*, NJW 2002, 1328.

mittlungsbeauftragten über die Einsetzung von Hilfskräften zu beteiligen. Dem Beauftragten wird somit ermöglicht, sich eine eigene Arbeitseinheit einzurichten, ohne dass dies eine Rücksprache mit dem Untersuchungsausschuss erfordert. Damit steht nur ein Verständnis des § 10 IV S. 1 PUAG im Einklang, welches dem Ermittlungsbeauftragten eine vom Untersuchungsausschuss unbeeinflusste Ausführung seines Auftrags garantiert.

IV. Äußerungsverbot und Zurückhaltungsgebot

Die Vorbereitung der Untersuchung durch den Ermittlungsbeauftragten findet nicht im Rahmen von Sitzungen des Untersuchungsausschusses zur Beweisaufnahme gem. § 13 I S. 1 PUAG statt. Vorbereitende Untersuchungen werden somit nicht öffentlich durchgeführt. Mit § 10 III S. 11 PUAG normiert das Untersuchungsausschussgesetz darüber hinaus Verhaltensanforderungen, die den Zugang des Ermittlungsbeauftragten zur Öffentlichkeit reglementieren. § 10 III S. 11 Hs. 2 PUAG untersagt ihm die Abgabe öffentlicher Erklärungen. Gem. § 10 III S. 11 Hs. 1 PUAG hat er im Verkehr nach außen die gebührende Zurückhaltung zu wahren. Funktion und Reichweite des somit begründeten Äußerungsverbotes und Zurückhaltungsgebotes sind zu ermitteln.

1. Zurückhaltungsgebote auf Länderebene

Um den Regelungsgehalt des § 10 III S. 11 PUAG erfassen zu können, bietet sich zunächst ein Blick auf die in einigen Untersuchungsausschussgesetzen der Länder vorzufindenden Zurückhaltungsgebote an. Diese sehen mit denen des § 10 III S. 11 PUAG zu vergleichende Beschränkungen hinsichtlich des Verhaltens der Untersuchungsausschussmitglieder in der Öffentlichkeit vor. So fordern § 9 V BadWürttUA, § 12 III BrandbgUA, § 10 III NWUA und § 9 V SächsUA übereinstimmend, dass sich die Untersuchungsausschussmitglieder vor Abschluss der Beratung über einen Gegenstand der Verhandlung einer öffentlichen Beweiswürdigung enthalten sollen. Darüber hinausgehend verlangen § 25 II RhPfUA und § 25 II ThürUA von den Mitgliedern eine entsprechende Zurückhaltung für die gesamte Zeitspanne vor Abschluss der Beratung über die Abfassung des schriftlichen Berichts an den Landtag[642]. Damit wenden sich die landesgesetzlichen Bestimmungen[643] gegen öffentliche Stellungnahmen zu Zeugenaussagen oder sonstigen Beweiserhebungen während der noch laufenden Untersuchung. So soll verhindert werden, dass die dem Untersuchungsausschuss als Ganzem vorbehaltene abschließende Würdigung der ermittelten Tatsachen von einzelnen Ausschussmit-

---

[642] Zum in zeitlicher Hinsicht weiter gefassten Anwendungsbereich der § 25 II RhPfUA und § 25 II ThürUA siehe *Brocker*, ZParl 1999, 739 (745).

[643] Auf Bundesebene sprach sich § 23 II des Gesetzentwurfes BT-Drs. 11 / 1896 für eine Unzulässigkeit öffentlicher Beweiswürdigungen vor Abschluss der Beratungen über ein Beweisthema aus.

gliedern vorweggenommen wird[644]. Bezweckt wird demnach der Schutz der noch nicht abgeschlossenen Willensbildung im Untersuchungsausschuss. Zudem weisen die Zurückhaltungsgebote auf die Verantwortlichkeit des Ausschusses für die Rechtssphäre der Auskunftspersonen eines Untersuchungsverfahrens hin[645]. Die voreilige Abgabe wertender Kommentare durch einzelne Abgeordnete kann diese in ihren Rechten verletzen.

2. Das Äußerungsverbot des § 10 III S. 11 Hs. 2 PUAG

Eine vergleichbare Bedeutung könnte auch den Regelungen des § 10 III S. 11 PUAG zukommen. Diese fordern vom Ermittlungsbeauftragten nicht nur eine gebührende Zurückhaltung, sondern enthalten mit § 10 III S. 11 Hs. 2 PUAG ein ausdrückliches Äußerungsverbot[646]. Der Sinn und Zweck des Verbotes, öffentliche Erklärungen abzugeben, ergibt sich aus der dem Ermittlungsbeauftragten zugewiesenen Aufgabe der vorbereitenden Untersuchung, insbesondere seiner gegenüber dem Untersuchungsausschuss bestehenden Berichtspflicht. Gem. § 10 III S. 9 PUAG ist der Untersuchungsausschuss ausschließlicher Adressat der schriftlichen und mündlichen Berichterstattung des Ermittlungsbeauftragten. Als Abschluss der vorbereitenden Untersuchung soll diese die Basis für eine strukturierte und gezielte öffentliche Beweiserhebung durch den Untersuchungsausschuss selbst als zentralen Verfahrensabschnitt der parlamentarischen Untersuchung schaffen[647]. Mit der Aufgabe, eine Grundlage für die Untersuchungstätigkeit des Ausschusses zu erarbeiten, ist es jedoch als unvereinbar anzusehen, dass sich ein Ermittlungsbeauftragter mit Zwischenberichten, Zusammenfassungen seiner Ermittlungsergebnisse oder sogar deren Würdigung an die Öffentlichkeit wendet. Wäre die Abgabe von derartigen öffentlichen Erklärungen seitens des Ermittlungsbeauftragten im Rahmen der vorbereitenden Untersuchung zulässig, bestünde die Gefahr, dass die dem Untersuchungsausschuss zugewiesene Durchführung öffentlicher Beweiserhebungen sowie die Darstellung der Feststellungen und Bewertungen im Schlussbericht in nicht unerheblichem Umfang antizipiert würden. Das Interesse der Öffentlichkeit an Stellungnahmen des Ermittlungsbeauftragten könnte das Interesse an der sich anschließenden Untersuchungstätigkeit des Ausschusses unter Umständen sogar überlagern. Von einem hohen Maß an Publizität hängt jedoch die Wirkung und damit auch der Erfolg der keine rechtlichen Sanktionen vorsehenden parlamentarischen Untersuchung des Ausschusses ab[648]. Weitergehend als die an die Ausschussmitglieder adressierten Zurückhaltungsgebote auf Länderebene richtet sich das den Ermittlungsbeauftragten auferlegte Äuße-

---

644 *Brocker*, ZParl 1999, 739 (745).

645 Vgl. *Kretschmer*, DVBl. 1988, 811 (819); *Brocker*, ZParl 1999, 739 (741, 747).

646 Auf die Normierung entsprechender Verhaltensanforderungen für die Untersuchungsausschussmitglieder verzichtet das Untersuchungsausschussgesetz.

647 Siehe o., S. 89 f.

648 Siehe bereits o., S. 56 f.

rungsverbot des § 10 III S. 11 Hs. 2 PUAG folglich nicht nur gegen eine Vorwegnahme der dem Untersuchungsausschuss vorbehaltenen abschließenden Bewertung der ermittelten Tatsachen, sondern dem vorgelagert bereits gegen eine Antizipation der Durchführung von Beweiserhebungen in öffentlicher Verhandlung. Zudem kann durch das Äußerungsverbot vermieden werden, dass die Rechtssphäre von Auskunftspersonen schon in der Phase der vorbereitenden Untersuchung beeinträchtigt wird.
Diese Ziele sind jedoch nur zu erreichen, wenn der Begriff der öffentlichen Erklärung im Sinne des § 10 III S. 11 Hs. 2 PUAG weit ausgelegt wird. Umfasst wird daher neben der Kundgabe wertender Äußerungen auch die Mitteilung von Tatsachen. Eine Erklärung im Sinne der Norm kann mündlich oder schriftlich abgegeben werden. Die Erklärung ist jedenfalls eine öffentliche, wenn sich der Ermittlungsbeauftragten unmittelbar an die Öffentlichkeit wendet. Gleiches muss aber auch dann gelten, wenn Äußerungen des Ermittlungsbeauftragten ihm zurechenbar über Dritte an die Öffentlichkeit gelangen, er sie also mittelbar an die Öffentlichkeit richtet. Nur ein derart weit verstandenes Äußerungsverbot vermag sowohl Pressekonferenzen, Presseerklärungen, Vorträge und Artikel als auch Interviews, Gespräche und sonstige Kontakte mit Medienvertretern zu erfassen.
Unbedenklich ist hingegen die Abgabe von öffentlichen Erklärungen durch einen Ermittlungsbeauftragten, soweit diese keinen Bezug zu seinem Ermittlungsauftrag aufweisen. Sinn und Zweck des Äußerungsverbots lassen klar erkennen, dass sich § 10 III S. 11 Hs. 2 PUAG auf solche Erklärungen nicht erstreckt.

3. Das allgemeine Zurückhaltungsgebot des § 10 III S. 11 Hs. 1 PUAG

Eingang in die Entwürfe zu § 10 III PUAG erhielt zunächst allein das an den Ermittlungsbeauftragten gerichtete Gebot, im Verkehr nach außen die gebührende Zurückhaltung zu wahren. Erst im Verlaufe der weiteren Ausschussberatungen erfolgte mit § 10 III S. 11 Hs. 2 PUAG die Aufnahme eines Äußerungsverbotes[649]. Im Interesse einer unmissverständlichen Absage an öffentlichkeitswirksame Äußerungen des Ermittlungsbeauftragten ist das generalklauselartig formulierte Zurückhaltungsgebot des § 10 III S. 11 Hs. 1 PUAG also durch die Schaffung eines speziellen Verbots konkretisiert worden.
Dies wirft die Frage auf, welcher Anwendungsbereich dem allgemeinen Zurückhaltungsgebot des ersten Halbsatzes verbleibt. Dem Gebot kommt eine eigenständige Bedeutung zu, wenn die erforderliche weite Auslegung des Begriffs der öffentlichen Erklärung im Sinne des § 10 III S. 11 Hs. 2 PUAG nicht das gesamte Auftreten des Ermittlungsbeauftragten „im Verkehr nach außen" zu erfassen vermag. Zu denken ist in diesem Zusammenhang unter anderem an die Befragung

---

649 Vgl. Deutscher Bundestag, 14. Wahlperiode, Ausschuss für Wahlprüfung, Immunität und Geschäftsordnung, PD I A 1 vom 14. Dezember 2000, Vermerk zum Berichterstattergespräch vom 28. November 2000, S. 2.

von Personen im Wege informatorischer Anhörungen gem. § 10 III S. 6 PUAG oder an Gespräche beziehungsweise schriftliche Kontakte mit Privatpersonen oder Vertretern der Exekutive, die eine vom Ermittlungsbeauftragten geforderte Vorlage von Beweismitteln zum Gegenstand haben. Die Inhalte dieser den parlamentsinternen Bereich verlassenden Kontakte können zwar auch durch die Auskunftsperson, den Gesprächspartner oder die Kontaktperson an die Öffentlichkeit getragen werden. Dem Ermittlungsbeauftragten zurechenbare öffentliche Erklärungen sind darin jedoch grundsätzlich nicht zu erblicken. Somit wird sichtbar, dass dem Zurückhaltungsgebot des § 10 III S. 11 Hs. 1 PUAG ein eigenständiger Anwendungsbereich verbleibt. Dieser erstreckt sich auf das gesamte Verhalten des Ermittlungsbeauftragten, soweit es über den parlamentsinternen Bereich hinauswirkt, im Zusammenhang mit der Ausführung des Ermittlungsauftrags steht und keine öffentliche Erklärung im Sinne des § 10 III S. 11 Hs. 2 PUAG darstellt. Aufgrund des somit zwar bestimmbaren, letztlich aber diffusen Anwendungsbereichs bleibt unklar, was eine gebührende Zurückhaltung im Sinne des § 10 III S. 11 Hs. 1 PUAG vom Ermittlungsbeauftragten im Einzelfall verlangt. Im Ergebnis bringt das Gebot daher lediglich das gesetzgeberische Anliegen zum Ausdruck, ein vorzeitiges Bekanntwerden von Ermittlungsergebnissen sowie jedwede öffentliche Profilierung des Ermittlungsbeauftragten vermeiden zu wollen. Das Äußerungsverbot des zweiten Halbsatzes ergänzend wird somit der unterstützende Charakter seiner Tätigkeit, seine „nach außen dienende Funktion"[650] hervorgehoben. Dieses Verständnis von der Aufgabe der vorbereitenden Untersuchung hat der Ermittlungsbeauftragte seiner gesamten Auftragsausführung zugrunde zu legen.

4. Verbindlichkeit

Den Zurückhaltungsgeboten der Untersuchungsausschussgesetze der Länder wird eine rechtliche Verbindlichkeit zum einen aufgrund des verfassungsrechtlichen Rangs des Rederechts der Abgeordneten abgesprochen[651]. Bezieht man der Vollständigkeit halber die als unwahrscheinlich zu erachtende Konstellation, dass der Untersuchungsausschuss einen Parlamentarier zum Ermittlungsbeauftragten bestimmt[652], in die Betrachtungen mit ein, lässt sich das Problem der Verbindlichkeit ebenfalls bezüglich der Beschränkungen des § 10 III S. 11 PUAG aufwerfen. Es stellt sich dann die Frage, ob die Annahme eines verbindlichen Äußerungsverbotes und Zurückhaltungsgebotes die gem. Art. 38 I S. 2 GG garantierte Teilha-

[650] Vgl. *Bachmaier*, Interview in: SZ vom 27. Februar 2001, S. 6.

[651] Vgl. *Brocker*, ZParl 1999, 739 (745, 747). Zur Erwägung, auf die Einführung eines entsprechenden bundesgesetzlichen Zurückhaltungsgebotes aufgrund einer zu weitgehenden Einschränkung der Mandatsfreiheit zu verzichten, vgl. BT-Drs. 11 / 8085, S. 21.

[652] Vgl. o., S. 109 f.

be[653] desjenigen Abgeordneten, der als Ermittlungsbeauftragter tätig wird, in verfassungsrechtlich erheblicher Weise beeinträchtigt.
Soweit der Abgeordnete Stellungnahmen in seiner Funktion als Ermittlungsbeauftragter abgeben möchte, kommt eine etwaige Beeinträchtigung seiner Statusgarantie durch die Regelungen des § 10 III S. 11 PUAG aber nur in Betracht, wenn die Wahrnehmung des Ermittlungsauftrags durch einen Abgeordneten überhaupt der Mandatsausübung zuzuordnen ist und somit von den Schutzwirkungen des Art. 38 I S. 2 GG erfasst wird. Grundsätzlich erstreckt sich der Schutzbereich des Art. 38 I S. 2 GG nicht nur auf die Tätigkeit des Abgeordneten im Plenum, sondern auch in den Ausschüssen[654]. Denn die Ausschüsse sind Organe des Parlaments und die Zugehörigkeit zu und die Tätigkeit in ihnen beruht auf dem Mandat[655]. Bezöge sich die Gewähr des freien Mandats nur auf das Verhalten eines Abgeordneten im Plenum, bestünde angesichts der Verlagerung des Schwerpunktes der parlamentarischen Arbeit in die Ausschüsse die Gefahr, dass der mit Art. 38 I S. 2 GG bezweckte Schutz ausgehöhlt würde[656]. Unfraglich ist demnach auch die Tätigkeit der Mitglieder eines Untersuchungsausschusses Bestandteil der Mandatsausübung. Gleiches könnte hinsichtlich der Ermittlungstätigkeit eines Abgeordneten als Ermittlungsbeauftragten zum Zwecke der Vorbereitung der Untersuchungstätigkeit des Ausschusses gelten. Für die Einordnung dieser Tätigkeit erweist sich jedoch als entscheidend, dass die Durchführung einer vorbereitenden Untersuchung im Sinne des § 10 PUAG gerade nicht Parlamentariern vorbehalten ist. Selbst wenn ein Ausschussmitglied oder ein sonstiger Abgeordneter zum Ermittlungsbeauftragten bestimmt wird, beruht dessen Einsetzung und Tätigkeit demnach nicht auf seinem Mandat. Die Wahrnehmung des Ermittlungsauftrags durch einen Abgeordneten wird also nicht von den Schutzwirkungen des Art. 38 I S. 2 GG erfasst. Daraus ergibt sich zunächst, dass Stellungnahmen des zum Ermittlungsbeauftragten bestimmten Abgeordneten, die er in seiner Funktion als Ermittlungsbeauftragter abgibt, nicht dem Rederecht aus Art. 38 I S. 2 GG unterfallen. Gleiches muss aber auch dann gelten, wenn er sich im Parlament zwar nicht in dieser Funktion äußern will, seine Ausführungen aber dennoch einen Bezug zu seinem Ermittlungsauftrag aufweisen. Folglich scheidet eine Beeinträchtigung der verfassungsrechtlichen Statusgarantie eines Abgeordneten durch die Beschränkungen des § 10 III S. 11 PUAG aus.

---

[653] Zum Rederecht als Recht des Abgeordneten auf Teilhabe vgl. Pieroth, in: *Jarass / Pieroth*, Grundgesetz, Art. 44 Rn. 31 f.; *Häberle*, NJW 1976, 537 (538 ff.).

[654] Achterberg / Schulte, in: *v. Mangoldt / Klein / Starck*, Grundgesetz, Art. 38 Rn. 45; Badura, in: Bonner Kommentar zum Grundgesetz, Art. 38 Rn. 55; *Kasten*, Ausschußorganisation und Ausschußrückruf, S. 176 ff.

[655] Vgl. Badura, in: Bonner Kommentar zum Grundgesetz, Art. 38 Rn. 55; Achterberg / Schulte, in: *v. Mangoldt / Klein / Starck*, Grundgesetz, Art. 38 Rn. 45.

[656] *Kasten*, Ausschußorganisation und Ausschußrückruf, S. 179; vgl. auch Achterberg / Schulte, in: *v. Mangoldt / Klein / Starck*, Grundgesetz, Art. 38 Rn. 45.

Eine Unverbindlichkeit der Zurückhaltungsgebote auf Länderebene und eine daher lediglich bestehende Appellfunktion wird zum anderen mit dem Befund begründet, dass ein etwaiger Verstoß gegen diese Gebote sanktionslos ist[657]. Denn auf die Mitglieder des Untersuchungsausschusses finden die Vorschriften der §§ 22 ff. StPO über den Ausschluss und die Ablehnung von Richtern trotz des Verweises des Art. 44 II S. 1 GG keine Anwendung[658]. Untersuchungsausschussmitglieder agieren gerade nicht als unabhängige Richter, sondern als „strukturell befangene" Politiker mit parteipolitischer Interessenbindung[659]. Auf das an den Ermittlungsbeauftragten gerichtete Äußerungsverbot und Zurückhaltungsgebot lässt sich das Argument der mangelnden Sanktionierbarkeit etwaiger Verstöße jedoch nicht übertragen, da gem. § 10 IV S. 2 PUAG die Möglichkeit besteht, den Ermittlungsbeauftragten mit einer Mehrheit von zwei Dritteln der Ausschussmitglieder abzuberufen. Vor allem bei massiven Verstößen eines Ermittlungsbeauftragten gegen das Äußerungsverbot bietet es sich für den Ausschuss an, von diesem Recht Gebrauch zu machen. Zwar stellt das Erfordernis der Zweidrittelmehrheit eine aus gutem Grunde nur schwer zu erfüllende Voraussetzung zur Absetzung eines Ermittlungsbeauftragten dar[660]. Ein medienwirksam agierender, sich öffentlich profilierender Ermittlungsbeauftragter kann den notwendigen Rückhalt im Ausschuss aber durchaus verlieren. Greift er der gem. Art. 44 I S. 1 GG dem Untersuchungsausschuss zugewiesenen öffentlichen Erhebung von Beweisen und deren Bewertung in erheblicher Weise vor, so ist auch denkbar, dass die zur Absetzung erforderliche Zweidrittelmehrheit im Ausschuss erreicht wird. Bei eher geringfügigen Verletzungen des Äußerungsverbotes oder Verstößen gegen das unbestimmte Zurückhaltungsgebot könnte es sich für den Ausschuss zunächst anbieten, die Abberufung nach § 10 IV S. 2 PUAG nur anzudrohen. Festzuhalten bleibt demnach, dass dem Untersuchungsausschuss mit der Möglichkeit der Abberufung ein Instrument an die Hand gegeben wird, das Zurückhaltungsgebot und insbesondere das Äußerungsverbot notfalls durchzusetzen. Die Bedeutung der Beschränkungen des § 10 III S. 11 PUAG geht folglich über die eines bloßen Appells hinaus.

---

[657] Vgl. *Brocker*, ZParl 1999, 739 (746).

[658] Vgl. nur *Brocker*, ZParl 1999, 739 (746); *Wiefelspütz*, ZParl 2002, 551 (559); Klein, in: *Maunz / Dürig*, Grundgesetz, Art. 44 Rn. 93.

[659] Vgl. *Wiefelspütz*, ZParl 2002, 551 (559); Enquête-Kommission Verfassungsreform, BT-Drs. 7 / 5924, S. 55. Zur parteipolitischen Eingebundenheit der Abgeordneten siehe bereits o., S. 110.

[660] Siehe o., S. 114 f.

D. Die Befugnisse des Ermittlungsbeauftragten

Das Untersuchungsausschussgesetz gewährt dem Ermittlungsbeauftragten verschiedene Befugnisse, die sächlichen Beweismittel zu beschaffen. Allerdings wählt es nicht den Weg, die Befugnisse im Rahmen der Regelungen zum Ermittlungsbeauftragten speziell auszugestalten, sondern ordnet gem. § 10 III S. 3 und S. 4 PUAG die entsprechende Geltung von Befugnissen an, die dem Untersuchungsausschuss zustehen. Diese Vorgehensweise überrascht, stellen diese Befugnisse doch die Mittel zur Durchführung der dem Ausschuss zugewiesenen Beweiserhebung im Sinne des Art. 44 I und II GG dar. Der Ermittlungsbeauftragte hingegen hat diesen Verfahrensabschnitt lediglich vorzubereiten. Soll er zur Erfüllung dieser Aufgabe etwa mit zwangsmittelbewehrten Beweiserhebungsbefugnissen ausgestattet werden? Räumt das Untersuchungsausschussgesetz auch ihm die Möglichkeit ein, seine Befugnisse auf dem Rechtswege durchzusetzen? Wird beabsichtigt, einen Ermittlungsbeauftragten mit einem solchen Eigengewicht zu schaffen? Die aufgeworfenen Fragen verlangen nach einer Klärung, in welchem Umfang § 10 III S. 3 und S. 4 PUAG auf die §§ 18, 19 und 30 PUAG verweist. In diesem Kontext ist ferner das Recht des Ermittlungsbeauftragten zu erläutern, gem. § 10 III S. 6 PUAG informatorische Anhörungen durchführen zu können.

I. Keine Delegation der formalisierten Beweiserhebung

Das Untersuchungsausschussgesetz selbst weist darauf hin, dass mit den Verweisen in § 10 III S. 3 und S. 4 PUAG keine derart mächtige Stellung des Ermittlungsbeauftragten begründet werden soll. Denn werden dem Ermittlungsbeauftragten die Rechte gem. § 10 III S. 3 i.V.m. §§ 18, 19 PUAG oder § 10 III S. 4 i.V.m. § 30 PUAG nicht freiwillig gewährt, verlangt § 10 III S. 5 PUAG einen Beweisbeschluss des Untersuchungsausschusses gem. § 17 I PUAG. Ergänzend weist die Begründung der Beschlussempfehlung darauf hin, dass es bei einer nicht freiwilligen Überlassung von Beweismitteln oder Zugänglichmachung von Augenscheinsobjekten nicht nur eines förmlichen Beweisbeschlusses des Ausschusses bedarf, sondern dem Ausschuss die erzwingbare Vernehmung von Zeugen sowie eventuell weitere notwendige Untersuchungshandlungen ebenfalls vorbehalten bleiben[661]. Durch diese Erläuterung soll verdeutlicht werden, dass der Ermittlungsbeauftragte keine dem Ausschuss selbst zugewiesenen förmlichen Beweiserhebungen vornehmen kann[662]. Der Regelung des § 10 III S. 5 PUAG und

---

[661] BT-Drs. 14 / 5790, Begründung zu § 10, S. 15.

[662] Vgl. Deutscher Bundestag, 14. Wahlperiode, Ausschuss für Wahlprüfung, Immunität und Geschäftsordnung, abgedruckt in Ausschussdrucksache 14-G-58: Stellungnahme des Bundesministeriums der Justiz vom 11. Januar 2001, S. 1. Dem Vorschlag der Stellungnahme folgten die Berichterstatter, vgl. Deutscher Bundestag, 14. Wahlperiode, Ausschuss für Wahlprüfung, Immunität und Geschäftsordnung, PD I A 1 vom 12. Februar 2001, Vermerk zum Berichterstattergespräch vom 9. Februar 2001, S. 2.

der Begründung der Beschlussempfehlung ist demnach zu entnehmen, dass die selbständige Informationsbeschaffung durch den Ermittlungsbeauftragten von der durch Beweisbeschlüsse formalisierten Beweiserhebung zu trennen ist[663]. Erst mit einem Beweisbeschluss des Ausschusses wird in die Phase der förmlichen und grundsätzlich öffentlichen Beweiserhebung eingetreten. Er ist Voraussetzung dafür, die notfalls auch mit Zwangsmitteln oder einer Beschreitung des Rechtsweges durchsetzbaren Beweiserhebungsbefugnisse des Untersuchungsausschusses anzuwenden. Als Bestandteil der förmlichen Beweiserhebung bleibt es daher dem Ausschuss auch vorbehalten, über eine Anordnung oder Beantragung von Zwangsmitteln sowie die Anrufung des Bundesverfassungsgerichts oder des Ermittlungsrichters beim Bundesgerichtshof zu entscheiden[664]. Hinsichtlich der gem. § 18 III Hs. 1 PUAG (i.V.m. § 19 PUAG) gewährten Möglichkeit, das Bundesverfassungsgericht anzurufen, ist dieses Ergebnis bereits deshalb zwingend, weil ein Ermittlungsbeauftragter im Organstreit nach Art. 93 I Nr. 1 GG, § 63 BVerfGG nicht parteifähig ist[665]. Die Annahme eines Verweises des § 10 III S. 3 PUAG auf § 18 III Hs. 1 PUAG oder § 19 i.V.m. § 18 III Hs. 1 PUAG ist somit von vornherein ausgeschlossen. Zudem deckt der Wortlaut des § 10 III S. 3 und S. 4 PUAG eine einschränkende Auslegung der Verweise auf §§ 18, 19 und 30 PUAG. Denn es wird nur eine „entsprechende“ Anwendung der §§ 18, 19 und 30 PUAG vorgesehen und die Möglichkeit einer eigenständigen Durchsetzung der Befugnisse nicht erwähnt.

Demnach bleibt festzuhalten, dass die gem. § 10 III S. 3 und 4 PUAG angeordnete entsprechende Anwendung der §§ 18, 19 und 30 PUAG keine Delegation von durchsetzbaren Beweiserhebungsbefugnissen auf den Ermittlungsbeauftragten beinhaltet. Nur ein insoweit beschränkter Umfang der Sachaufklärungsrechte des Ermittlungsbeauftragten steht auch im Einklang mit der Tatsache, dass dieses neu geschaffene Modell den zunächst vorgesehenen vorbereitenden Unterausschuss ersetzt, der zwar das sächliche Beweismaterial beschaffen und aufbereiten sowie Zeugen informatorisch anhören sollte, dem aber nicht die Vornahme förmlicher Beweiserhebungen zugewiesen wurde[666]. Es ist kein Anhaltspunkt dafür ersicht-

---

[663] Klein, in: *Maunz / Dürig*, Grundgesetz, Art. 44 Rn. 195 f., geht hingegen ohne nähere Begründung von einer Delegation der Beweisaufnahme aus. Widersprüchlich Schneider, in: Alternativkommentar zum Grundgesetz, Art. 44 Rn. 14 f.: einerseits soll die Beweiserhebung als wichtigster Teil des Untersuchungsverfahrens der vorbereitenden Untersuchung eines Ermittlungsbeauftragten nachfolgen, andererseits soll die Beweisaufnahme auch durch den Ermittlungsbeauftragten durchgeführt werden können.

[664] Bezüglich Zwangsbefugnissen vgl. auch *Mager*, Der Staat 2002, 597 (605); siehe ferner *Wiefelspütz*, Das Untersuchungsausschussgesetz, S. 202, der in der Ausgestaltung der Befugnisse des Ermittlungsbeauftragten dessen insoweit nachgeordnete und unselbständige Stellung betont sieht.

[665] So auch Klein, in: *Maunz / Dürig*, Grundgesetz, Art. 44 Rn. 247, der allerdings die Anrufung des Ermittlungsrichters beim Bundesgerichtshof nicht für von vornherein ausgeschlossen hält.

[666] Siehe o, S. 88.

lich, dass mit dem Verfahrensmodell des Ermittlungsbeauftragten von dieser Konzeption einer vorbereitenden Untersuchung abgewichen werden soll. Stünden dem Ermittlungsbeauftragten im Rahmen seiner unabhängigen Auftragsausführung durchsetzbare Beweiserhebungsbefugnisse zu, würde seine Ermittlungstätigkeit die Untersuchung durch den Ausschuss ferner nicht nur vorbereiten, sondern teilweise vorwegnehmen[667]. Eine Übertragung der im Rahmen der förmlichen Beweiserhebung zu treffenden Entscheidungen auf den Ermittlungsbeauftragten widerspräche daher der ihm allein zukommenden Aufgabe, den Ausschuss zu unterstützen.

Nur wenn man die Sachaufklärungsrechte des Ermittlungsbeauftragten als Instrumente einer Informationsbeschaffung begreift, die von der durch Beweisbeschlüsse formalisierten Beweiserhebung zu unterscheiden ist, werden auch die verfassungsrechtlichen Vorgaben ausreichend berücksichtigt. Denn Art. 44 I S. 1 GG sieht vor, dass der Untersuchungsausschuss die erforderlichen Beweise erhebt[668]. Eine Ermächtigung, Beweiserhebungen auf eine Subinstanz zu übertragen, enthält Art. 44 GG gerade nicht. Der Wortlaut des Art. 44 I S. 1 GG sowie die fehlende verfassungsrechtliche Ermächtigung zur Delegation sprechen somit gegen die Möglichkeit, die Vornahme von Beweiserhebungen durch einfaches Gesetz auf einen Ermittlungsbeauftragten übertragen zu können[669]. Zudem wäre es widersprüchlich, einerseits das Plenum gem. Art. 44 I S. 1 GG nicht als berechtigt anzusehen, selbst die Beweiserhebungsbefugnisse des Untersuchungsausschusses ausüben zu können[670], ihm andererseits aber zu gestatten, die Wahrnehmung der besonderen Befugnisse einfach-gesetzlich auf einen Ermittlungsbeauftragten delegieren zu dürfen. Die Zulässigkeit einer solchen Delegation lässt sich ferner nicht mit Art. 44 III GG begründen, der es dem Untersuchungsausschuss nach allgemeiner Auffassung unter anderem gestattet, einzelne Beweiserhebungen durch Behörden und Gerichte im Wege der Amts- und Rechtshilfe durchführen zu lassen[671]. Denn damit wird keine Aussage darüber getroffen, ob die Durchführung

---

[667] Kritisch zu Voruntersuchungen durch einen Vertreter des öffentlichen Interesses beim Bundestag oder einen Unterausschuss daher *Kipke*, Die Untersuchungsausschüsse des Deutschen Bundestages, S. 210 ff.; Schlussbericht Enquêtekommission Verfassungsrecht, BT-Drs. 7 / 5924, S. 54; hinsichtlich Vorermittlungen durch Justizpersonen vgl. *Baum*, ZParl 1974, 530 (534).

[668] Kritisch zur Übertragung durchsetzbarer Beweiserhebungsbefugnisse auf einen Unterausschuss Umbach, in: *Umbach / Clemens*, Grundgesetz, Art. 44 Rn. 90; *Quaas / Zuck*, NJW 1988, 1873 (1879); *Morlok*, RuP 2000, 208 (212); hinsichtlich Zeugenvernehmungen *Partsch*, Gutachten für den 45. Deutschen Juristentag, S. 73.

[669] Vgl. auch Deutscher Bundestag, 14. Wahlperiode, Ausschuss für Wahlprüfung, Immunität und Geschäftsordnung, abgedruckt in Ausschussdrucksache 14-G-58: Stellungnahme des Bundesministeriums der Justiz vom 11. Januar 2001, S. 1.

[670] So die allgemeine Auffassung, siehe o. S. 50.

[671] So aber Klein, in: *Maunz / Dürig*, Grundgesetz, Art. 44 Rn. 195. Zur Beweisaufnahme im Wege der Rechts- und Amtshilfe vgl. *Engels*, Parlamentarische Untersuchungsausschüsse, S. 166 f.; Morlok, in: *Dreier*, Grundgesetz, Art. 44 Rn. 40 und 51; Schneider, in: Alternativkommentar zum Grundgesetz, Art. 44 Rn. 17.

von Beweiserhebungen einfach-gesetzlich auf ein dem Ausschuss zuzuordnendes, wenn auch nicht notwendig aus seiner Mitte hervorgehendes Hilfsorgan übertragen werden kann[672].

II. Das Vorlageersuchen gegenüber dem Bund gem. § 10 III S. 3 i.V.m. § 18 I PUAG

Die auf dem ersten Blick unbeschränkten Verweise des § 10 III S. 3 und S. 4 PUAG können nun konkretisiert werden. Gem. § 10 III S. 3 PUAG hat der Ermittlungsbeauftragte entsprechend § 18 PUAG das Recht auf Vorlage von Beweismitteln. Somit kann er die in § 18 I PUAG aufgeführten Adressaten um die Vorlage insbesondere von Akten als sächliche Beweismittel ersuchen[673]. Bundesregierung, Behörden des Bundes sowie bundesunmittelbare Körperschaften, Anstalten und Stiftungen des öffentlichen Rechts sind zwar gem. § 10 III S. 3 i.V.m. § 18 I PUAG angehalten, dem Begehren des Ermittlungsbeauftragten nachzukommen. Da die notfalls auch durchsetzbare Verpflichtung zur Vorlage von Beweismitteln aber erst mit der Fassung eines Beweisbeschlusses durch den Untersuchungsausschuss entsteht, bleibt der Ermittlungsbeauftragte im Rahmen seiner eigenhändigen Ermittlungstätigkeiten auf eine freiwillige Vorlage der Beweismittel durch den Bund angewiesen.

1. Keine entsprechende Anwendung des § 18 II S. 2 und III PUAG

Daraus ergeben sich folgende Konsequenzen für den verfahrensrechtlichen Ablauf bei der Ablehnung seines Vorlageersuchens beziehungsweise bei einer Vorlage der Beweismittel als Verschlusssache. § 18 II S. 2 PUAG sieht in diesen Fällen eine schriftliche Unterrichtung des Untersuchungsausschusses über die Gründe der Ablehnung oder der Einstufung als Verschlusssache vor, so dass dieser in der Lage ist, über die Ergreifung von Rechtsschutzmöglichkeiten nach § 18 III PUAG zu entscheiden[674]. Der Verweis des § 10 III S. 3 PUAG auf § 18 PUAG führt nach den gewonnenen Erkenntnissen nicht dazu, dass bei Vorlageersuchen des Ermittlungsbeauftragten selbiger zu unterrichten ist und daraufhin den Rechtsweg zumindest zum Ermittlungsrichter beim Bundesgerichtshof gem. 18 III Hs. 2 PUAG beschreiten kann[675]. Als weitere notwendige Untersuchungshandlung im Rahmen der Beweiserhebung wird ausschließlich dem Untersuchungsausschuss die Möglichkeit eingeräumt, sein in die Form des Beweisbeschlusses gekleidetes Vorlageersuchen gem. § 18 III PUAG durchzusetzen. Der Verweis des § 10 III S. 3

---

[672] Insoweit besteht auch ein gewichtiger Unterschied zu den auf Länderebene teilweise vorgesehenen und von den vorbereitenden Unterausschüssen zu unterscheidenden Unterausschüssen zur Beweisaufnahme; siehe dazu o., S. 88 Fn. 523.

[673] Zur Bedeutung des Aktenvorlageanspruchs gegenüber der Bundesregierung siehe o, S. 66 ff.

[674] Siehe dazu o., S. 68 f.

[675] Zur mangelnden Parteifähigkeit im Organstreitverfahren siehe bereits o., S. 124.

PUAG auf das dem Ermittlungsbeauftragten entsprechend § 18 PUAG zustehende Recht auf Vorlage von Beweismitteln erfasst die Regelungen des § 18 II S. 2 und III PUAG folglich nicht.

2. Zusammenarbeit mit dem Untersuchungsausschuss

Wird dem Ermittlungsbeauftragten die freiwillige Vorlage von Beweismitteln verweigert, bleibt es ihm unbenommen, einen Beschluss des Ausschusses nach § 17 I PUAG anzuregen, um zumindest die zum Zwecke einer effektiven Vorbereitung der Untersuchung unentbehrlichen Beweismittel einsehen zu können. Tritt der Untersuchungsausschuss diesen Vorschlag aufgreifend in die Beweiserhebung ein, kann er selbst oder der Ermittlungsbeauftragte im Namen des Untersuchungsausschusses gem. § 18 I PUAG die Vorlage der fraglichen Beweismittel verlangen. Wird dem nicht entsprochen, ist es Sache des Untersuchungsausschusses, über die Inanspruchnahme von Rechtsschutz gem. § 18 III GG zu entscheiden[676], um dann eine Weiterleitung der letztlich vorgelegten Beweismittel an den Ermittlungsbeauftragten zu erwägen. Der Ermittlungsbeauftragte kann sich also bei mangelnder Kooperation der Vorlageverpflichteten um eine Zusammenarbeit mit dem Untersuchungsausschuss bemühen. Die ihm gem. § 10 IV S. 1 PUAG garantierte unabhängige Auftragsausführung wird dadurch nicht beeinträchtigt[677]. Denn diese Unabhängigkeit bezieht sich allein auf die Organisation und den Ablauf der vorbereitenden Untersuchung[678], nicht aber auf Entscheidungen über die Durchsetzung von Beweiserhebungsbefugnissen.
Zu beachten ist ferner, dass die auf Anregung des Ermittlungsbeauftragten vom Untersuchungsausschuss beschafften Beweismittel rechtmäßig als Verschlusssache eingestufte Materialien enthalten können. Dem Ermittlungsbeauftragten dürfen solche Unterlagen aber nur zugänglich gemacht werden, soweit er gem. § 16 I PUAG zum Umgang mit ihnen ermächtigt und zur Geheimhaltung verpflichtet worden ist[679]. Sichtbar wird hier die Notwendigkeit, den Ermittlungsbeauftragten in den Geheimnisschutz einzubeziehen, um ihm eine erfolgreiche Ausführung des Ermittlungsauftrags zu ermöglichen.

III. Die Vorlage von Beweismitteln im Wege der Rechts- und Amtshilfe gem. § 10 III S. 3 i.V.m. § 18 IV S. 1 PUAG

§ 10 III S. 3 PUAG verweist grundsätzlich auch auf die Bestimmungen zur Rechts- und Amtshilfe gem. § 18 IV PUAG[680]. Der Ermittlungsbeauftragte kann

---

[676] So im Ergebnis trotz anderen Ausgangspunktes auch Klein, in: *Maunz / Dürig*, Grundgesetz, Art. 44 Rn. 247, um die nach seinem Ansatz bestehenden „Ungereimtheiten" zu vermeiden.

[677] So aber Klein, in: *Maunz / Dürig*, Grundgesetz, Art. 44 Rn. 247.

[678] Siehe o., S. 116 f.

[679] Siehe dazu o., S. 62 ff.

[680] Zu § 18 IV PUAG siehe oben, S. 69 ff.

somit Gerichte und Verwaltungsbehörden gem. § 10 III S. 3 i.V.m. § 18 IV S. 1 PUAG um die Vorlage sächlicher Beweismittel ersuchen. Er bleibt aber auf eine freiwillige Kooperation der ersuchten Stellen angewiesen.
Verweigern die Gerichte oder Behörden im Sinne des § 18 IV S. 1 PUAG eine Herausgabe von Akten an den Ermittlungsbeauftragten, bedarf es entgegen § 10 III S. 5 PUAG nicht notwendigerweise eines Beschlusses des Untersuchungsausschusses gem. § 17 I PUAG. Dies ergibt sich daraus, dass Vorlagebegehren des Untersuchungsausschusses gem. § 18 IV S. 1 PUAG an Art. 44 III GG anknüpfen[681] und somit nicht der formalisierten Beweiserhebung im Sinne des Art. 44 I S. 1 und II GG zuzuordnen sind. Zur Inanspruchnahme von Rechts- und Amtshilfe gem. Art. 44 III GG ist ein Beweisbeschluss daher nicht erforderlich[682]. Ein Recht des Ermittlungsbeauftragten, gem. § 18 IV S. 2 PUAG bei Streitigkeiten über Vorlagebegehren im Rahmen der Rechts- und Amtshilfe selbständig den Rechtsweg zum Ermittlungsrichter beschreiten zu können, widerspräche jedoch seiner rein unterstützenden Funktion. Folglich ist auch hinsichtlich des Rechts des Ermittlungsbeauftragten, Gerichte und Behörden um Rechts- und Amtshilfe zu ersuchen, von einem nur eingeschränkten Verweis des § 10 III S. 3 PUAG auf § 18 PUAG auszugehen. Als weitere notwendige Untersuchungshandlung bleibt es dem Untersuchungsausschuss vorbehalten, gem. § 18 IV S. 2 PUAG den Ermittlungsrichter beim Bundesgerichtshof anzurufen. Der Ermittlungsbeauftragte kann dem Ausschuss diesbezüglich lediglich einen Vorschlag unterbreiten. Im Ergebnis sieht § 10 III S. 3 PUAG also eine entsprechende Anwendung des § 18 IV S. 1 PUAG, nicht aber des § 18 IV S. 2 PUAG vor.

IV. Die Einnahme eines Augenscheins gem. § 10 III S. 3 i.V.m. § 19 PUAG

Gem. § 10 III S. 3 PUAG haben Ermittlungsbeauftragte ferner entsprechend § 19 PUAG das Recht der Augenscheineinnahme. Aufgrund des in § 19 PUAG enthaltenen Verweises auf § 18 PUAG richtet sich die Behandlung dieses - für ein parlamentarisches Untersuchungsverfahren lediglich ausnahmsweise relevanten - Beweismittels nach den Regelungen über das Vorlageersuchen gem. § 18 PUAG[683]. Fragt man also nach dem Umfang der Rechte des Ermittlungsbeauftragten anlässlich einer gewünschten Augenscheineinnahme, ist auf die gewonnenen Erkenntnisse zum Verweis des § 10 III S. 3 PUAG auf § 18 PUAG zurückzugreifen. Die Regelung des § 10 III S. 3 PUAG verweist daher nur auf § 19 PUAG, soweit dieser eine entsprechenden Geltung des § 18 I und IV S. 1 PUAG zur Folge hat.
Beabsichtigt ein Ermittlungsbeauftragter die Einnahme eines Augenscheins bei der Bundesregierung oder sonstigen Verpflichteten des § 18 I PUAG, bedarf es demnach im Falle der nicht freiwilligen Einräumung gem. § 10 III S. 5 PUAG

[681] Siehe o., S. 69.
[682] Vgl. bereits BVerfGE 67, 100 (145); *Stern*, AöR 109 (1984), 199 (243).
[683] Siehe o., S. 71 f.

eines Beweisbeschlusses des Untersuchungsausschusses gem. § 17 I PUAG, der somit in die Beweiserhebung eintritt. Die Pflicht, über die Gründe einer Ablehnung gem. § 18 II S. 2 PUAG zu unterrichten, besteht wiederum nur gegenüber dem Ausschuss. Denn die hier aufgrund des beschränkten Verweises des § 19 PUAG auf 18 III Hs. 1 PUAG allein in Betracht kommende Möglichkeit, das Bundesverfassungsgericht anzurufen[684], ist von vornherein nur dem Ausschuss eröffnet.

Wird dem Ermittlungsbeauftragten die Einnahme eines Augenscheins im Rahmen der Rechts- und Amtshilfe aus § 18 IV S. 1 PUAG verweigert, ist ein Beschluss im Sinne des § 17 I PUAG zwar nicht erforderlich. Die Möglichkeit, bei Streitigkeiten gem. § 18 IV S. 2 PUAG den Ermittlungsrichter beim Bundesgerichtshof entscheiden zu lassen, steht aber auch hier ausschließlich dem Untersuchungsausschuss zu.

V. Das Vorlageersuchen gegenüber Privaten gem. § 10 III S. 4 i.V.m. § 29 I PUAG

Gegenüber Privaten kann der Ermittlungsbeauftragte gem. § 10 III S. 4 PUAG „Herausgabeansprüche entsprechend § 30“ PUAG geltend machen. Ihm soll offensichtlich die Möglichkeit eröffnet werden, die Herausgabe von Beweismitteln bezüglich privater Sachverhalte zu verlangen, die unmittelbar oder mittelbar Gegenstand der parlamentarischen Untersuchung sind[685]. Es verwirrt jedoch, dass § 10 III S. 4 PUAG zu diesem Zweck auf die Regelungen des § 30 PUAG verweist. Die grundsätzlich bestehende Verpflichtung der ersuchten Personen, in ihrem Gewahrsam befindliche und für die Untersuchung potentiell bedeutsame Beweismittel herauszugeben, normiert nämlich § 29 I PUAG[686]. § 30 PUAG hingegen sieht eine zunächst geheime Behandlung der fraglichen Beweismittel für den Fall vor, dass der Gewahrsamsinhaber den Einwand der Unerheblichkeit erhebt oder Geheimhaltungsinteressen geltend macht[687]. Es hätte somit nahe gelegen, mit der Regelung des § 10 III S. 4 PUAG zumindest auch auf die Grundnorm des § 29 PUAG zu verweisen.

1. Der versehentliche Verweis auf § 30 PUAG

Die Unklarheiten, die sich aufgrund der gem. § 10 III S. 4 PUAG vorgesehenen entsprechenden Anwendung des § 30 PUAG ergeben[688], lassen sich auflösen. Anlässlich der Erarbeitung der endgültigen Beschlussempfehlung des federführenden Ausschusses für Wahlprüfung, Immunität und Geschäftsordnung ist übersehen

---

[684] Siehe o. S. 71.
[685] Ausführlich zur Herausgabepflicht Privater siehe o., S. 79 ff.
[686] Siehe o., S. 80.
[687] Dazu o., S. 82 ff.
[688] Siehe insbesondere Klein, in: *Maunz / Dürig*, Grundgesetz, Art. 44 Rn. 247 mit Fn. 1.

worden, dass eine Änderung des Verweises des § 10 III S. 4 auf § 30 der Beschlussempfehlung in einen Verweis auf § 29 der Beschlussempfehlung notwendig geworden war. Diese Notwendigkeit ergab sich aufgrund der ersatzlosen Streichung einer Vorschrift. So sah zwar der ursprüngliche § 25 der Beschlussempfehlung[689] - in Übereinstimmung mit § 25 des Entwurfes der Fraktionen SPD und Bündnis 90 / Die Grünen[690] - die mögliche Vereidigung von Zeugen vor. Im weiteren Verlauf der Beratungen entschied man sich jedoch gegen eine Aufnahme der Vereidigungsbefugnis in die gesetzliche Regelung[691], so dass der ursprüngliche § 25 der Beschlussempfehlung entfiel und die folgende Paragraphennummerierung angepasst werden musste[692]. Legte infolge dieser Anpassung nicht mehr § 30, sondern § 29 der Beschlussempfehlung die grundsätzliche Herausgabepflicht Privater fest, hätte dies auch zu einer entsprechenden Korrektur des Verweises in § 10 III S. 4 der Beschlussempfehlung führen müssen. Dies ist versäumt worden. Der somit versehentlich bestehen gebliebene Verweis des § 10 III S. 4 PUAG auf § 30 PUAG ist demnach als Verweis auf § 29 PUAG zu verstehen.

2. Keine entsprechende Geltung des § 29 II und III PUAG

Verlangt der Ermittlungsbeauftragte auf Grundlage einer entsprechenden Geltung des § 29 I PUAG die Herausgabe von Beweismitteln, ist er wie bei Ersuchen nach § 10 III S. 3 i.V.m. § 18 I PUAG auf ihre freiwillige Vorlage und Auslieferung angewiesen. Denn verweigert der Ersuchte die Herausgabe, verlangt § 10 III S. 5 PUAG ebenso hier einen Beweisbeschluss gem. § 17 I PUAG. Da die Durchsetzung der Beweiserhebungsbefugnisse Sache des Untersuchungsausschusses bleibt, ist es dem Ermittlungsbeauftragten verwehrt, die Erzwingungsmaßnahmen aus § 29 II und III PUAG zu ergreifen. Die den entsprechenden Vorschriften der Strafprozessordnung nachgebildeten Möglichkeiten der Festsetzung eines Ordnungsgeldes gem. § 29 II S. 1 PUAG, der Beantragung des Zwangsmittels der Haft gem. § 29 II S. 2 PUAG sowie der Beschlagnahme gem. § 29 S. 1 III PUAG[693] werden ausschließlich dem Untersuchungsausschuss eingeräumt[694]. Die Regelung des § 10 III S. 4 PUAG, die dem Ermittlungsbeauftragten das Recht

---

689 Vgl. noch Deutscher Bundestag, 14. Wahlperiode, Ausschuss für Wahlprüfung, Immunität und Geschäftsordnung, PD I A 1 vom 14. Dezember 2000, Vermerk zum Berichterstattergespräch vom 28. November 2000, Fortgeschriebener Entwurf eines Untersuchungsausschussgesetzes, Anlage 1, S. 35.

690 BT-Drs. 14 / 2518.

691 Zu diesem Verzicht siehe o., S. 78 f.

692 Vgl. Deutscher Bundestag, 14. Wahlperiode, Ausschuss für Wahlprüfung, Immunität und Geschäftsordnung, PD I A 1 vom 12. Februar 2001, Vermerk zum Berichterstattergespräch vom 9. Februar 2001, Fortgeschriebener Entwurf eines Untersuchungsausschussgesetzes, Anlage 1, S. 33.

693 Zu den Regelungen des § 29 II und III PUAG siehe o., S. 80 ff.

694 Anders Klein, in: *Maunz / Dürig*, Grundgesetz, Art. 44 Rn. 247, der allerdings von einem Verweis des § 10 III S. 4 PUAG auf § 30 PUAG ausgeht.

gewährt, Herausgabeansprüche gegenüber Privaten geltend zu machen, verweist im Ergebnis also nur auf § 29 I PUAG.
Hält ein Ermittlungsbeauftragter die Beschaffung zurückgehaltener Beweismittel für unbedingt erforderlich, um die Untersuchung vorbereiten zu können, ist ihm daher nur die Möglichkeit gegeben, dem Untersuchungsausschuss vorzuschlagen, einen entsprechenden Beweisbeschluss zu fassen sowie gegebenenfalls Zwangsmittel festzusetzen oder zu beantragen. Erzwingt der Untersuchungsausschuss daraufhin die Herausgabe von Beweismitteln, sind hinsichtlich einer eventuellen Weitergabe derselben an den Ermittlungsbeauftragten die Anforderungen zu beachten, die sich aus einer zunächst geheimen Behandlung im Sinne des § 30 I PUAG ergeben können. Macht der Gewahrsamsinhaber gem. § 30 I PUAG den Einwand der Unerheblichkeit oder Geheimhaltungsinteressen geltend, dürfen die in § 29 II und III PUAG genannten Zwangsmittel nur angeordnet werden, wenn der Untersuchungsausschuss eine Einstufung der Beweismittel in den Geheimhaltungsgrad „geheim" vorgenommen hat[695]. Eine Weitergabe dieser Unterlagen an den Ermittlungsbeauftragten setzt also wiederum voraus, dass der Beauftragte in den Geheimnisschutz einbezogen worden ist[696].

3. Rechtsschutzmöglichkeiten der Privaten

Gegen eine Festsetzung beziehungsweise Anordnung von Zwangsmitteln wird dem Gewahrsamsinhaber Rechtsschutz beim Bundesgerichtshof gewährt[697]. Setzt der Untersuchungsausschuss zur Durchsetzung des Vorlageanspruchs gem. § 29 II S. 1 PUAG ein Ordnungsgeld fest, kann der Gewahrsamsinhaber dagegen gem. § 36 I PUAG Beschwerde beim Bundesgerichtshof in entsprechender Anwendung der § 304 ff. StPO[698] erheben. Ordnet der Ermittlungsrichter auf Antrag des Ausschusses zur Erzwingung der Herausgabe gem. § 29 II S. 2 PUAG die Haft oder gem. § 29 III PUAG die Beschlagnahme und gegebenenfalls Durchsuchung an, ist die Beschwerde zum Bundesgerichtshof gem. § 36 III PUAG statthaft.
Vor Verabschiedung des Untersuchungsausschussgesetzes war umstritten, ob diesen Rechtsschutzmöglichkeiten vorgelagert auch ein Rechtsbehelf gegen das bloße Herausgabeverlangen eines Untersuchungsausschusses gegeben ist[699]. Nach überwiegender Auffassung wurde zwar der Verwaltungsrechtsweg als eröffnet angesehen[700]. Im Ergebnis blieben die Anträge auf Gewährung vorläufigen

---

695 Siehe o., S. 82.
696 Siehe bereits o., S. 127.
697 Zur entsprechenden Konzentration des Rechtsschutzes beim Zeugenbeweis vgl. o., S. 74.
698 Vgl. BT-Drs. 14 / 5790, Begründung zu § 21, S. 18.
699 Die Gewährung eines Rechtsbehelfs ablehnend *Schneider*, Referat für den 57. Deutschen Juristentag, S. 86.
700 OVG Münster, NVwZ 1987, 608 f.; OVG Münster, DÖV 1990, 846 f.; *Klenke*, NVwZ 1995, 644 (648 f.); vgl. auch *Wielelspütz*, Das Untersuchungsausschussgesetz, S. 277; nach *Di Fabio*, Rechtsschutz im parlamentarischen Untersuchungsverfahren, S. 85 und 100 ff., ist der Rechtsweg

Rechtsschutzes[701] und die im Hauptsacheverfahren verfolgte Anfechtungsklage sowie mit Hilfsanträgen verfolgte Leistungsklage beziehungsweise Feststellungsklage[702] aber ohne Erfolg. Zur Begründung wurde darauf verwiesen, dass eine dem Gebot effektiven Rechtsschutzes genügende richterliche Überprüfung der Voraussetzungen der Herausgabepflicht jedenfalls im Rahmen der vom Richter zu treffenden Entscheidung über eine Anordnung von Zwangsmaßnahmen gem. § 95 II StPO i.V.m. § 70 StPO oder § 98 StPO erfolgt.

Eine andere Ansicht erwog aufgrund der Anordnung einer sinngemäßen Anwendung der Vorschriften über den Strafprozess in Art. 44 II S. 1 GG die Stellung eines Antrags bei den ordentlichen Gerichten auf Überprüfung des Vorlageersuchens gem. § 98 II S. 2 StPO[703]. Denn bei Herausgabeverlangen der Staatsanwaltschaft[704] wird angesichts der drohenden Anwendung von Maßnahmen nach § 95 II StPO[705] überwiegend ein Antrag auf richterliche Entscheidung analog § 98 II S. 2 StPO für zulässig erachtet[706].

Die Regelungen des Untersuchungsausschussgesetzes zur Herausgabepflicht und zum Verfahren bei der Vorlage von Beweismitteln gem. §§ 29, 30 PUAG stellen nun keinen gesonderten Rechtsbehelf zur Verfügung, um gegen das Herausgabeverlangen eines Untersuchungsausschusses vorgehen zu können. Einer Beschwerde gegen die Anordnung von Zwangsmitteln vorgelagert wird dem Gewahrsamsinhaber gem. § 30 I PUAG aber die Möglichkeit eröffnet, durch die Erhebung des Einwandes der Unerheblichkeit der herausverlangten Beweismittel oder die Geltendmachung von Geheimhaltungsinteressen eine zunächst „geheime" Behandlung der Beweismittel zu erwirken[707]. Will der Untersuchungsausschuss nach Durchsicht und Prüfung dieser Beweismittel die Aufhebung des Geheimhaltungsgrades beschließen, kann der über das Beweismittel Verfügungsberechtigte ferner eine gerichtliche Entscheidung erzwingen. Denn widerspricht er der Aufhebung des Geheimhaltungsgrades durch den Ausschuss, so entscheidet gem. § 30 IV S. 2 PUAG auf Antrag des Untersuchungsausschusses oder eines Viertels seiner Mitglieder der Ermittlungsrichter beim Bundesgerichtshof über die Aufhebung.

---

zum Bundesverfassungsgericht eröffnet, wenn die Auslegung von Verfassungsrecht den Kern des Rechtsstreits bildet.

[701] Vgl. OVG Münster, NVwZ 1987, 608 ff.; dem folgend *Klenke*, NVwZ 1995, 644 (648 f.).

[702] Vgl. OVG Münster, DÖV 1990, 846 f.

[703] Siehe *Schneiders*, MDR 1988, 705 (708); vgl. auch *Ossenbühl*, Rechtsschutz im parlamentarischen Untersuchungsverfahren, S. 192 f. und 196.

[704] Zum Streit, ob die Staatsanwaltschaft für das Verlangen auch zuständig ist, wenn Gefahr im Verzug nicht besteht, siehe *Meyer-Goßner*, StPO, § 95 Rn. 2.

[705] Maßnahmen nach § 95 II StPO können nach allgemeiner Auffassung nur vom Richter verhängt werden; vgl. nur *Meyer-Goßner*, StPO, § 95 Rn. 9; *Bittmann*, wistra 1990, 325 (335).

[706] Vgl. *Bittmann*, wistra 1990, 325 (331); *Kurth*, NStZ 1983, 327 (328); Rudolphi, in: Systematischer Kommentar zur StPO, § 95 Rn. 7; Schäfer, in: *Löwe-Rosenberg*, StPO, § 95 Rn. 22; a.A. *Meyer-Goßner*, StPO, § 95 Rn. 12.

[707] Siehe o., S. 82.

Mit dieser Regelung des Verfahrens der Vorlage von Beweismitteln, die einen Interessenausgleich des Adressaten des Herausgabeverlangens und des Untersuchungsausschusses zum Ziel hat[708], könnte sich der Gesetzgeber grundsätzlich gegen die Möglichkeit der isolierten Überprüfung eines Herausgabeverlangens des Ausschusses ausgesprochen haben. Ausgeschlossen wäre dann auch eine Anrufung des Bundesgerichtshofs gemäß der allgemeinen Rechtsschutznorm des § 36 I PUAG, da diese eine Zuständigkeit des Bundesgerichtshofs für Streitigkeiten nach dem Untersuchungsausschussgesetz nur vorsieht, soweit die Vorschriften dieses Gesetzes nichts anderes bestimmen.
In ersten Erläuterungen zum Untersuchungsausschussgesetz wird jedoch auch bei einem bloßen Herausgabeverlangen des Ausschusses der Rechtsweg zum Bundesgerichtshof gem. § 36 I PUAG als gegeben erachtet[709]. Für die Einräumung einer entsprechenden Rechtsschutzmöglichkeit spricht, dass ein Ordnungsgeld im parlamentarischen Untersuchungsverfahren gem. § 29 II S. 1 PUAG nicht wie im Strafverfahren vom Richter, sondern vom Untersuchungsausschuss selbst festgesetzt wird und somit eine gerichtliche Überprüfung des Herausgabeverlangens vor der Verhängung einer Zwangsmaßnahme nicht zwingend vorgeschrieben ist. Unergiebig ist hingegen die Begründung der Beschlussempfehlung, nach der eine „Streitigkeit nach diesem Gesetz" im Sinne des § 36 I PUAG vorliegen soll, „wenn der Deutsche Bundestag, einer seiner Untersuchungsausschüsse oder Teile dieser Organe einer der Beteiligten an einer gerichtlich ausgetragenen Auseinandersetzung im Zusammenhang mit einem Untersuchungsverfahren ist"[710].
Unabhängig davon, ob man eine Anrufung des Bundesgerichtshofs gem. § 36 I PUAG zur Überprüfung eines Herausgabeverlangens des Ausschusses für möglich hält oder nicht, wird ein entsprechender Rechtsschutz jedenfalls nicht gegenüber dem Vorlageersuchen eines Ermittlungsbeauftragten gem. § 10 III S. 4 i.V.m. § 29 I PUAG gewährt. Maßgeblich ist, dass erst nach der Fassung eines Beweisbeschlusses gem. § 10 III S. 5 PUAG i.V.m. § 17 I PUAG ein notfalls auch durchsetzbarer Anspruch auf Vorlage und Auslieferung eines Beweisgegenstandes besteht[711]. Der Ermittlungsbeauftragte hat demnach nur solange das Recht, Beweismittel im eigenen Namen und in eigener Regie zu beschaffen, soweit noch keine diesbezüglichen Beweisbeschlüsse des Untersuchungsausschusses vorliegen. Gegen solche, der förmlichen Beweiserhebung vorgeschaltete Ersuchen kann sich der Gewahrsamsinhaber aber bereits mit einer schlichten Weigerung ausreichend zur Wehr setzten.
Stehen Herausgabeansprüche des Ermittlungsbeauftragten gegenüber Gewahrsamsinhabern gem. § 10 III S. 4 i.V.m. § 29 I PUAG im Raum, muss man sich

[708] Siehe o., S. 82.
[709] Vgl. Klein, in: *Maunz / Dürig*, Grundgesetz, Art. 44 GG Rn. 245; *Wiefelspütz*, Das Untersuchungsausschussgesetz, S. 279.
[710] Siehe BT-Drs. 14 / 5790, Begründung zu § 36 PUAG, S. 21.
[711] Siehe o., S. 123 ff.

vergegenwärtigen, dass eine entsprechende Vorlage den rechtlichen Interessen des Gewahrsamsinhabers auch dienlich sein kann. Ist der Gewahrsamsinhaber berechtigterweise der Auffassung, dass die fraglichen Beweismittel für die Untersuchung nicht von Bedeutung sind, ist eine freiwillige Herausgabe an den Ermittlungsbeauftragten unter Umständen sogar zu empfehlen. Dadurch besteht die Möglichkeit, private oder geschäftliche Unterlagen bereits nach einer ersten Sondierung durch den Ermittlungsbeauftragten zurückzuerlangen. Auf diese Weise kann vermieden werden, dass eine Herausgabe dieser Unterlagen erzwungen wird und eine Durchsicht und Prüfung durch den Untersuchungsausschuss erfolgt. Die Beweismittel würden also nicht unnötig zum Gegenstand der Untersuchung des Ausschusses. Der Gewahrsamsinhaber hat in diesem Zusammenhang jedoch zu berücksichtigen, dass er im Falle einer freiwilligen Herausgabe an den Ermittlungsbeauftragten nicht wie bei § 30 PUAG eine Einstufung der Beweismittel in den Geheimhaltungsgrad „Geheim" erwirken kann.

VI. Informatorische Anhörungen gem. § 10 III S. 6 PUAG

Gem. § 10 III S. 6 PUAG kann der Ermittlungsbeauftragte Personen informatorisch anhören. Diese Regelung weist neben § 10 III S. 5 PUAG im besonderen Maße auf die von der Beweiserhebung des Ausschusses zu unterscheidende Informationsbeschaffung des Ermittlungsbeauftragten hin. Dem Ermittlungsbeauftragten wird die Befugnis, informatorische Anhörungen durchzuführen, gerade anstelle der dem Ausschuss vorbehaltenen erzwingbaren Vernehmung von Zeugen und Sachverständigen gewährt[712]. Was aber ist unter einer informatorischen Anhörung zu verstehen? Welche Pflichten und Rechte bestehen für die Auskunftspersonen im Gegensatz zu denen bei einer Vernehmung? Welche Bedeutung hat dieses Mittel der Informationserlangung für die vorbereitende Untersuchung sowie die Untersuchungstätigkeit des Ausschusses?

1. Der Rechtscharakter informatorischer Anhörungen

Informatorische Anhörungen zur Informationsgewinnung sind dem Recht der parlamentarischen Untersuchung bekannt. Soweit zur Vorbereitung einer Untersuchung die Bildung eines Unterausschusses vorgesehen wird, findet sich überwiegend auch ein Recht des Unterausschusses, Personen informatorisch anzuhören[713]. Vor diesem Hintergrund erscheint die mit § 10 III S. 6 PUAG erfolgte Niederlegung einer entsprechenden Möglichkeit für den Ermittlungsbeauftragten im Untersuchungsausschussgesetz als konsequent. Sowohl den Erläuterungen zur vorbereitenden Untersuchung durch Unterausschüsse[714] als auch der Begründung der Beschlussempfehlung zum Untersuchungsausschussgesetz ist aber nur zu ent-

[712] Vgl. BT-Drs. 14 / 5790, Begründung zu § 10, S. 15.
[713] Siehe o., S. 88.
[714] Vgl. zuletzt BT-Drs. 14 / 2518, Begründung zu § 10, S. 12.

nehmen, dass zwischen informatorischen Anhörungen von Personen und erzwingbaren Vernehmungen zu differenzieren ist. An näheren Ausführungen zum verfahrensrechtlichen Ablauf einer informatorischen Anhörung mangelt es. Um eine rechtliche Einordnung dieses Informationsinstruments vornehmen zu können, bietet sich daher zunächst ein Blick auf die Anhörungsrechte an, die in anderen Verfahren zur Aufklärung von Sachverhalten bestehen.

a) Anhörungsrechte des Petitionsausschusses und des Wehrbeauftragten

Im parlamentarischen Bereich wird die informatorische Anhörung als Mittel der eigenen unmittelbaren Sachaufklärung dem Petitionsausschuss und dem Wehrbeauftragten gewährt.

Art. 45 c II GG i.V.m. dem Gesetz über die Befugnisse des Petitionsausschusses des Deutschen Bundestages[715] regelt die über die allgemeinen Informationsrechte von Ausschüssen hinausgehenden besonderen Befugnisse des Petitionsausschusses, die ihm zur Überprüfung von Beschwerden der Bürger an den Bundestag zur Verfügung stehen[716]. Gem. § 4 PetAG wird dem Petitionsausschuss unter anderem die Befugnis verliehen, den Petenten, Zeugen und Sachverständige anzuhören. Nach allgemeiner Auffassung besteht für die Auskunftspersonen weder die Pflicht, vor dem Petitionsausschuss zu erscheinen, noch die Pflicht, eine Aussage zu machen[717]. Dies ergebe sich gerade aus der Verwendung des Begriffs „anhören" statt „vernehmen"[718]. Der Petitionsausschuss ist somit auf freiwillige Angaben angewiesen. Eine Befugnis zur Vereidigung der angehörten Personen besteht nicht[719]. Da das Verfahren vor dem Petitionsausschuss keinen Beschuldigten bzw. Angeklagten kennt und auch kein kontradiktorisches Parteiverfahren darstellt, kommen als Zeugen im Sinne des § 4 PetAG auch die Bediensteten jener Behörde in Betracht, deren Verhalten überprüft werden soll, sowie die Bediensteten, die selbst Anlass für die Petition gegeben haben[720]. Bei informatorischen Befragungen von Angehörigen der Bundesverwaltung, die als aussagebereite Zeugen zur Verfügung stehen, muss jedoch beachtet werden, dass es einer Aussagegenehmi-

[715] Vom 19. Juli 1975 (BGBl. I, S. 1921).

[716] Nicht aber bei Bitten im Sinne der Art. 17, 45 c I GG; vgl. Würtenberger, in: Bonner Kommentar zum Grundgesetz, Art. 45 c Rn. 128 ff.; *Vitzthum / März*, Der Petitionsausschuß, Rn. 39.

[717] Vgl. Achterberg / Schulte, in: *v. Mangoldt / Klein / Starck*, Grundgesetz, Art. 45 c Rn. 65; Würtenberger, in: Bonner Kommentar zum Grundgesetz, Art. 45 c Rn. 169; Dürig, in: *Maunz / Dürig*, Grundgesetz, Art. 45 c Rn. 32; *Vitzthum / März*, Der Petitionsausschuß, Rn. 41.

[718] So Dürig, in: *Maunz / Dürig*, Grundgesetz, Art. 45 c Rn. 32, der auch auf die Gegenüberstellung beider Begriffe in Art. 41 a II S. 2 und S. 3 Nordrh.-WestfVerf. verweist.

[719] Vgl. Achterberg / Schulte, in: *v. Mangoldt / Klein / Starck*, Grundgesetz, Art. 45 c Rn. 65; Würtenberger, in: Bonner Kommentar zum Grundgesetz, Art. 45 c Rn. 170.

[720] Vgl. Dürig, in: *Maunz / Dürig*, Grundgesetz, Art. 45 c Rn. 31; Achterberg / Schulte, in: *v. Mangoldt / Klein / Starck*, Grundgesetz, Art. 45 c Rn. 64; Würtenberger, in: Bonner Kommentar zum Grundgesetz, Art. 45 c Rn. 167.

gung bedarf, wenn der Gegenstand der Anhörung der Amtsverschwiegenheit unterliegt[721].

Das somit umrissene Anhörungsrecht des Petitionsausschusses besteht als zusätzliches Informationsmittel neben der jedem Ausschuss zustehenden Möglichkeit, öffentliche Anhörungssitzungen im Sinne des § 70 GOBT durchzuführen[722]. Der Unterschied zu diesen sogenannten „Hearings" liegt aufgrund der vorausgesetzten Bereitschaft zur Aussage im Ergebnis aber nur darin, dass eine Anhörung gem. § 4 PetAG in nichtöffentlicher Sitzung erfolgen kann[723].

Dem Anhörungsrecht des Petitionsausschusses wurde ein entsprechendes Verfahrensinstitut für den Wehrbeauftragten nachgebildet[724]. Gem. § 3 Nr. 1 S. 4 WBeauftrG ist der Wehrbeauftragte bei einem Tätigwerden aufgrund Weisung des Bundestages oder des Verteidigungsausschusses gem. § 1 II WBeauftrG sowie bei einer Eingabe, der eine Beschwerde des Einsenders zugrunde liegt, berechtigt, den Einsender, Zeugen und Sachverständige anzuhören. Sowohl zur Vorbereitung als auch zur Durchführung[725] dieser Verfahren erhält der Wehrbeauftragte somit unmittelbaren Zugang zu den aufgeführten Informationsquellen[726]. Wie schon beim Anhörungsrecht des Petitionsausschusses existiert für die Auskunftspersonen keine Erscheinungs- oder Aussagepflicht[727]. Einhellig wird dem Wehrbeauftragten daher auch die Befugnis abgesprochen, sein Anhörungsrecht gegebenenfalls mit Zwangsmitteln durchzusetzen[728]. Ein Vereidigungsrecht besteht hier ebenfalls nicht[729]. Trotz mangelnder Durchsetzbarkeit wird die dem Wehrbeauftragten gewährte Möglichkeit der Zeugen- und Sachverständigenanhörung als „sehr hilfreich bei der Sachaufklärung" angesehen[730].

b) Informatorische Befragungen im staatsanwaltlichen Vorermittlungsverfahren

Die Strafverfolgungsbehörden sind gem. § 152 II StPO zu einem Tätigwerden verpflichtet, wenn ein Anfangsverdacht hinsichtlich einer begangenen Straftat

---

[721] Vgl. dazu Würtenberger, in: Bonner Kommentar zum Grundgesetz, Art. 45 c Rn. 171 f.; Dürig, in: *Maunz / Dürig*, Grundgesetz, Art. 45 c Rn. 33.

[722] Zu diesen Anhörungen siehe bereits o. S. 33 f.

[723] Die Effizienz des Anhörungsrechts bezweifeln daher Würtenberger, in: Bonner Kommentar zum Grundgesetz, Art. 45 c Rn. 169; Achterberg / Schulte, in: *v. Mangoldt / Klein / Starck*, Grundgesetz, Art. 45 c Rn. 65.

[724] So Busch, in: Bonner Kommentar zum Grundgesetz, Art. 45 b Rn. 253 a.

[725] Klein, in: *Maunz / Dürig*, Grundgesetz, Art. 45 b Rn. 59.

[726] Vgl. Achterberg / Schulte, in: *v. Mangoldt / Klein / Starck*, Grundgesetz, Art. 45 b Rn. 91.

[727] Vgl. Busch, in: Bonner Kommentar zum Grundgesetz, Art. 45 b Rn. 257; Heun, in: *Dreier*, Grundgesetz, Art. 45 b Rn. 18 Fn. 77.

[728] Vgl. Klein, in: *Maunz / Dürig*, Grundgesetz, Art. 45 b Rn. 61; Busch, in: Bonner Kommentar zum Grundgesetz, Art. 45 b Rn. 254; Heun, in: *Dreier*, Grundgesetz, Art. 45 b Rn. 18 Fn. 77.

[729] Vgl. Klein, in: *Maunz / Dürig*, Grundgesetz, Art. 45 b Rn. 61.

[730] Vgl. den Jahresbericht des Wehrbeauftragten von 1983, BT-Drs. 10 / 1061, S. 3; Achterberg / Schulte, in: *v. Mangoldt / Klein / Starck*, Grundgesetz, Art. 45 b Rn. 91.

vorliegt. Zur Klärung der Frage, ob zureichende tatsächliche Anhaltspunkte im Sinne des § 152 II StPO gegeben sind und somit eine Veranlassung besteht, ein Ermittlungsverfahren einzuleiten, werden in der staatsanwaltschaftlichen Praxis Ermittlungen sowie Überprüfungen durchgeführt[731]. Überwiegend werden diese den Ermittlungsverfahren vorgeschalteten Verfahren als „Vorermittlungen" bezeichnet[732]. Im Rahmen dieser Vorermittlungen kann sich die Staatsanwaltschaft in der Strafprozessordnung nicht geregelter einfacher Informationsmittel bedienen, soweit diese keinen Eingriffscharakter aufweisen[733]. Diese tatsächlichen Ermittlungsmaßnahmen werden in der Regel von der Polizei durchgeführt[734]. Zu den zur Verfügung stehenden Informationsmitteln zählt auch die informatorische Befragung von Auskunftspersonen[735]. Dieses Sachaufklärungsinstrument findet in Rechtsprechung[736] und Literatur weitgehend Anerkennung und wird beschrieben als ein „Herumfragen" im Vorfeld des Anfangsverdachts, um ein grobes Bild darüber zu gewinnen, ob wirklich der Verdacht einer Straftat besteht, und wer als Beschuldigter oder Zeuge in Betracht kommt[737]. Informatorische Befragungen anlässlich staatsanwaltlicher Vorermittlungen stellen keine Vernehmungen dar[738]. Eine Auskunftspflicht der informatorisch Befragten besteht daher nicht. Da keine Vernehmung vorliegt, müssen die an eine Vernehmung anknüpfenden Belehrungs- sowie Hinweispflichten gem. § 55 II StPO und § 136 I S. 2 StPO ebenfalls nicht beachtet werden[739]. Entsprechende Belehrungspflichten können auch nicht unmittelbar dem im Rechtsstaatsprinzip und allgemeinen Persönlichkeitsrecht des

---

[731] Vgl. *Lange*, Vorermittlungen, S. 13, 17.

[732] Vgl. LG Offenburg NStZ 1993, 506 (506); *Wölfl*, JuS 2001, 478 (479); Wolter, in: Systematischer Kommentar zur StPO, Vor § 151 StPO Rn. 156 a; Rieß, in: *Löwe-Rosenberg*, StPO, § 152 Rn. 33 f., § 163 Rn. 18; *Kramer*, Grundbegriffe des Strafverfahrensrechts, Rn. 172; *Schäfer*, Die Praxis des Strafverfahrens, Rn. 253; *Lange*, Vorermittlungen, S. 17 ff., die sich mit der uneinheitlichen Terminologie auseinandersetzt: so wird der dem Ermittlungsverfahren vorgehende Verfahrensabschnitt auch als „Informationsverfahren", „Sondierungsverfahren", Bereich der „Initiativermittlungen" oder Phase der Durchführung von „Vorfeldermittlungen" bezeichnet.

[733] Vgl. *Wölfl*, JuS 2001, 478 (481); *Lange*, Vorermittlungen, S. 138 ff., letztere auch ausführlich zum Problem einer fehlenden gesetzlichen Grundlage zum Umgang mit personenbezogenen Daten und den damit zusammenhängenden Eingriffen in das Recht auf informationelle Selbstbestimmung.

[734] *Lange*, Vorermittlungen, S. 137 f.

[735] Teilweise wird auch hier der Begriff der informatorischen Anhörung verwendet; vgl. *Moormann*, Die informatorische Anhörung im Ermittlungsverfahren, S. 13 ff.

[736] BGH, NStZ 1983, 86; OLG Stuttgart, MDR 1977, 70 (70).

[737] Vgl. *Meyer-Goßner*, StPO, § 163 Rn. 9; *Lange*, Vorermittlungen, S. 145; *Roxin*, Strafverfahrensrecht, § 25 Rn. 10; Rogall, in: Systematischer Kommentar zur StPO, Vor § 133 Rn. 44.

[738] So die Rechtsprechung und überwiegend das Schrifttum: BGHSt 38, 214 (227 f.); OLG Hamm VRS 41, 384 (385); OLG Stuttgart, MDR 1977, 70 (70); *Lange*, Vorermittlungen, S. 147; Rogall, in: Systematischer Kommentar zur StPO, Vor § 133 StPO Rn. 46; *Meyer-Goßner*, StPO, Einl. Rn. 79. Für die Gegenansicht Wolter, in: Systematischer Kommentar zur StPO, Vor § 151 StPO Rn. 156 a.

[739] Rogall, in: Systematischer Kommentar zur StPO, Vor § 133 StPO Rn. 46; *Meyer-Goßner*, StPO, Einl. Rn. 79.

Art. 2 I i.V.m. Art. 1 I GG verfassungsrechtlich verankerten „nemo-tenetur-Prinzip“ entnommen werden[740]. Zwar gilt der Grundsatz, sich nicht selbst anklagen oder gegen sich selbst aussagen zu müssen, für das gesamte Strafverfahren und ist somit ebenfalls bei der Durchführung von Vorermittlungen zu berücksichtigen[741]. Außerdem ist die Gefahr, dass sich Befragte durch bereits während des Vorermittlungsverfahrens getätigte Aussagen selbst belasten könnten, nicht von der Hand zu weisen. Allein daraus kann aber nicht auf eine Pflicht geschlossen werden, die Befragten bereits zum Zeitpunkt der bloßen Prüfung eines Anfangsverdachts darüber zu belehren, keine Auskunft geben zu müssen. Folge wären nicht nur ausufernde Belehrungspflichten, sondern vor allem erhebliche Beeinträchtigungen des Bestrebens, Straftaten aufzuklären[742]. Eine vorsorgliche Belehrung bereits in diesem frühen Stadium würde geradezu einer Aufforderung gleichkommen, keine Angaben zu machen[743]. Eine derart weitreichende Belehrungspflicht fordert das „nemo-tenetur-Prinzip“ nicht.

2. Das Anhörungsrecht des Ermittlungsbeauftragten

Die hinsichtlich der Anhörungsrechte des Petitionsausschusses und des Wehrbeauftragten sowie der informatorischen Befragung im staatsanwaltlichen Vorermittlungsverfahren getroffenen Feststellungen lassen Rückschlüsse auf die rechtliche Ausgestaltung der von einem Ermittlungsbeauftragten durchzuführenden informatorischen Anhörung zu. Zum einen handelt es sich wie bei den Anhörungsrechten des § 4 PetAG und § 3 Nr. 1 S. 4 WBeauftrG bei der informatorischen Anhörung gem. § 10 III S. 6 PUAG um die Gewährung eines besonderen Sachaufklärungsrechts an eine dem Parlament zuzuordnende Einheit. Zum anderen bestehen Ähnlichkeiten zur Funktion informatorischer Befragungen anlässlich staatsanwaltlicher Vorermittlungen[744]. Denn die Aufgabe, den Kreis der die Aufklärung eines Sachverhalts ermöglichenden Auskunftspersonen zu erfassen, um somit gezielte Vernehmungen vorzubereiten[745], bildet auch einen Bestandteil der dem Ermittlungsbeauftragten zugewiesenen Vorbereitung der Beweiserhebung durch den Untersuchungsausschuss.

Als allgemeines Merkmal der Durchführung informatorischer Anhörungen beziehungsweise Befragungen hat sich das Erfordernis einer freiwilligen Mitwirkung

---

[740] Zum „nemo-tenetur-Grundsatz“ vgl. nur BVerfGE 38, 105 (113 ff.); BGHSt 1, 39 (40); *Schroeder*, Strafprozessrecht, Rn. 371 ff.; *Meyer-Goßner*, StPO, Einl. Rn. 29 a.

[741] Vgl. *Lange*, Vorermittlungen, S. 116; *Moormann*, Die informatorische Anhörung im Ermittlungsverfahren, S. 36 f.

[742] Vgl. BGH, NJW 1388 (1390); OLG Stuttgart, MDR 1977, 70 (70).

[743] *Lange*, Vorermittlungen, S. 119; *Moormann*, Die informatorische Anhörung im Ermittlungsverfahren, S. 58 f.

[744] Vgl. bereits *Bachmaier*, NJW 2002, 348 (348), der auf die Parallele zu polizeilichen und staatsanwaltlichen Vorermittlungen hinweist.

[745] Siehe dazu *Moormann*, Die informatorische Anhörung im Ermittlungsverfahren, S. 23 ff.

der Auskunftspersonen herauskristallisiert. Hält also ein Ermittlungsbeauftragter die Befragung bestimmter Personen für geboten, so ist auch er auf das freiwillige Erscheinen dieser Auskunftspersonen angewiesen. Erzwingungsmaßnahmen scheiden von vornherein aus. Nicht nachzuvollziehen ist daher die Behauptung, der Ermittlungsbeauftragte könne zum Beispiel Zeugen gem. § 20 PUAG laden und bei Nichterscheinen zwangsweise Vorführungen gem. § 21 PUAG anordnen[746]. Einen Verweis auf die Befugnisse des Untersuchungsausschusses zur Ladung eines Zeugen gem. § 20 PUAG und der im Falle des Nichterscheinens gem. § 21 I PUAG zur Verfügung stehenden Maßnahmen, zu denen unter anderem die Anordnung einer zwangsweisen Vorführung zählt, enthalten die Regelungen zum Ermittlungsbeauftragten in § 10 III PUAG gerade nicht. Die Annahme, dass dem Ermittlungsbeauftragten entsprechende Befugnisse zustehen, widerspricht somit dem Wortlaut sowie der Systematik des Gesetzes und erfasst den ermittelten Rechtscharakter einer informatorischen Anhörung nicht.

Weitere Konsequenz der vorausgesetzten freiwilligen Mitwirkung ist das Nichtbestehen einer Aussagepflicht der Auskunftspersonen gegenüber dem Ermittlungsbeauftragten. Die Vernehmung von Zeugen, die mit den Maßnahmen des § 27 PUAG erzwungen werden kann[747], bleibt dem Untersuchungsausschuss vorbehalten[748]. Im Vergleich zur Vernehmung von Zeugen durch den Untersuchungsausschuss ergibt sich somit für die Durchführung informatorischer Anhörungen gem. § 10 III S. 6 PUAG im Einzelnen folgendes:

Die an eine Vernehmung durch den Untersuchungsausschuss anknüpfenden Belehrungspflichten des § 22 III PUAG, die sich auf die Zeugnisverweigerungsrechte gem. § 22 I PUAG sowie das dem § 55 StPO nachgebildete Aussageverweigerungsrecht des § 22 II PUAG beziehen[749], finden bei der Durchführung informatorischer Anhörungen keine Anwendung. Eine besondere Hinweispflicht kann auch nicht bezüglich einer informatorischen Befragung derjenigen Personen konstruiert werden, gegen die sich die parlamentarische Untersuchung überwiegend richtet oder richten könnte. Das Untersuchungsausschussgesetz enthält keine gesonderte Normierung der Verfahrensstellung des „Betroffenen" bei der Vernehmung durch den Untersuchungsausschuss und sieht daher keine dem § 136 I S. 2 StPO nachgebildete Pflicht vor, auf das Bestehen eines umfassenden Schweigerechts hinzuweisen[750]. Selbst wenn man aber die Gewährung eines umfassenden Schweigerechts einschließlich entsprechender Hinweispflicht aufgrund der in Art. 44 II S. 1 GG vorgesehenen sinngemäßen Anwendung der Strafprozessordnung bei Vernehmungen befürwortete[751], wäre eine Vorverlagerung dieser Hinweispflicht auf

[746] So *Schneider*, NJW 2002, 1328.
[747] Siehe o., S. 73.
[748] Vgl. BT-Drs. 14 / 5790, Begründung zu § 10, S. 15.
[749] Siehe o., S. 72 f.
[750] Siehe o., S. 75 ff.
[751] Das Untersuchungsausschussgesetz schließt dies nicht aus; siehe o., S. 77.

das Verfahren der informatorischen Anhörung mit der Aufgabe der Aufklärung von im öffentlichen Interesse liegenden Sachverhalten nicht zu vereinbaren. Eine derartige Hinweispflicht könnte hier schon die bloße Erfassung der für die Aufklärung des Untersuchungsgegenstandes relevanten Zeugen erschweren. Durch das im Rahmen der vorbereitenden Untersuchung bestehende Recht, nicht erscheinen und nicht aussagen zu müssen, wird auch denjenigen Auskunftspersonen, die als „Betroffene" eines parlamentarischen Untersuchungsverfahrens qualifiziert werden könnten, ausreichender Schutz gewährt. Anlässlich informatorischer Anhörungen durch den Ermittlungsbeauftragten bedarf es folglich keines Hinweises auf das Nichtbestehen einer Aussagepflicht.

Ist eine Auskunftsperson weder zum Erscheinen noch zur Aussage verpflichtet, so spricht doch nichts dagegen, ihr im Falle eines freiwilligen Erscheinens zu gestatten, einen rechtlichen Beistand ihres Vertrauens zur informatorischen Befragung hinzuzuziehen[752]. Eine entsprechende Hinweispflicht, wie sie § 20 II PUAG bei der Ladung von Zeugen durch den Untersuchungsausschuss vorsieht, kann dem Ermittlungsbeauftragten hingegen nicht auferlegt werden.

Eine Strafbarkeit der informatorisch Angehörten wegen falscher uneidlicher Aussage vor dem Untersuchungsausschuss gem. § 153 I, II StGB kommt mangels Vorliegens einer Vernehmung von vornherein nicht in Betracht.

Gem. § 23 I PUAG ist bei der Vernehmung von Amtsträgern § 54 StPO anzuwenden, der auf die Vorschriften verweist, die das Erfordernis der vorherigen Einholung einer Aussagegenehmigung regeln[753]. Die eventuell erforderlichen Aussagegenehmigungen insbesondere für Mitglieder der Bundesregierung gem. § 6 II BMinG, Parlamentarische Staatssekretäre gem. § 7 ParlStG und Bundesbeamte gem. § 61 II BBG[754] beziehen sich aber nicht nur auf Aussagen anlässlich einer Vernehmung[755]. Signalisieren also Amtsträger dem Ermittlungsbeauftragten, dass sie zu einer freiwilligen Aussage bereit sind, bedarf es auch vor ihrer informatorischen Anhörung der Erteilung entsprechender Genehmigungen. Die grundsätzliche Verpflichtung der Bundesregierung, erforderliche Aussagegenehmigungen gem. § 23 II PUAG zu erteilen[756], kann allerdings erst anlässlich förmlicher Vernehmungen eingefordert werden, da die gem. § 23 II Hs. 2 PUAG i.V.m. § 18 III Hs. 1 PUAG bestehende Möglichkeit, den Rechtsweg zum Bundesverfassungsgericht zu beschreiten, ausschließlich dem Untersuchungsausschuss eröffnet ist[757].

---

752 Für den Bereich staatsanwaltlicher Vorermittlungen vgl. *Lange*, Vorermittlungen, S. 121.

753 Siehe dazu o., S. 73.

754 Siehe ferner die erforderlichen Genehmigungen nach § 39 II BRRG, § 46 DRiG, § 9 BAT, § 14 II SoldG, § 44 c I AbgG.

755 Zur Erforderlichkeit der Einholung von Aussagegenehmigungen im Anhörungsverfahren des Petitionsausschusses siehe o., S. 135 f.

756 Siehe dazu o., S. 73.

757 Zur mangelnden Parteifähigkeit eines Ermittlungsbeauftragten im Organstreitverfahren siehe bereits o., S. 124.

Als besondere Art der Vernehmung eines Zeugen durch den Untersuchungsausschuss ist gem. § 24 II PUAG eine Gegenüberstellung mit anderen Zeugen zulässig, wenn es für den Untersuchungszweck geboten ist. Die Anknüpfung an eine Vernehmung des Untersuchungsausschusses schließt Gegenüberstellungen im Rahmen informatorischer Anhörungen zwar nicht von vornherein aus. Voraussetzung ist aber, dass sich die jeweiligen Auskunftspersonen mit einer Gegenüberstellung einverstanden erklären[758]. Im Stadium der vorbereitenden Untersuchung dürften Gegenüberstellungen daher die Ausnahme bleiben.
Die Regelung des § 10 III S. 6 PUAG spricht von anzuhörenden Personen. Die Begründung der Beschlussempfehlung nennt ausdrücklich lediglich die Möglichkeit der informatorischen Befragung von Zeugen[759]. Es ist aber nicht ersichtlich, dass damit zugleich die Unzulässigkeit einer informatorischen Anhörung von Sachverständigen zum Ausdruck gebracht werden soll. Für eine Auslegung des Begriffs der Person in § 10 III S. 6 PUAG, die neben den Zeugen auch den Sachverständigen umfasst, spricht zunächst der Vergleich mit den Regelungen zum Petitionsausschuss und Wehrbeauftragten. Denn § 4 PetAG sowie § 3 I Nr. 1 S. 4 WBeauftrG sehen informatorische Anhörungen von Zeugen und Sachverständigen vor[760]. Zudem ordnet mit der Regelung des § 14 III Nr. 3 PUAG in einem anderen Zusammenhang[761] auch das Untersuchungsausschussgesetz sowohl Zeugen als auch Sachverständige in die Kategorie der Auskunftsperson ein. Gründe dafür, Zeugen und Sachverständigen bei der Befragung durch einen Ermittlungsbeauftragten unterschiedlich zu behandeln, bestehen nicht. Folglich ist davon auszugehen, dass § 10 III S. 6 PUAG ebenfalls das Recht gewährt, Sachverständige informatorisch anzuhören. Korrespondierend zur mangelnden Erscheinungs- und Aussagepflicht des Zeugen besteht für den Sachverständigen keine Erscheinungs-, Aussage- und Gutachtenpflicht[762] vor oder gegenüber dem Ermittlungsbeauftragten.

3. Bedeutung

Das Anhörungsrecht eröffnet dem Ermittlungsbeauftragten eine weitere Informationsquelle, die er in Anspruch nehmen kann, ohne auf Beweisbeschlüsse oder weitergehende Maßnahmen des Untersuchungsausschusses angewiesen zu sein. Das Informationsinstrument der Anhörung tritt somit neben die Möglichkeit,

---

[758] Hinsichtlich staatsanwaltlicher Vorermittlungen vgl. *Lange*, Vorermittlungen, S. 152 f.

[759] BT-Drs. 14 / 5790, Begründung zu § 10, S. 15.

[760] Ferner werden auch im Rahmen staatsanwaltlicher Vorermittlungen „informatorische Abklärungen auf Sachverständigenbasis" für zulässig erachtet; vgl. *Lange*, Vorermittlungen, S. 153 f.

[761] § 14 III Nr. 1 bis Nr. 3 PUAG enthält eine Aufzählung derjenigen, die zur Stellung eines Antrages aus Ausschluss oder Beschränkung der Öffentlichkeit berechtigt sind.

[762] Zu den Pflichten der Sachverständigen im Rahmen der förmlichen Beweiserhebung siehe § 28 IV, VI PUAG und den Verweis des § 28 I PUAG auf die Vorschriften zur Ladung und Vernehmung von Zeugen.

staatliche Stellen oder Private zu einer freiwilligen Vorlage von Unterlagen aufzufordern. Zum Zwecke der Vorbereitung der Untersuchung kann sich der Ermittlungsbeauftragte gem. § 10 III S. 6 PUAG um Aussagen von Personen bemühen, die einen Beitrag zur Aufklärung des zu untersuchenden Sachverhalts zu leisten bereit sind.

Die Bedeutung informatorischer Anhörungen erschöpft sich aber nicht darin, den Kreis der eine Aufklärung des Sachverhalts ermöglichenden Auskunftspersonen zu erfassen. Sie können auch dem Schutz derjenigen dienen, die unberechtigterweise mit dem Untersuchungsgegenstand in Zusammenhang gebracht werden. Diese können bereits bei der Anhörung darauf hinweisen, dass ihre Vernehmung überflüssig sein würde und somit erreichen, dass sie vom Untersuchungsausschuss im fortgeschrittenen Verfahren nicht grundlos als relevante Auskunftsperson qualifiziert und als Zeuge geladen werden. Gleiches gilt für Personen, die nur einen geringen Aufklärungsbeitrag zu leisten im Stande sind und somit als „Randfiguren“ charakterisiert werden können. Geben solche „Randfiguren“ im Rahmen der nichtöffentlichen Anhörung freiwillig und umfassend Auskunft, wird ihnen ein Auftritt als Zeuge vor dem grundsätzlich öffentlich verhandelnden Untersuchungsausschuss möglicherweise erspart bleiben. Informatorische Anhörungen des Ermittlungsbeauftragten vermögen also sowohl zur Aufklärung des Untersuchungsgegenstandes beizutragen, als auch unwesentliche Auskunftspersonen vor unerwünschter Publizität zu schützen. Einerseits können sachdienliche Informationen frühzeitig zusammengetragen sowie überflüssige und somit zeitraubende Zeugenvernehmungen vermieden werden. Andererseits kann verhindert werden, dass die Auskunftspersonen, deren Aussage nicht oder nur von geringer Bedeutung ist, unnötiger Weise mit einem öffentlichen Untersuchungsverfahren überzogen werden. Ähnliche Effekte sind durch informatorische Befragungen der zentralen Zeugen, insbesondere der sogenannten „Betroffenen“ einer parlamentarischen Untersuchung, zu erzielen. Sie ermöglichen zum einen eine Straffung der Untersuchungstätigkeit des Ausschusses, indem die im Rahmen der Anhörungen gewonnenen Erkenntnisse in die Vorbereitung einer gezielten Vernehmung der Zeugen durch den Untersuchungsausschuss einfließen. Zum anderen bieten die informatorischen Anhörungen den Zeugen Gelegenheit, sich auf die später erfolgende Vernehmung des Untersuchungsausschusses vorzubereiten, so dass ihre Durchführung auch den Befragten selbst zugute kommen kann.

Begehrt eine Person hingegen, vom Ermittlungsbeauftragten angehört zu werden, um bereits im Stadium der vorbereitenden Untersuchung an der Aufklärung des zu untersuchenden Sachverhalts beteiligt zu werden, besitzt dieses Verlangen keine rechtliche Relevanz. Gem. § 10 III S. 6 PUAG hat allein der Ermittlungsbeauftragte zu entscheiden, ob er die Durchführung einer informatorischen Anhörung für sinnvoll hält[763]. Die informatorische Anhörung im Sinne des § 10 III S. 6 PUAG ist ein Sachaufklärungsrecht des Ermittlungsbeauftragten und kein Verfahrensrecht potentieller Zeugen.

VII. Bewertung der Sachaufklärungsrechte des Ermittlungsbeauftragten

Somit ergibt sich folgendes Bild von den Sachaufklärungsrechten des Ermittlungsbeauftragten. Seine Maßnahmen zur Informationsgewinnung sind nicht Bestandteil der förmlichen Beweiserhebung. Wird der Ermittlungsbeauftragte selbständig ermittelnd tätig, ist er auf die freiwillige Vorlage von Beweismitteln sowie das freiwillige Erscheinen aussagebereiter Auskunftspersonen angewiesen. Demnach stellen die Regelungen des § 10 III S. 3, S. 4 und S. 6 PUAG zwar Rechtsgrundlagen für Ermittlungstätigkeiten des Beauftragten im außerparlamentarischen Bereich dar. Eine Delegation der dem Untersuchungsausschuss zugewiesenen besonderen Befugnisse begründen sie jedoch nicht. Mit zwangsmittelbewehrten, auf dem Rechtswege durchsetzbaren Beweiserhebungsbefugnissen wird allein der Untersuchungsausschuss ausgestattet.
Fehl gehen daher die in ersten Bewertungen des Untersuchungsausschussgesetzes geäußerten Bedenken bezüglich der Ausgestaltung der Befugnisse des Ermittlungsbeauftragten. So wird angenommen, dass der Ermittlungsbeauftragte „nahezu alle Exekutivbefugnisse“ des Ausschusses besitze[764], und kritisiert, dass sich die Mitglieder eines Untersuchungsausschusses durch die Einsetzung eines Ermittlungsbeauftragten gerade der Aufgaben erledigen könnten, die zu „ihren ureigensten Obliegenheiten gehören“ und daher nicht delegierbar seien[765]. Mangels näherer Begründung bleibt unklar, warum entgegen der Konzeption des Untersuchungsausschussgesetzes von einer Delegation förmlicher Beweiserhebungen auf den Ermittlungsbeauftragten ausgegangen wird. Mit dem Regelungsgehalt des § 10 III S. 5 PUAG und dem Rechtscharakter einer informatorischen Anhörung ist dies nicht zu vereinbaren. Von vornherein unbegründet ist daher auch die Befürchtung, dass Vorermittlungen des Ermittlungsbeauftragten die Unmittelbarkeit der Beweisaufnahme beeinträchtigen könnten[766], und zwar unabhängig davon, ob man diesen Grundsatz im parlamentarischen Untersuchungsverfahren gem. Art. 44 II S. 1 GG für sinngemäß anwendbar hält[767].

---

763 Vgl. zum Anhörungsrecht des Petitionsausschusses bereits Dürig, in: *Maunz / Dürig*, Grundgesetz, Art. 45 c Rn. 35; Achterberg / Schulte, in: *v. Mangoldt / Klein / Starck*, Grundgesetz, Art. 45; Würtenberger, in: Bonner Kommentar zum Grundgesetz, Art. 45 c Rn. 137.

764 *Schneider*, NJW 2001, 2604 (2608); ihm folgend *Rogall*, Das Untersuchungsausschussgesetz des Bundes und seine Bedeutung für das Straf- und Strafverfahrensrecht, S. 459.

765 *Schneider*, NJW 2001, 2604 (2608). Vgl. auch die unscharfen verfassungsrechtlichen Bedenken von *Weisgerber*, Das Beweiserhebungsverfahren, S. 471.

766 So aber *Schneider*, NJW 2002, 1328; *ders.*, NJW 2001, 2604 (2608); anders aber *ders.*(!), in: Alternativkommentar zum Grundgesetz, Art. 44 Rn. 15.

767 Eine Anwendbarkeit bejahen Achterberg / Schulte, in: *v. Mangoldt / Klein / Starck*, Grundgesetz, Art. 44 Rn. 122; Morlok, in *Dreier*, Grundgesetz, Art. 44 Rn. 40; *Schleich*, Das parlamen-

Wird dem Ermittlungsbeauftragten kein Mittel an die Hand gegeben, die ihm zustehenden Aufklärungsrechte auch durchzusetzen, so könnte dies allerdings zur Schlussfolgerung verleiten, dass die Möglichkeit einer effektiven Vorbereitung der Untersuchungstätigkeit des Ausschusses gar nicht eröffnet sei. Beruhen die erlangten Informationen auf Freiwilligkeit, so könnte die Gefahr bestehen, dass die dem Ermittlungsbeauftragten zur Verfügung gestellten Informationen nicht ausreichen, eine gewinnbringende Basis für die Durchführung der eigentlichen Untersuchung zu schaffen. Vor allem kann nicht erwartet werden, dass Bundesregierung, Behörden des Bundes oder auch private Gewahrsamsinhaber gerade diejenigen Unterlagen besonders bereitwillig herausgeben werden, die eine Aufdeckung der von ihnen (mit) zu verantwortenden „Missstände" ermöglichen würden. Der mithin denkbare Einwand, dass das Zusammengetragene lediglich „den Charakter eines Flickenteppichs" tragen würde und ein umfassendes Bild der Sachlage nicht vermitteln könne[768], ist indes zu entkräften. Denn dem Ermittlungsbeauftragten bleibt es unbenommen, den Untersuchungsausschuss um einen Eintritt in die förmliche Beweiserhebung zu ersuchen[769]. Es darf erwartet werden, dass ein Untersuchungsausschuss, der mit der Einsetzung des Ermittlungsbeauftragten sein Interesse an einer effektiven Vorbereitung der Untersuchung dokumentiert hat, auch für die Herausgabe der zur Erfüllung des Ermittlungsauftrags erforderlichen Beweismittel an den Ermittlungsbeauftragten Sorge tragen wird.
Mit der Einräumung lediglich informatorischer Maßnahmen hat sich das Untersuchungsausschussgesetz somit im Ergebnis für die Gewährung eines ausgewogenen Umfangs an Sachaufklärungsrechten entschieden. Die Ausgestaltung der Informationsrechte des Ermittlungsbeauftragten in § 10 III S. 3 bis S. 6 PUAG wird dem Anliegen einer effektiven vorbereitenden Untersuchung gerecht und wahrt zugleich die Rechte des Untersuchungsausschusses. So wird der Ermittlungsbeauftragte einerseits mit Sachaufklärungsrechten ausgestattet, derer er sich unabhängig vom Untersuchungsausschuss bedienen kann. Andererseits findet Berücksichtigung, dass die förmliche, grundsätzlich öffentliche Beweiserhebung als Kernbereich der parlamentarischen Untersuchung dem Ausschuss vorbehalten bleiben muss. Dem Ermittlungsbeauftragten ist - eine unter Umständen erforderliche Mitwirkung des Untersuchungsausschusses vorausgesetzt - demnach grundsätzlich die Möglichkeit eröffnet, dem Ausschuss eine aufbereitete Tatsachengrundlage als Basis für seine Untersuchungstätigkeit zu verschaffen. Es wird sich zeigen, ob das vom Gesetzgeber vorgesehene Befugnissystem zur Vorbereitung

---

tarische Untersuchungsrecht des Bundestages, S. 22. Für die Gegenansicht vgl. Klein, in: *Maunz / Dürig*, Grundgesetz, Art. 44 Rn. 195; Rechenberg, in: Bonner Kommentar zum Grundgesetz, Art. 44 Rn. 23; *Friedrich*, Der parlamentarische Untersuchungsausschuß, S. 148.

[768] Vgl. hinsichtlich der Vorbereitung der Untersuchung durch einen Unterausschuss den Beitrag von Gres, Deutscher Bundestag, 14. Wahlperiode, Ausschuss für Wahlprüfung, Immunität und Geschäftsordnung, Öffentliche Anhörung vom 10. Mai 2000, Protokoll G 32, S. 22.

[769] Siehe o., S. 127 und 131.

einer Untersuchung in der parlamentarischen Praxis erfolgreich umgesetzt zu werden vermag.
Festzuhalten bleibt jedoch auch, dass die zum Teil irreführenden Verweise des § 10 III S. 3 und S. 4 PUAG auf §§ 18, 19 und 30 PUAG eine Eigenständigkeit des Ermittlungsbeauftragten suggerieren, die nach der Konzeption des Untersuchungsausschussgesetzes gerade nicht bestehen soll. Durch eine gesonderte Ausformulierung der Informationsrechte des Ermittlungsbeauftragten oder zumindest präzisere Verweise wären aufkommende Unklarheiten hinsichtlich des Umfangs der ihm zustehenden Befugnisse[770] zu vermeiden gewesen. Bereits vor dem ersten Praxistest ist hier ein Reformbedarf auszumachen.

E. Der Abschluss der vorbereitenden Untersuchung

In der Regel endet die in zeitlicher Hinsicht gem. § 10 I S. 2 PUAG auf höchstens sechs Monate begrenzte Untersuchung des Ermittlungsbeauftragten mit einer schriftlichen und mündlichen Berichterstattung gem. § 10 III S. 9 f. PUAG. Ausnahmsweise kann seine Ermittlungstätigkeit aber zum Erliegen kommen, bevor er dem Untersuchungsausschuss Bericht erstattet hat.

I. Vorzeitige Beendigung der Ermittlungstätigkeit

So gelangen die Ermittlungen zu einem vorzeitigen Ende, wenn der Ermittlungsbeauftragte gem. § 10 IV S. 2 PUAG vom Untersuchungsausschuss abberufen wird. Hat der Untersuchungsausschuss trotz erfolgter Abberufung ein Interesse daran, dass die vorbereitende Untersuchung zum Abschluss gebracht wird, bedarf es der Bestimmung eines neuen Ermittlungsbeauftragten[771]. Außerdem kann der Bundestag die Tätigkeit des Ermittlungsbeauftragten beenden, indem er den Untersuchungsausschuss auflöst. Führt die Auflösung des Ausschusses zum Abbruch des parlamentarischen Untersuchungsverfahrens[772], mangelt es denknotwendig an einer Grundlage zur Durchführung einer vorbereitenden Untersuchung.
Ferner ist zu beachten, dass ebenfalls der Grundsatz der Diskontinuität, nach dem die Untersuchungsausschüsse am Ende der Wahlperiode als aufgelöst gelten[773], vom Ermittlungsbeauftragten die Einstellung seiner Tätigkeiten fordern kann. Dem Diskontinuitätsgrundsatz folgend erlischt mit Ablauf der Wahlperiode nicht

[770] Siehe insbesondere Klein, in: *Maunz / Dürig*, Grundgesetz, Art. 44 Rn. 247; vgl. auch Schneider, in: Alternativkommentar zum Grundgesetz, Art. 44 Rn. 21, nach dem „die Einführung eines Ermittlungsbeauftragten mehr Probleme aufwirft als löst".
[771] Siehe dazu o., S. 115 f.
[772] Vgl. o., S. 49.
[773] Siehe o., S. 49.

nur der dem Untersuchungsausschuss erteilte Untersuchungsauftrag, sondern auch der dem Beauftragten als Hilfsorgan des Ausschusses erteilte Ermittlungsauftrag. Dies dürfte in der Praxis grundsätzlich aber nicht dazu führen, dass die Ermittlungstätigkeiten vorzeitig beendet werden[774]. Schließlich hat der Untersuchungsausschuss schon bei der Festlegung der Dauer der vorbereitenden Untersuchung gem. § 10 I S. 2 PUAG den begrenzten Zeitrahmen zu berücksichtigen, der ihm und damit auch dem Ermittlungsbeauftragten für eine Untersuchung zur Verfügung steht.
Allerdings kann die Einsetzung eines Ermittlungsbeauftragten auch kurz vor dem absehbaren Ende der Wahlperiode Sinn machen. Seine Ermittlungsergebnisse können dann zumindest in den dem Bundestag gem. § 33 III PUAG vorzulegenden Sachstandsbericht über den bisherigen Gang des Verfahrens und das bisherige Ergebnis der Untersuchungen einfließen. Dieser Bericht des Untersuchungsausschusses kann unter anderem als Grundlage einer Entscheidung darüber dienen, ob ein thematisch gleicher Untersuchungsausschuss zu Beginn der neuen Legislaturperiode eingesetzt werden soll[775].

II. Inhalt der Berichterstattung gem. § 10 III S. 9 und S. 10 PUAG

Liegt keine Konstellation einer vorzeitigen Beendigung der vorbereitenden Untersuchung vor, begründet § 10 III S. 9 PUAG eine Berichtspflicht des Ermittlungsbeauftragten. Im Rahmen dieser Berichterstattung über das Ergebnis seiner Untersuchung hat der Beauftragte gem. § 10 III S. 10 PUAG auch einen Vorschlag über die weitere Vorgehensweise zu unterbreiten.
Der Aufgabe einer sachlichen Aufbereitung des Untersuchungsgegenstandes entsprechend sollte der Bericht zunächst eine für die Untersuchungsausschussmitglieder nachvollziehbare Darstellung der ermittelten Tatsachen sowie der noch offenen beziehungsweise streitigen Fragen enthalten[776]. Die Auflistung der offenen sowie streitigen Fragen weist auf den noch bestehenden Aufklärungsbedarf hin. Daran anknüpfend hat der Vorschlag über die weitere Vorgehensweise gem. § 10 III S. 10 PUAG die zur Erledigung des Untersuchungsauftrags noch erforderlichen Beweiserhebungen anzugeben. Zu diesem Zweck kann die Bildung bestimmter Beweiskomplexe, die Beschaffung bisher nicht vorgelegter Beweismittel und die Beauftragung von Sachverständigen sowie insbesondere die Vernehmung

---

[774] Etwas anderes gilt lediglich im Falle einer vorzeitigen Auflösung des Bundestages gem. Art. 68 I S. 1 GG.

[775] Die Einsetzung eines solchen Untersuchungsausschusses ist zulässig; vgl. Achterberg / Schulte, in: *v. Mangoldt / Klein / Starck*, Grundgesetz, Art. 44 Rn. 101; Morlok, in: *Dreier*, Grundgesetz, Art. 44 Rn. 33.

[776] Zur Dokumentation der Ergebnisse einer Informationsbeschaffung und inhaltlichen Vorbereitung vgl. *Damkowski*, Der parlamentarische Untersuchungsausschuß, S. 70.

von Zeugen vorgeschlagen werden[777]. Der Vorschlag über die weitere Vorgehensweise ist rechtlich unverbindlich. Ein davon abweichendes Vorgehen des Untersuchungsausschusses bedarf keiner Begründung.
Da vom Ermittlungsbeauftragten zudem eine rechtliche Aufbereitung des zu untersuchenden Sachverhalts erwartet wird[778], ist gesondert auf die rechtlich problematischen Beweiserhebungen einzugehen. Eine Vorabklärung der rechtlichen Grenzen des Beweiserhebungsrechts dient den vom Untersuchungsausschuss zu treffenden Entscheidungen über die Zulässigkeit einer Beweiserhebung gem. § 17 II PUAG[779], über die Anordnung oder Beantragung von Zwangsmaßnahmen sowie die etwaige Inanspruchnahme von Rechtsschutzmöglichkeiten. Vor allem zur Erörterung rechtlicher Fragen erscheint die gem. § 10 III S. 9 PUAG zusätzlich zur schriftlichen vorgesehene mündliche Berichterstattung hilfreich.
Die dem Ermittlungsbeauftragten zugewiesene Aufgabe der vorbereitenden Untersuchung setzt dem Inhalt seiner Berichterstattung auch Grenzen. Ziel der Vorbereitung ist es lediglich, den Untersuchungsgegenstand so weit wie möglich aufzubereiten. Die politische Bewertung der untersuchten Sachverhalte muss hingegen den Mitgliedern des Untersuchungsausschusses vorbehalten bleiben[780]. Zwischen der tatsächlichen und rechtlichen Aufbereitung von Sachverhalten durch den Ermittlungsbeauftragten und deren Bewertung durch den Untersuchungsausschuss ist daher strikt zu trennen. Ein Bericht des Ermittlungsbeauftragten, der politische Wertungen enthielte, käme als eine auf breite Akzeptanz stoßende Basis für die weitere Untersuchung[781] nicht in Betracht.

III. Bedeutung der Berichterstattung

Auf der Grundlage einer sachlichen Berichterstattung des Ermittlungsbeauftragten kann ein Untersuchungsausschuss seine Beweisaufnahme zügig und zielgerichtet durchführen. Vermieden wird, dass der Ausschuss „blind" in die Beweisaufnahme eintritt und sich erst allmählich zu den relevanten Beweisthemen und Beweispersonen vorarbeitet[782]. Für ihn besteht also die Möglichkeit, sich auf die noch aufzuklärenden wesentlichen Komplexe konzentrieren zu können.
Der Berichterstattung des Beauftragten kann aber auch eine darüber hinausgehende Bedeutung zukommen. Wenn der Untersuchungsausschuss die Herausgabe der dem Ermittlungsbeauftragten nicht freiwillig vorgelegten, aber zentralen Beweis-

---

[777] Zur inhaltlichen Planung der Beweisaufnahme vgl. *Damkowski*, Der parlamentarische Untersuchungsausschuß, S. 72.
[778] Siehe o., S. 89.
[779] Siehe dazu o., S. 52 ff.
[780] Als „uneingeschränkte Domäne der Parlamentarier"; so *Bachmaier*, NJW 2002, 348 (348).
[781] Zum Erfordernis einer breiten Akzeptanz der Ergebnisse des Ermittlungsbeauftragten siehe o., S. 112 f.
[782] Zu diesen Folgen einer fehlenden Voremittlung siehe *Quaas / Zuck*, NJW 1988, 1873 (1878).

mittel durchsetzt und ihm diese zur Vorbereitung der Untersuchung aushändigt, ist bereits dem Ermittlungsbeauftragten die Chance einer weitgehenden Aufklärung des zu untersuchenden Sachverhalts eröffnet. Da schriftliche Unterlagen im Untersuchungsverfahren einen gegenüber dem Zeugenbeweis höheren Beweiswert besitzen[783], kann sich der aufzuklärende Sachverhalt zu einem überwiegenden Teil aus den vorliegenden Akten ergeben[784]. Stellt aber bereits der Ermittlungsbeauftragte den Sachverhalt zum Großteil fest, hat die öffentliche Beweiserhebung durch den Untersuchungsausschuss für die Sachaufklärung nur die Funktion der Bestätigung und Abrundung des sich aus den Akten ergebenden Bildes[785]. Vernehmungen, in denen den Zeugen konkrete Vorhaltungen gemacht werden können, ergänzen dann lediglich den weitgehend bekannten Sachverhalt[786]. Zwar kommt den in öffentlicher Verhandlung erfolgenden Beweiserhebungen weiterhin die Funktion zu, die bereits festgestellten Sachverhalte einer möglichst breiten Öffentlichkeit bekannt zu machen[787]. Aber auch insoweit vermag die Berichterstattung des Ermittlungsbeauftragten fortzuwirken, indem sie die Themen der öffentlichen Beweiserhebung und damit auch die Themen der öffentlichen Diskussion weitgehend vorzeichnet. Trotz des Befundes, dass dem Untersuchungsausschuss die förmliche und grundsätzlich öffentliche Beweiserhebung und die Bewertung des untersuchten Sachverhalts vorbehalten bleiben, kann die Berichterstattung eines Ermittlungsbeauftragten den Gang der parlamentarischen Untersuchung also erheblich beeinflussen. Die Erforderlichkeit eines Äußerungsverbotes im Sinne des § 10 III S. 11 Hs. 2 PUAG und einer nur beratenden Mitwirkung des Ermittlungsbeauftragten bei der Durchsetzung von Beweiserhebungsbefugnissen wird somit nochmals deutlich vor Augen geführt.

IV. Rechtsschutz Privater gegen Berichte des Ermittlungsbeauftragten?

Es ist nicht auszuschließen, dass Private, deren Verhalten unmittelbar oder mittelbar zum Gegenstand parlamentarischer Untersuchungen wird, bereits durch Tatsachendarstellungen eines Ermittlungsbeauftragten, die an die Öffentlichkeit gelangen, in ihren subjektiven Rechten beeinträchtigt werden. In Betracht kommen könnte insbesondere eine Verletzung der persönlichen Ehre als Ausprägung des allgemeinen Persönlichkeitsrechts nach Art. 2 I GG i.V.m. Art. 1 I GG[788]. Daher ist der Frage nachzugehen, ob gegen die Berichterstattung des Ermittlungsbeauftragten auf dem Rechtswege vorgegangen werden kann.

---

[783] Siehe o., S. 66 f.

[784] Vgl. *Damkowski*, Der parlamentarische Untersuchungsauschuß, S. 69.

[785] Vgl. *Damkowski*, Der parlamentarische Untersuchungsauschuß, S. 69.

[786] Vgl. *Meyer–Bohl*, Grenzen der Pflicht zur Aktenvorlage und Aussage, S. 255.

[787] Vgl. *Damkowski*, Der parlamentarische Untersuchungsauschuß, S. 72; *Meyer–Bohl*, Grenzen der Pflicht zur Aktenvorlage und Aussage, S. 255.

[788] Vgl. nur BVerfGE 54, 148 (154 f.); Murswiek, in: *Sachs*, Grundgesetz, Art. 2 Rn. 74.

1. Die Justiziabilitätsbeschränkung des Art. 44 IV S. 1 GG

Gem. Art. 44 IV S. 1 GG sind die Beschlüsse der Untersuchungsausschüsse der richterlichen Erörterung entzogen. Diese Vorschrift ist eine Spezialregelung zur Rechtsschutzgarantie des Art. 19 IV GG[789]. Sie bewirkt, dass eine gerichtliche Überprüfung der Beschlüsse selbst dann ausgeschlossen ist, wenn die öffentliche Gewalt damit jemanden in seinen Rechten verletzt[790]. Art. 44 IV S. 1 GG selbst lässt zwar offen, welche Beschlüsse nicht justiziabel sein sollen. Nach fast einhelliger Meinung sind unter Beschlüssen im Sinne der Norm aber nur die verfahrensabschließenden Beschlüsse, die das Ergebnis der Untersuchung feststellen, zu verstehen; alle Maßnahmen der Untersuchungsausschüsse während des laufenden Verfahrens sind hingegen einer gerichtlichen Kontrolle grundsätzlich unterworfen[791]. Diese nur eingeschränkte Gerichtsfreiheit der Beschlüsse der Ausschüsse lässt sich zunächst damit begründen, dass Art. 44 I S. 1 GG als Abweichung vom Grundsatz des Art. 19 IV GG restriktiv zu interpretieren ist[792]. Zudem ist auf den Sinn und Zweck des Art. 44 IV S. 1 GG, Untersuchungsausschüsse vor Kritik durch die Gerichte zu schützen[793], zu verweisen. Gemeint ist damit der Schutz der Eigenständigkeit und Letztverbindlichkeit des Parlaments für seine politischen Entscheidungen[794]. Eine Beeinträchtigung der Autorität der Untersuchungsausschüsse wäre zwar zu befürchten, wenn ihre Feststellungen, Wertungen und Folgerungen im nachhinein korrigiert werden könnten, sie droht hingegen nicht, wenn nur einzelne vorgelagerte Beschlüsse und Maßnahmen im Rahmen der Sachverhaltsaufklärung überprüft werden[795]. Demnach kann gegen die das Untersuchungsverfahren abschließenden Schlussberichte einschließlich etwaiger Sondervoten im Sinne des § 33 I und II PUAG[796] gerichtlich nicht vorgegangen wer-

---

789 Pieroth, in: *Jarass / Pieroth*, Grundgesetz, Art. 44 Rn. 2.

790 Achterberg / Schulte, in: *v. Mangoldt / Klein / Starck*, Grundgesetz, Art. 44 Rn. 188; vgl. auch OVG Hamburg, NVwZ 1987, 610 (611).

791 Vgl. nur VGH NW, NWVBl. 95, 248 (250); OVG Münster, NVwZ 1987, 608 (609); OVG Hamburg, NVwZ 1987, 610 (611); OVG Berlin, DVBl 1970, 293 (294); Magiera, in: *Sachs*, Grundgesetz, Art. 44 Rn. 28; Achterberg / Schulte, in: *v. Mangoldt / Klein / Starck*, Grundgesetz, Art. 44 Rn. 189; Pieroth, in: *Jarass / Pieroth*, Grundgesetz, Art. 44 Rn. 2; Schneider, in: Alternativkommentar zum Grundgesetz, Art. 44 Rn. 10. Kritisch zur restriktiven Interpretation des Art. 44 IV S. 1 GG aber Morlok, in: *Dreier*, Grundgesetz, Art. 44 Rn. 55 ff. Alle Beschlüsse für justitiabel hält wiederum *Kästner*, NJW 1990, S. 2649 (2657 f.).

792 Vgl. *Kortekamp / Steffens*, Rechtsschutz gegen Abschlußberichte, S. 111; Klein, in: *Maunz / Dürig*, Grundgesetz, Art. 44 Rn. 231.

793 Umbach, in: *Umbach / Clemens*, Grundgesetz, Art. 44 Rn. 96; Schneider, in: Alternativkommentar zum Grundgesetz, Art. 44 Rn. 10.

794 Vgl. *Masing*, Parlamentarische Untersuchungen privater Sachverhalte, S. 301; Klein, in: *Maunz / Dürig*, Grundgesetz, Art. 44 Rn. 230; siehe auch BVerfGE 99, 19 (34 f.).

795 Vgl. *Richter*, Privatpersonen im parlamentarischen Untersuchungsausschuß, S. 121; kritisch aber *Schenke*, JZ 1988, 805 (817).

796 Entsprechendes muss für die im Falle drohender Diskontinuität gem. § 33 III PUAG zu erstellenden Sachstandsberichte gelten.

den[797]. Teilweise wird darüber hinausgehend gefordert, ebenfalls die (nunmehr auf Verlangen des Bundestages gem. § 33 IV PUAG vorzulegenden) Zwischenberichte des Untersuchungsausschusses, die einen Teil des Untersuchungsthemas zum Abschluss bringen, in die Justiziabilitätsbeschränkung einzubeziehen[798]. Auch mit diesem weiter gefassten Ansatz lässt sich aber keine Gerichtsfreiheit der vom Ermittlungsbeauftragten gem. § 10 III S. 9 f. PUAG zu erstattenden Berichte begründen. Die Ergebnisse der vorbereitenden Untersuchung des Ermittlungsbeauftragten sind nicht (teilweise) verfahrensabschließender Natur, sondern verschaffen dem Ausschuss lediglich eine vorläufige Arbeitsgrundlage, derer er sich zur Feststellung und Bewertung der Ergebnisse der parlamentarischen Untersuchung bedienen kann. Eine gerichtliche Kontrolle der Berichterstattung des im Rahmen seines Auftrags unabhängig agierenden Ermittlungsbeauftragten würde die Autorität der Untersuchungsausschüsse daher nicht beeinträchtigen. Ergänzend ist auf den Wortlaut des Art. 44 IV S. 1 GG hinzuweisen, nach dem die „Beschlüsse des Untersuchungsausschusses“ der richterlichen Erörterung entzogen sind. Berücksichtigt man das Erfordernis einer restriktiven Auslegung der Verfassungsnorm, können darunter nicht die Berichte eines Ermittlungsbeauftragten zu verstehen sein. Art. 44 IV S. 1 GG bezieht sich folglich nicht auf die Berichterstattung eines Ermittlungsbeauftragten.

2. Zurechenbare Rechtsverletzungen?

Maßgeblich für die Beantwortung der Frage, ob ein Anspruch auf gerichtlichen Rechtsschutz besteht, ist daher allein, ob eine Rechtsverletzung im Sinne des Art. 19 IV GG und somit ein Eingriff in eine subjektive Rechtsstellung vorliegt[799]. Dass der Untersuchungsausschuss ausschließlicher Adressat der Berichte des Ermittlungsbeauftragten ist[800] und es sich daher bei der Berichterstattung gem. § 10 III S. 9 f. PUAG um einen parlamentsinternen Vorgang handelt, steht der Annahme eines Eingriffs nicht entgegen. Zwar haben parlamentsinterne Akte regelmäßig keine Außenwirkung und können somit regelmäßig keine Beeinträchtigungen hervorrufen[801]. Durchgesetzt hat sich aber die Erkenntnis, dass es zur Beurteilung

---

[797] Ein ausnahmsweise zu gewährender begrenzter Rechtschutzes wird jedoch für die wohl eher theoretischen Fälle erwogen, dass die Feststellungen des Schlussberichts Dritte in ihrer Menschenwürde verletzen oder gegen das Willkürverbot verstoßen: vgl. *Kortekamp / Steffens*, Rechtsschutz gegen Abschlußberichte, S. 116 f.; Achterberg / Schulte, in: *v. Mangoldt / Klein / Starck*, Grundgesetz, Art. 44 Rn. 190; siehe auch die Ansätze beim OVG Hamburg, NVwZ 1987, 610 (611 f.).

[798] Vgl. Umbach, in: *Umbach / Clemens*, Grundgesetz, Art. 44 Rn. 97; wohl auch Klein, in: *Maunz / Dürig*, Grundgesetz, Art. 44 Rn. 231; Versteyl, in: *v. Münch / Kunig*, Grundgesetz, Art. 44 Rn. 36.

[799] Vgl. bezüglich der Justitiabilität von Maßnahmen parlamentarischer Untersuchungsausschüsse *Di Fabio*, Rechtsschutz im parlamentarischen Untersuchungsverfahren, S. 85 f.

[800] Siehe o., S. 118.

[801] Vgl. *Friedrich*, Der parlamentarische Untersuchungsausschuß, S. 177.

der Frage, wann ein rechtsverletzender Eingriff gegeben ist, weder auf die Platzierung eines Aktes innerhalb der Staatsorganisation noch auf dessen Finalität ankommt[802]. Schon die tatsächliche Wirkung staatlichen Handelns kann zu einer Beeinträchtigung der grundrechtlich geschützten Rechtssphäre führen. Die Ausdehnung des Grundrechtsschutzes über den klassischen Eingriffsbegriff hinaus auf faktische Beeinträchtigungen[803] ist auch für den parlamentarischen Bereich anerkannt[804]. Das Vorliegen eines Eingriffs kann aber nur dann bejaht werden, wenn die tatsächliche Wirkung von einem zurechenbaren Verhalten der öffentlichen Gewalt ausgeht[805]. Zwar besteht weitgehende Ungewissheit darüber, ob zusätzliche beziehungsweise welche zusätzlichen Kriterien zur Begründung einer staatlichen Verantwortung erforderlich sind[806]. Um staatsinterne Akte als Eingriff qualifizieren zu können, wird man aber zumindest verlangen müssen, dass diese den innerstaatlichen Bereich deutlich und messbar verlassen sowie ohne Umsetzung durch ein anderweitiges, nach außen gerichtetes Verhalten des Staates zu einer Rechtsverletzung führen[807].

Für die in diesem Sinne vorzunehmende Einzelfallbetrachtung ist im Rahmen parlamentarischer Untersuchungsverfahren der Publizitätsfaktor von besonderer Bedeutung. Was den Untersuchungsausschuss selbst betrifft, ist zu beachten, dass nicht nur seine Beweisaufnahme, sondern ebenso sein Abschlussbericht auf Publizität ausgerichtet ist[808]. Die Pflicht des Untersuchungsausschusses zur Berichterstattung besteht zwar gem. § 33 PUAG gegenüber dem Plenum, so dass ein entsprechender Bericht zunächst ein Parlamentsinternum darstellt. Auf eine erfolgende Veröffentlichung des Abschlussberichts wird aber in § 32 I PUAG ausdrücklich hingewiesen[809]. Da Untersuchungsverfahren in immer stärkerem Maße zumindest mittelbar das Verhalten Privater zum Gegenstand haben, droht die Veröffentlichung von Schlussberichten sogar verstärkt subjektive Rechtsverletzungen herbeizuführen[810]. Die möglichen erheblichen Beeinträchtigungen der Persönlichkeitsrechte derjenigen, deren Verhalten im Schlussbericht dargestellt

[802] Vgl. *Di Fabio*, Rechtsschutz im parlamentarischen Untersuchungsverfahren, S. 88.

[803] Vgl. nur Sachs, in: *Sachs*, Grundgesetz, Vor Art. 1 GG Rn. 78 ff.; grundlegend *Gallwas*, Faktische Beeinträchtigungen im Bereich der Grundrechte.

[804] Ausführlich *Richter*, Privatpersonen im parlamentarischen Untersuchungsausschuß, S. 53 ff.; *Di Fabio*, Rechtsschutz im parlamentarischen Untersuchungsverfahren, S. 86 ff.; *Linck*, ZRP 1987, S. 15.

[805] Vgl. BVerfGE 66, 39 (60); *Pieroth / Schlink*, Grundrechte, Rn. 240.

[806] Einen Überblick gibt Sachs, in: *Sachs*, Grundgesetz, Vor Art. 1 Rn. 83 ff.

[807] Vgl. *Haverkate*, AöR 107 (1982), 539 (553); ihm folgend *Di Fabio*, Rechtsschutz im parlamentarischen Untersuchungsverfahren, S. 89.

[808] Vgl. *Richter*, Privatpersonen im parlamentarischen Untersuchungsausschuß, S. 67.

[809] Soweit Geheimhaltungsvorschriften nicht entgegenstehen, wird der Abschlussbericht als Bundestagsdrucksache publiziert; vgl. *Engels*, Parlamentarische Untersuchungsausschüsse, S. 173.

[810] Vgl. *Schenke*, JZ 1988, 805 (817).

und bewertet wird[811], haben daher auch zur Aufnahme des § 32 PUAG mit seinem allerdings nur eingeschränkten Recht zur Stellungnahme[812] geführt.
Für die Berichterstattung des Ermittlungsbeauftragten gilt indes etwas anderes. Seine Berichte sind im Gegensatz zu den Schlussberichten der Ausschüsse nicht zur Veröffentlichung vorgesehen. Eine öffentliche Darstellung seiner Untersuchungsergebnisse wird dem Ermittlungsbeauftragten gem. § 10 III S. 11 PUAG vielmehr ausdrücklich untersagt[813]. Es muss zwar davon ausgegangen werden, dass Mitglieder des Untersuchungsausschusses den Inhalt der Berichte des Ermittlungsbeauftragten im Laufe des Untersuchungsverfahrens an die Öffentlichkeit tragen werden. Dadurch hervorgerufene Rechtsverletzungen könnten aber nicht dem Ermittlungsbeauftragten zugerechnet werden. Denn die als Arbeitsgrundlage dienenden Feststellungen der vorbereitenden Untersuchung sind darauf angelegt, im Rahmen der Untersuchungstätigkeit des Ausschusses bestätigt, ergänzt und / oder korrigiert zu werden. Sie besitzen einen vorläufigen, provisorischen Charakter. Stellen Untersuchungsausschussmitglieder die vorläufigen Ergebnisse des Ermittlungsbeauftragten während des Verfahrens der Öffentlichkeit vor oder greift der Untersuchungsausschuss im Schlussbericht auf sie zurück, wird damit auch die Verantwortung für die daraus resultierenden Eingriffe übernommen[814]. Erst durch diese weiteren, unmittelbar an die Öffentlichkeit gerichteten Akte verlassen die potentiell rechtsverletzenden Feststellungen des Ermittlungsbeauftragten deutlich und messbar den parlamentsinternen Bereich. Eine Gewährung von Rechtsschutz gegenüber den gem. § 10 III S. 9 f. PUAG erstatteten Berichten scheidet folglich grundsätzlich aus.

F. Gesamtbewertung der Figur des Ermittlungsbeauftragten

I. Verfahrensmodell neuer Qualität

Mit dem Ermittlungsbeauftragten hat sich der Gesetzgeber für ein neuartiges Modell einer vorbereitenden Untersuchung entschieden. Der gem. § 10 PUAG vorgesehene Ablauf, der im Regelfall mit der Berichterstattung des Ermittlungsbeauftragten an den Untersuchungsausschuss endet, macht deutlich, dass die Ermittlungstätigkeit des Beauftragten als eigenständiger Abschnitt des parlamentarischen Untersuchungsverfahrens zu begreifen ist. Bildete die Phase der informatio-

---

[811] Vgl. Umbach, in: *Umbach / Clemens*, Grundgesetz, Art. 44 Rn. 98.
[812] Siehe dazu o., S. 79.
[813] Siehe dazu o., S. 118 ff.
[814] Ähnlich zur Verantwortlichkeit des Parlaments oder der Regierung für den Inhalt der Rechnungshofberichte, der durch sie an die Öffentlichkeit gelangt *Haverkate*, AöR 107 (1982), 539 (554 f.).

nellen Aufbereitung bisher kein von der Phase der förmlichen Beweiserhebung zu trennendes Verfahrensstadium, kommt der Vorbereitung der Untersuchung durch einen Ermittlungsbeauftragten eine selbständige Bedeutung zu. Die Einführung eines Ermittlungsbeauftragten ist daher auch von anderer Qualität als die Aufnahme eines sich an den Regelungen in Hamburg oder Bremen orientierenden Personalrekrutierungsrechts[815] oder die bloße Verbesserung der personellen und sachlichen Ausstattung des Sekretariats des Untersuchungsausschusses[816]. Es soll gerade kein weisungsabhängiger Arbeitsstab mit der Aufgabe der Unterstützung des Ausschusses betraut werden. Vorgesehen wird stattdessen ein im Rahmen seines Auftrags unabhängig agierender Ermittlungsbeauftragter.
Zudem unterscheidet sich das Verfahrensmodell des Ermittlungsbeauftragten in einem wesentlichen Punkt von der auf Länderebene favorisierten und auf Bundesebene erwogenen Einsetzung eines vorbereitenden Unterausschusses[817]. So würde sich ein Unterausschuss des Untersuchungsausschusses des Bundestages allein aus Mitgliedern des Ausschusses und somit aus parteipolitisch eingebundenen Parlamentariern zusammensetzen. Es wäre daher zu befürchten, dass die politische Funktion des Untersuchungsausschusses als Kampfinstrument gegenüber dem politischen Gegner[818] bereits die Durchführung der vorbereitenden Untersuchung im Unterausschuss maßgeblich beeinflussen würde[819]. Die Verfahrensregelungen zur Bestimmung einer Person zum Ermittlungsbeauftragten schließen aber die Auswahl eines parteipolitischen Bindungen unterliegenden Ermittlungsbeauftragten von vornherein aus[820]. Somit darf erwartet werden, dass die Aufgabe der vorbereitenden Untersuchung durch ein unparteiisches Hilfsorgan ausgeführt wird.

II. Mit dem Einsatz eines Ermittlungsbeauftragten zu erzielende Effekte

Machen Untersuchungsausschüsse von dem Recht Gebrauch, einen Ermittlungsbeauftragten einzusetzen, kann dadurch das parlamentarische Untersuchungsverfahren modifiziert werden.
Die Vorbereitung der Untersuchung soll dem Untersuchungsausschuss ermöglichen, sich auf die Kernfragen konzentrieren und insbesondere seine Beweisaufnahme gezielter und zügiger durchführen zu können. Der Einsatz eines Ermittlungsbeauftragten dient demnach der Beschleunigung des Untersuchungsverfahrens und der Entlastung der Ausschussmitglieder[821]. Diese Ziele sind aber nur zu

[815] Vgl. o., S. 87.
[816] Einen solchen Lösungsansatz befürwortet *Wiefelspütz*, ZParl 2002, 551 (560); *ders.*, Das Untersuchungsausschussgesetz, S. 201.
[817] Dazu o., S. 87 f.
[818] Siehe o., S. 36 ff.
[819] Vgl. auch *Weisgerber*, Das Beweiserhebungsverfahren, S. 465 f.
[820] Siehe o., S. 109 f.
[821] Siehe o., S. 89 f.

erreichen, wenn sichergestellt werden kann, dass der Beauftragte selbst seinen Ermittlungsauftrag zeitlich gestrafft erfüllt. Diesbezüglich hat der Gesetzgeber mit der Niederlegung von Dreiwochenfristen zur Bestimmung des Ermittlungsbeauftragten in § 10 II S. 1 und S. 2 PUAG, der zeitlichen Beschränkung des Ermittlungsauftrags auf höchstens sechs Monate gem. § 10 I S. 2 PUAG sowie der dem Beauftragten eingeräumten Möglichkeit, gem. § 10 IV S. 3 PUAG Hilfskräfte einzusetzen, verfahrensrechtliche und organisationsrechtliche Vorkehrungen getroffen. Darüber hinaus kann der Untersuchungsausschuss selbst durch sorgfältige Bestimmung des Ermittlungsauftrags und / oder parallele Untersuchungshandlungen auf eine konzentrierte Vorbereitung der Untersuchung hinwirken[822].

Ferner ist eine Objektivierung der parlamentarischen Untersuchung zu erwarten. Die Erfordernisse der Zweidrittelmehrheit gem. § 10 II S. 1 PUAG und des Einvernehmens gem. § 10 II S. 2 PUAG führen zur Bestimmung eines Ermittlungsbeauftragten als neutrales und somit objektives Element des Untersuchungsverfahrens. Einer Absicherung der neutralen Stellung des Ermittlungsbeauftragten dienen sowohl die gesetzliche Garantie der unabhängigen Auftragsausführung gem. § 10 IV S. 1 PUAG als auch das etwaigen öffentlich wirksamen Profilierungen des Ermittlungsbeauftragten entgegenstehende Äußerungsverbot des § 10 III S. 11 Hs. 2 PUAG. Diese Ausgestaltung der Rechtsstellung des Ermittlungsbeauftragten ermöglicht eine allgemeine Akzeptanz seiner Untersuchungsergebnisse, die somit einen sachorientiert ermittelten Informationssockel für die sich anschließende Untersuchungstätigkeit des Ausschusses bilden können. Gibt die Berichterstattung des Ermittlungsbeauftragten mit dem Vorschlag über die weitere Vorgehensweise die Themen der öffentlichen Beweiserhebung (teilweise) vor, können seine Ermittlungsergebnisse sogar bewirken, dass die sachorientierte Aufklärungsarbeit auch im weiteren Verlauf des Untersuchungsverfahrens gegenüber der politischen Auseinandersetzung stärker gewichtet wird.

Vereinzelt stößt eine Durchführung vorbereitender Untersuchungen durch Nichtparlamentarier aufgrund des parlamentarisch-politischen Charakters des Verfahrens zwar auf verfassungspolitische Bedenken[823]. Hinsichtlich der Vorbereitung der Untersuchung durch einen Parlamentsfremden fordert der besondere politische Charakter des Untersuchungsverfahrens aber lediglich, dass dieser keine politischen Bewertungen abgibt. Das Anliegen, die Phase der Informationsbeschaffung und der tatsächlichen und rechtlichen Aufbereitung sowie die darauf basierende Ausschusstätigkeit durch den Einsatz eines Ermittlungsbeauftragten zu versachlichen, kann daher nicht als fragwürdige Entpolitisierung des parlamentarischen Untersuchungsrechts angesehen werden. Die politische Bewertung der untersuchten Sachverhalte bleibt schließlich den Parlamentariern vorbehalten.

---

[822] Vgl. o., S. 91.

[823] Vgl. *Kipke*, Die Untersuchungsausschüsse des deutschen Bundestages, S. 212 f.; *Schneider*, Referat für den 57. Deutschen Juristentag, S. 78, spricht von der „Gefahr“(!) einer Professionalisierung des Untersuchungsverfahrens.

Sichtbar geworden ist zudem ein durch vorbereitende Untersuchungen zu erzielender Schutz der rechtlichen Interessen Privater. Denn das neu geschaffene „Vorverfahren" kann bewirken, dass der Untersuchungsausschuss nur die im Sinne des Art. 44 I S. 1 GG wirklich „erforderlichen" Beweiserhebungen vornimmt. So können zum einen die für den Untersuchungsauftrag unbedeutenden privaten und geschäftlichen Unterlagen bereits nach einer ersten Sichtung durch den Ermittlungsbeauftragten zurückerlangt werden[824]. Die dem Beauftragten freiwillig vorgelegten Beweismittel werden dann gar nicht erst zum Gegenstand der förmlichen Beweiserhebung des Untersuchungsausschusses. Zum anderen kann die Möglichkeit, Personen informatorisch anzuhören, dem Zweck dienlich sein, irrelevanten Auskunftspersonen oder den „Randfiguren" der Untersuchung eine Vernehmung durch den Untersuchungsausschuss zu ersparen[825]. Folglich vermag eine „Filterwirkung" vorbereitender Untersuchungen die Einbeziehung privater Belange in die grundsätzlich öffentliche Beweiserhebung auf das unbedingt notwendige Maß zu reduzieren[826].

An den durch den Einsatz eines Ermittlungsbeauftragten zu erzielenden Effekten ändert sich im Übrigen nichts, wenn man das parlamentarische Untersuchungsrecht des Art. 44 GG mit *Masing* als ausschließlich staatsgerichtetes Kontrollrecht begreift[827]. Vorbereitende Untersuchungen haben dann ebenfalls eine Entlastung der Ausschussmitglieder, eine Beschleunigung und Objektivierung des Untersuchungsverfahrens sowie den Schutz zumindest der Privatrechtssubjekte zum Ziel, deren Verhalten mittelbarer Gegenstand der Untersuchung ist. Entsprechendes gilt ferner bezüglich der Einsetzung eines Ermittlungsbeauftragten durch den als Untersuchungsausschuss tätig werdenden Ausschuss für Verteidigung[828].

Abschließend sei darauf hingewiesen, dass die Auswirkungen des Rechts, eine vorbereitende Untersuchung durch einen Ermittlungsbeauftragten durchführen zu lassen, nicht überbewertet werden sollen. Unfraglich wird die Untersuchungstätigkeit des Ausschusses weiterhin den Schwerpunkt eines jeden parlamentarischen Untersuchungsverfahrens ausmachen. Nur seine Beweiserhebungen und seine Berichte sind auf Publizität ausgerichtet. Nur ihm stehen die zwangsmittelbewehrten Untersuchungsbefugnisse zu. Gerade deshalb sind die Untersuchungsausschüsse aber auch aufgefordert, sich den mit dem Einsatz eines Ermittlungsbeauftragten verbundenen Chancen zu öffnen. Es obliegt ihnen, diesem neuen Modell einer vorbereitenden Untersuchung ausreichend Gelegenheit zu verschaffen, sich

[824] Siehe o., S. 133 f.

[825] Siehe o., S. 142.

[826] Vgl. hinsichtlich der Durchführung von vorbereitenden Untersuchungen durch Unterausschüsse *Richter*, Privatpersonen im parlamentarischen Untersuchungsausschuß, S. 118.

[827] Siehe o., S. 46 ff.

[828] Aufgrund der Nichtöffentlichkeit der Sitzungen zur Beweisaufnahme dürften bei einer Untersuchung im Rahmen des Art. 45 a GG jedoch die Aspekte der Arbeitserleichterung und zeitlichen Konzentration im Vordergrund stehen.

als gewinnbringendes Element des parlamentarischen Untersuchungsrechts bewähren zu können.

Zusammenfassung

Dem Ermittlungsbeauftragten kommt die Aufgabe der Vorbereitung der Untersuchung zu. Die Beschaffung und Sichtung der erforderlichen Beweismittel sowie die tatsächliche und rechtliche Aufbereitung der zu untersuchenden Sachverhalte sollen es dem Untersuchungsausschuss ermöglichen, sich auf die Kernfragen zu konzentrieren und insbesondere seine Beweisaufnahme gezielter und zügiger durchführen zu können. Ein stufenweise durchzuführendes Untersuchungsverfahren wird dadurch aber nicht vorgeschrieben. Der Untersuchungsausschuss muss die Ergebnisse einer vorbereitenden Untersuchung nicht abwarten. Soweit § 10 III S. 1 PUAG bestimmt, dass der Ermittlungsbeauftragte die Untersuchung „in der Regel" vorbereitet, wird lediglich auf die Möglichkeit einer im Laufe der Untersuchung erfolgenden Einsetzung eines Ermittlungsbeauftragten und somit auf ein besonderes zeitliches Moment hingewiesen.

In Übereinstimmung mit der gegenständlichen Weite des parlamentarischen Untersuchungsrechts nach Art. 44 GG ist dem Ermittlungsbeauftragten grundsätzlich ein breites Betätigungsfeld eröffnet. Zu erwarten ist aber, dass er vorwiegend zur Vorbereitung von Kontroll- und Skandalenquêten tätig wird. An der geringen Bedeutung möglicher Gesetzgebungsenquêten ändert die Möglichkeit, eine vorbereitende Untersuchung durchführen zu lassen, nichts. Die Einsetzung eines Ermittlungsbeauftragten kommt zudem anlässlich der Untersuchungsverfahren in Betracht, die vom gem. Art. 45 a II GG als Untersuchungsausschuss agierenden Ausschuss für Verteidigung durchgeführt werden. Der Verweis des § 34 IV S. 1 PUAG auf die für das Verfahren des Verteidigungsausschusses als Untersuchungsausschuss geltenden Vorschriften umfasst auch die Regelungen des Untersuchungsausschussgesetzes zum Ermittlungsbeauftragten. Das Recht des Verteidigungsausschusses, gem. § 34 III PUAG einen Unterausschuss einzusetzen, steht vorbereitenden Untersuchungen eines Ermittlungsbeauftragten auf dem Gebiet der Verteidigung nicht entgegen.

Bereits auf Antrag eines Viertels der Untersuchungsausschussmitglieder trifft den Ausschuss gem. § 10 I S. 1 PUAG die Pflicht, die Unterstützung seiner Untersuchung durch einen Ermittlungsbeauftragten zu beschließen. Der allgemeinen Regelungstechnik des Untersuchungsausschussgesetzes zum Minderheitenschutz im Ausschuss entsprechend stellt die Erreichung des Viertelquorums die alleinige Voraussetzung zur Stellung des Antrags dar. Allerdings bedarf die Person des Ermittlungsbeauftragten einer breiten Vertrauensbasis im Untersuchungsausschuss, um die ihr zugewiesene Aufgabe gewinnbringend ausführen zu können. So setzt das Erfordernis der Zweidrittelmehrheit gem. § 10 II S. 1 PUAG die Bildung einer punktuellen „großen Koalition" im Untersuchungsausschuss zur Bestimmung des Ermittlungsbeauftragten voraus. Kommt eine Zweidrittelmehrheit im Ausschuss nicht zustande, sieht § 10 II S. 2 PUAG ein hilfsweise greifendes Verfahren vor. Soweit § 10 II S. 2 PUAG dabei eine Entscheidung des Vorsitzenden des Untersuchungsausschusses im Benehmen mit den Obleuten der Fraktionen im Ausschuss vorsieht, ist eine Zustimmung der Obleute zum Vorschlag der personellen Besetzung zwar wünschenswert, aber nicht erforderlich. Hingegen verlangt der durch das Erfordernis des Einvernehmens gem. § 10 II S. 2 PUAG vorgegebene Einigungszwang zwischen dem Vorsitzenden und seinem Stellvertreter wie schon das Erfordernis der Zweidrittelmehrheit die Auswahl eines parteipolitisch nicht eingebundenen und somit neutralen Ermittlungsbeauftragten. Folglich vermag aber auch die Hilfskonstruktion des § 10 II S. 2 PUAG nicht zu gewährleisten, dass der Beschluss über die Durchführung einer vorbereitenden Untersuchung in die Bestimmung einer Person zum Ermittlungsbeauftragten einmündet. Die Bestellung eines Parlamentariers wird nicht ausdrücklich ausgeschlossen, ist allerdings aufgrund der vorausgesetzten Überparteilichkeit als fern liegend zu erachten. Die Ausgestaltung des Verfahrens in § 10 II PUAG weist ferner darauf hin, dass die Figur des Ermittlungsbeauftragten nicht als spezifisches Element des Minderheitenschutzes begriffen werden kann. Das zur Antragstellung benötigte Quorum von einem Viertel der Ausschussmitglieder gem. § 10 I S. 1 PUAG garantiert gerade keine zwingend erforderliche Mitwirkung gem. § 10 II S. 1 oder S. 2 PUAG.

Der Ermittlungsbeauftragte wird als Hilfsorgan des Untersuchungsausschusses tätig. Demnach kann der Untersuchungsausschuss einen Ermittlungsbeauftragten nicht nur jederzeit einsetzen, sondern gem. § 10 IV S. 2 PUAG auch abberufen. Unabhängig davon, ob die Person des Ermittlungsbeauftragten gem. § 10 II S. 1 oder S. 2 PUAG bestimmt worden ist, setzt eine Abberufung die Mehrheit von zwei Dritteln der anwesenden Ausschussmitglieder voraus. Das Erfordernis der Zweidrittelmehrheit verhindert hier, dass eine die Regierungsmehrheit repräsentierende einfache Ausschussmehrheit die vorzeitige Absetzung eines Ermittlungsbeauftragten betreiben und somit die erfolgreiche Durchführung einer vorbereitenden Untersuchung vereiteln kann. Die Unabhängigkeit des Ermittlungsbeauftragten im Sinne des § 10 IV S. 1 PUAG bringt die Notwendigkeit einer vom Untersuchungsausschuss unbeeinflussten Ermittlungstätigkeit zum Ausdruck. Im Rahmen seines Auftrags ist der Ermittlungsbeauftragte demnach keinen Weisungen unterworfen. Im Verkehr nach außen begründet § 10 III S. 11 Hs. 2 PUAG ein Äußerungsverbot für den Ermittlungsbeauftragten. Das Verbot, öffentliche Erklärungen abzugeben, richtet sich gegen eine drohende (teilweise) Vorwegnahme des Verfahrensabschnitts der öffentlichen Beweiserhebung und der dem Untersuchungsausschuss vorbehaltenen Darstellung und Würdigung der ermittelten Tatsachen. Das Äußerungsverbot wird um das Zurückhaltungsgebot des § 10 III S. 11 Hs. 1 PUAG ergänzt. Mit dem Recht zur Abberufung gem. § 10 IV S. 2 PUAG wird dem Untersuchungsausschuss die Möglichkeit eröffnet, die Einhaltung von Äußerungsverbot und Zurückhaltungsgebot durchzusetzen.

Die Vorschriften der § 10 III S. 3, S. 4 und S. 6 PUAG bilden die Rechtsgrundlage für Ermittlungstätigkeiten des Beauftragten im außerparlamentarischen Bereich. Mit der Regelung des § 10 III S. 5 PUAG wird klargestellt, dass diese Ermittlungen keine förmlichen Beweiserhebungen darstellen. Die von Verfassungs wegen dem Untersuchungsausschuss zugewiesenen durchsetzbaren Beweiserhebungsbefugnisse werden nicht auf den Ermittlungsbeauftragten delegiert. Somit kann ein Ermittlungsbeauftragter zwar die Bundesregierung, Behörden des Bundes sowie bundesunmittelbare Körperschaften, Anstalten und Stiftungen des öffentlichen Rechts gem. § 10 III S. 3 i.V.m. § 18 I PUAG um die Vorlage von Beweismitteln ersuchen. Er ist aber auf eine freiwillige Vorlage dieser Beweismittel angewiesen. Nur dem Untersuchungsausschuss steht das Recht zu, sein Vorlageersuchen auch gerichtlich durchzusetzen. Eine entsprechende Anwendung der § 18 II S. 2 und III PUAG ordnet § 10 III S. 3 PUAG daher nicht an. Von den Gerichten und den Behörden der Länder kann der Ermittlungsbeauftragte gem. § 10 III S. 3 i.V.m. § 18 IV S. 1 PUAG die Vorlage von Beweismitteln im Wege der Rechts- und Amtshilfe verlangen. Die Inanspruchnahme gerichtlichen Rechtsschutzes gem. § 18 IV S. 2 PUAG bei Streitigkeiten über die Verpflichtung zur Leistung von Rechts- und Amtshilfe bleibt aber wiederum dem Untersuchungsausschuss vorbehalten. Gem. § 10 III S. 3 i.V.m. § 19 PUAG hat der Ermittlungsbeauftragte zudem das Recht der Augenscheineinnahme. Dabei verweist § 10 III S. 3 PUAG nur auf § 19 PUAG, soweit dieser eine entsprechende Anwendung des § 18 I und IV. S. 2 PUAG anordnet. Die Möglichkeit, gem. § 19 i.V.m. § 18 III Hs. 1 PUAG das Bundesverfassungsgericht oder gem. § 18 IV S. 2 PUAG den Ermittlungsrichter beim Bundesgerichtshof anzurufen, wird demnach allein dem Untersuchungsausschuss gewährt. Der Verweis des § 10 III S. 4 PUAG auf eine Geltendmachung von Herausgabeansprüchen gem. § 30 PUAG geht fehl und ist als Verweis auf § 29 I PUAG zu verstehen. Private kann der Ermittlungsbeauftragte somit gem. § 10 III S. 4 PUAG i.V.m. § 29 I PUAG um die Vorlage und Auslieferung von Beweismitteln ersuchen. Die Anordnung beziehungsweise Beantragung von Zwangsmitteln gem. § 29 II und III PUAG steht nicht ihm, sondern dem Untersuchungsausschuss zu. Gegen das Herausgabeverlangen eines Ermittlungsbeauftragten gem. § 10 III S. 4 i.V.m. § 29 I PUAG kann sich ein Gewahrsamsinhaber mit einer schlichten Weigerung ausreichend zur Wehr setzen.

Grundsätzlich kann der Untersuchungsausschuss zwar auch Beweismittel, die er im Wege der förmlichen Beweiserhebung erlangt hat, zum Zweck der Aufbereitung an den Ermittlungsbeauftragten herausgeben. Beweismittel, die als Verschlusssachen eingestuft worden sind, dürfen dem Ermittlungsbeauftragten aber nur zugänglich gemacht werden, wenn er gem. § 16 I S. 2 PUAG zum Umgang mit Verschlusssachen ermächtigt und zur Geheimhaltung förmlich verpflichtet worden ist. Verletzt ein Ermittlungsbeauftragter Geheimhaltungspflichten, kommt allein eine Strafbarkeit gem. § 353 b II Nr. 2 StGB in Betracht. Da der Tatbestand jedoch neben der Verletzung einer Geheimhaltungspflicht eine Gefährdung „wichtiger öffentlicher Interessen" voraussetzt und eine Gefährdung nur privater Interessen somit nicht ausreicht, mangelt es an ausreichenden Sanktionsregelun-

gen zum Schutz privater Geheimnisse. Ferner ist die Aufnahme des Ermittlungsbeauftragten in den Adressatenkreis des den Schutz privater Geheimhaltungsinteressen ergänzenden § 16 III PUAG zu fordern.
Anstelle der dem Untersuchungsausschuss vorbehaltenen erzwingbaren Vernehmung von Zeugen und Sachverständigen gewährt § 10 III S. 6 PUAG dem Ermittlungsbeauftragten das Recht, Personen informatorisch anzuhören. Die Auskunftspersonen einer informatorischen Anhörung sind weder zum Erscheinen noch zur Aussage verpflichtet. Auf das Nichtbestehen einer Aussagepflicht muss aber nicht hingewiesen werden. Die Einholung von Aussagegenehmigungen ist nicht nur vor der Vernehmung von Amtsträgern erforderlich, sondern auch vor ihrer bloßen informatorischen Anhörung. Zu den Personen, die gem. § 10 III S. 6 PUAG informatorisch angehört werden können, zählen auch Sachverständige.
Die Ausgestaltung der Sachaufklärungsrechte des Ermittlungsbeauftragten in § 10 III S. 3 bis S. 6 PUAG als informatorische Maßnahmen ermöglicht eine effektive Vorbereitung der Untersuchung und wahrt zugleich die Rechte des Untersuchungsausschusses.
Die Ermittlungstätigkeit des Beauftragten gelangt zu einem vorzeitigen Ende, wenn der Untersuchungsausschuss den Ermittlungsbeauftragten gem. § 10 IV S. 2 PUAG abberuft, der Bundestag den Untersuchungsausschuss auflöst oder der Untersuchungsausschuss infolge der Geltung des Grundsatzes der Diskontinuität als aufgelöst gilt. Führt eine Auflösung des Ausschusses zum Abbruch des parlamentarischen Untersuchungsverfahrens, erlischt denknotwendig auch der Auftrag zur Durchführung einer vorbereitenden Untersuchung. In der Regel endet die Ermittlungstätigkeit des Beauftragten mit einer Berichterstattung über die Ergebnisse seiner Untersuchung gem. § 10 III S. 9 und S. 10 PUAG. Darzustellen sind die ermittelten Tatsachen sowie die noch offenen beziehungsweise streitigen Fragen. Anlässlich der Unterbreitung eines Vorschlags über die weitere Vorgehensweise sind dem Untersuchungsausschuss die zur Erledigung des Untersuchungsauftrags noch erforderlichen Beweiserhebungen zu benennen. Der Bericht des Ermittlungsbeauftragten darf keine politischen Bewertungen enthalten, diese bleiben den Mitgliedern des Untersuchungsausschusses vorbehalten.
Gegen die Berichterstattung des Ermittlungsbeauftragten kann nicht gerichtlich vorgegangen werden. Von der Justiziabilitätsbeschränkung des Art. 44 IV S. 1 GG werden die Berichte des Ermittlungsbeauftragten zwar nicht erfasst. Anders als die Schlussberichte der Untersuchungsausschüsse sind sie aber nicht zur Veröffentlichung vorgesehen; denn die als Arbeitsgrundlage dienenden Feststellungen des Ermittlungsbeauftragten sind auf eine Bestätigung, Ergänzung und / oder Korrektur durch den Untersuchungsausschuss angelegt. Tragen Ausschussmitglieder die Ermittlungsergebnisse eines Ermittlungsbeauftragten an die Öffentlichkeit oder greifen die Ausschüsse in ihren Schlussberichten auf diese Ergebnisse zurück, übernehmen sie damit auch die Verantwortung für die daraus resultierenden Rechtsverletzungen.

Literaturverzeichnis

Achterberg, Norbert: Allgemeines Verwaltungsrecht, 2. Aufl., Heidelberg 1986.

Achterberg, Norbert: Parlamentsrecht, Tübingen 1984.

Arndt, Klaus Friedrich: Parlamentarische Geschäftsordnungsautonomie und autonomes Parlamentsrecht, Berlin 1966.

Alternativkommentar zum Grundgesetz: Kommentar zum Grundgesetz für die Bundesrepublik Deutschland (Reihe Alternativkommentare), Band 2: Art. 38 -146, Loseblattsammlung, 2. Lfg., Stand: August 2002, Neuwied.

Bachmaier, Hermann: Der Ermittlungsbeauftragte im Spannungsfeld zwischen gerichtsähnlicher Aufklärungsarbeit und parlamentarischer Auseinandersetzung – ein gesetzgeberisches Experiment mit Zukunft, in: NJW 2002, S. 348 f.

Bachmaier, Hermann: Interview: Aufklärung ohne Verfahrenstreit, in: SZ vom 27.02.2001, S. 6.

Badura, Peter: Das Recht der Minderheit auf Einsetzung eines parlamentarischen Untersuchungsausschusses, in: K. Letzgus (Hrsg.), Für Recht und Staat, Festschrift für Herbert Helmrich zum 60. Geburtstag, München 1994, S. 191 ff. (zit.: Recht der Minderheit auf Einsetzung eines Untersuchungsausschusses).

Badura, Peter: Die Stellung des Abgeordneten nach dem Grundgesetz und den Abgeordnetengesetzen in Bund und Ländern, in: H.-P. Schneider / W. Zeh (Hrsg.), Parlamentsrecht und Parlamentspraxis in der Bundesrepublik Deutschland, Berlin / New York 1989, § 15 (zit.: Die Stellung des Abgeordneten).

Baum, Karl Berthold: Reform der parlamentarischen Untersuchungsausschüsse durch Einschaltung parlamentsfremder Personen, in: ZParl 1974, S. 530 ff.

Beckedorf, Ingo: Die Rechtsstellung des Betroffenen im parlamentarischen Untersuchungsverfahren, in: ZParl 1989, S. 35 ff.

Berg, Hans-Joachim: Der Verteidigungsausschuß des Deutschen Bundestages, München 1982.

Bickel, Heribert: Empfiehlt sich eine gesetzliche Neuordnung der Rechte und Pflichten parlamentarischer Untersuchungsausschüsse?, in: Verhandlungen des 57. Deutschen Juristentages, Band II, München 1988 (zit.: Referat für den 57. Deutschen Juristentag).

Biedermann, Franz: Die Untersuchungsausschüsse im deutschen Staatsrecht, Magdeburg 1929.

Bittmann, Folker: Das Beiziehen von Kontounterlagen im staatsanwaltlichen Ermittlungsverfahren, in: wistra 1990, S. 325 ff.

Böckenförde, Ernst-Wolfgang: Parlamentarische Untersuchungsausschüsse und kommunale Selbstverwaltung, in: AöR 103 (1978), S. 1 ff.

Bollmann, Gerhard: Verfassungsrechtliche Grundlagen und allgemeine verfassungsrechtliche Grenzen des Selbstorganisationsrecht des Bundestages, Berlin 1992 (zit.: Grenzen des Selbstorganisationsrechts).

Bonner Kommentar zum Grundgesetz, hrsg. von Rudolf Dolzer, Klaus Vogel und Karin Graßhof, Loseblattsammlung, 104 Lfg., Stand: März 2003, Heidelberg.

Braun, Werner / *Jantsch*, Monika / *Klante*, Elisabeth: Abgeordnetengesetz. Kommentar, Berlin 2002.

Brocker, Lars: Parlamentarisches Untersuchungsverfahren und Zurückhaltungsgebot, in: ZParl 1999, S. 739 ff.

Buchholz, Bernd Klaus: Der Betroffene im parlamentarischen Untersuchungsausschuß, Berlin 1990.

Bücker, Joseph: Das Parlamentsrecht in der Hierarchie der Rechtsnormen, in: ZParl 1986, S. 324 ff.

Busch, Eckart: Der Wehrbeauftragte des Bundestages, in: H.-P. Schneider / W. Zeh (Hrsg.), Parlamentsrecht und Parlamentspraxis in der Bundesrepublik Deutschland, Berlin / New York 1989, § 51 (zit.: Der Wehrbeauftragte des Bundestages).

Busse, Volker: Der Kernbereich exekutiver Eigenverantwortung im Spannungsfeld der staatlichen Gewalten, in: DÖV 1989, S. 45 ff.

Damkowski, Wulf (Hrsg.): Der parlamentarische Untersuchungsausschuß. Ein Handbuch für Wissenschaft und Praxis, Frankfurt am Main, New York 1987.

Deutsche Vereinigung für Parlamentsfragen e.V.: Protokoll der Veranstaltung vom 16. Mai 2001 zum Thema: „Wahrheitssuche zwischen Recht und Politik - Was leistet das neue Untersuchungsausschussgesetz?“ (zit.: Deutsche Vereinigung für Parlamentsfragen: Was leistet das neue Untersuchungsausschussgesetz?).

Di Fabio, Udo: Rechtsschutz im parlamentarischen Untersuchungsverfahren, Berlin 1988.

Dreier, Horst: Grundgesetz. Kommentar, Band II: Artikel 20-82, Tübingen 1998, Band III: Artikel 83-146, Tübingen 2000.

Dreier, Horst: Regelungsform und Regelungsinhalt des autonomen Parlamentsrechts, in: JZ 1990, S. 310 ff.

Engels, Dieter: Parlamentarische Untersuchungsausschüsse, Heidelberg 1989.

Erichsen, Hans-Uwe / *Ehlers*, Dirk: Allgemeines Verwaltungsrecht, 12. Auflage, Berlin 2002.

Eschenburg, Theodor: Institutionelle Sorgen in der Bundesrepublik, Stuttgart 1961.

Friedrich, Klaus-Dieter: Der parlamentarische Untersuchungsausschuß – Entwicklung, Stellung und Kompetenzen-, 1990.

Gallwas, Hans-Ulrich: Faktische Beeinträchtigungen im Bereich der Grundrechte, Berlin 1970.

Gester, Johannes: Einfachgesetzliche Kompetenzen von Verfassungsorganen, Frankfurt am Main 1994.

Günther, Ulrich / *Seiler*, Rudolf: Vereidigung von Zeugen durch parlamentarische Untersuchungsausschüsse des Deutschen Bundestages, in: NStZ 1993, S. 305 ff.

Häberle, Peter: Freiheit, Gleichheit und Öffentlichkeit des Abgeordnetenstatus, in: NJW 1976, S. 537 ff.

Hamm, Rainer: Kein Vereidigungsrecht von Untersuchungsausschüssen, in: ZRP 2002, S. 11 ff.

Haug, Volker: Bindungsprobleme und Rechtsnatur parlamentarischer Geschäftsordnungen, Berlin 1994.

Haverkate, Georg: Der Schutz subjektiv-öffentlicher Rechte in der Rechnungsprüfung, in: AöR 107 (1982), S. 539 ff.

Hermes, Georg: Das Minderheitsrecht auf eine parlamentarische Untersuchung, in: H. Däubler-Gmelin / K. Kinkel / H. Meyer / H. Simon (Hrsg.), Gegenrede Aufklärung – Kritik – Öffentlichkeit, Festschrift für Ernst Gottfried Mahrenholz, Baden-Baden 1994, S. 349 ff. (zit.: Das Minderheitsrecht auf eine parlamentarische Untersuchung).

Hesse, Konrad: Grundzüge des Verfassungsrechts der Bundesrepublik Deutschland, 20. Aufl., Heidelberg 1995.

Hilf, Meinhard: Untersuchungsausschüsse vor den Gerichten, in: NVwZ 1987, S. 537 ff.

Himmelreich, Jörg: Das Parlamentarische Untersuchungsrecht im dezentralen Staat, 1992.

Hucko, Elmar: Der parlamentarische Untersuchungsausschuß auf dem Gebiet der Verteidigung, in: ZParl 1979, S. 304 ff.

Ipsen, Jörn: Staatsrecht I, 12. Aufl., Neuwied 2000.

Jagau, Hauke / *Wessels*, Hartmut: Reform des Untersuchungsrechts – Anmerkungen zu einer anhaltenden Debatte, in: U. Bachmann / H.-P. Schneider (Hrsg.), Zwischen Aufklärung und politischem Kampf, Baden-Baden 1988, S. 43 ff. (zit.: Reform des Untersuchungsrechts).

Jarass, Hans D. / *Pieroth*, Bodo: Grundgesetz für die Bundesrepublik Deutschland, 6. Aufl., München 2002.

Jekewitz, Jürgen: Parlamentarische Untersuchungsverfahren – sinnlos oder nur missverstanden?, in: RuP 2000, S. 215 ff.

Kasten, Hans-Hermann: Ausschußorganisation und Ausschußrückruf, Berlin 1983.

Kipke, Rüdiger: Die Untersuchungsausschüsse des deutschen Bundestages, Berlin 1985.

Klein, Hans H.: Die Wahrheit zwischen den Fronten, in: FAZ vom 28.05.2001, S. 10.

Klein, Hans H.: Status des Abgeordneten, in: J. Isensee / P. Kirchhof (Hrsg.), Handbuch des Staatsrechts der Bundesrepublik Deutschland, Band II, Heidelberg 1987, § 41 (zit.: HdbStR, Bd. II, § 41).

Klenke, Reiner: Zum Konflikt zwischen parlamentarischen Enqueterecht und dem Recht auf informationelle Selbstbestimmung des Betroffenen, in: NVwZ 1995, S. 644 ff.

Köhler, Marc: Umfang und Grenzen des parlamentarischen Untersuchungsrechts gegenüber Privaten im nichtöffentlichen Bereich, Berlin 1996 (zit.: Umfang und Grenzen des Untersuchungsrechts).

Kortekamp, Delia / *Steffens*, Rainer: Rechtsschutz gegen Abschlußberichte von Untersuchungsausschüssen, in: U. Bachmann / H.-P. Schneider (Hrsg.), Zwischen Aufklärung und politischem Kampf, Baden-Baden 1988, S. 107 ff. (zit.: Rechtsschutz gegen Abschlußberichte).

Kramer, Bernhard: Grundbegriffe des Strafverfahrensrechts, 5. Aufl., Stuttgart 2002.

Kretschmer, Gerald: Bedarf es eines Gesetzes für Untersuchungsausschüsse des Deutschen Bundestages, in: DVBl. 1988, S. 811 ff.

Kretschmer, Gerald: Zur Organisationsgewalt des Deutschen Bundestages im parlamentarischen Bereich, in: ZParl 1986, S. 334 ff.

Kühnreich, Mathias: Das Selbstorganisationsrecht des Deutschen Bundestages unter besonderer Berücksichtigung des Hauptstadtbeschlusses, Berlin 1997 (zit.: Selbstorganisationsrecht).

Kurth, Hans - J.: Anmerkung: in NStZ 1983, S. 327 f.

Lackner, Karl / *Kühl*, Kristian: Strafgesetzbuch, 24. Aufl., München 2001.

Lange, Nicole: Vorermittlungen: die Behandlung des staatsanwaltschaftlichen Vorermittlungsverfahrens unter besonderer Berücksichtigung von Abgeordneten, Politikern und Prominenten, Frankfurt am Main 1999 (zit.: Vorermittlungen).

Leipziger Kommentar: Strafgesetzbuch. Großkommentar, hrsg. von Burkhard Jähnke, Heinrich Wilhelm Laufhütte und Walter Odersky, 11. Aufl., 35. Lfg.: §§ 201 – 206, Berlin 2000.

Leipziger Kommentar: Strafgesetzbuch. Großkommentar, hrsg. von Hans-Heinrich Jescheck, Wolfgang Ruß und Günther Willms, 10. Aufl., Band 7, §§ 303 – 358, Berlin / New York 1988.

Lewald, Walter: Enquêterecht und Aufsichtsrecht. Eine verfassungskritische Studie, in: AöR 44 (1923), S. 269 ff.

Linck, Joachim: Untersuchungsausschüsse und Privatsphäre, in: ZRP 1987, S. 11 ff.

Löwer, Wolfgang: Der Aktenvorlageanspruch des parlamentarischen Untersuchungsausschusses vor dem Bundesverfassungsgericht, in: Jura 1985, S. 358 ff.

Löwe–Rosenberg: Die Strafprozeßordnung und das Gerichtsverfassungsgesetz, hrsg. von Peter Rieß, 25. Aufl., 21 Lfg.: 133-157, Berlin / New York 2002.

Mager, Ute: Das neue Untersuchungsausschussgesetz des Bundes – Parlamentarische Organisation von Kontrolle durch Publizität, in: Der Staat 2002, S. 597 ff.

Mangoldt, Herrmann v. / *Klein*, Friedrich / *Starck*, Christian: Das Bonner Grundgesetz, Band 2: Art. 20 bis 78, 4. Aufl., München 2000; Band 3: Art. 79 bis 146, 4. Aufl., München 2001.

Masing, Johannes: Die alte Stasi in neuen Parlamenten, in: JZ 1999, S. 1022 ff.

Masing, Johannes: Parlamentarische Untersuchungen gegenüber Privaten?, in: Der Staat 1988, S. 273 ff.

Masing, Johannes: Parlamentarische Untersuchungen privater Sachverhalte, Tübingen 1998.

Masing, Johannes: Politische und rechtliche Verantwortlichkeit, in: ZRP 2001, S. 36 ff.

Maunz, Theodor / *Dürig*, Günther u.a. (Hrsg.): Grundgesetz Kommentar, Band 3: Art. 38 – 91, Loseblattsammlung, 41. Lfg., Stand: Oktober 2002, München.

Memminger, Gerhard: Parlamentarische Kontrolle der Regierung durch Untersuchungsausschüsse, in: DÖV 1986, S. 15 ff.

Meyer-Bohl, Christoph: Die Grenzen der Pflicht zur Aktenvorlage und Aussage vor parlamentarischen Untersuchungsausschüssen unter Berücksichtigung der Besonderheiten der Hamburger Verfassung, Berlin 1992 (zit.: Grenzen der Pflicht zur Aktenvorlage und Aussage).

Meyer-Goßner, Lutz: Strafprozessordnung, 46. Aufl., München 2003.

Moormann, Hans: Die informatorische Anhörung im Ermittlungsverfahren, Osnabrück 1989.

Morlok, Martin: Mehr Effektivität für Untersuchungsausschüsse: Einige Vorschläge, in: RuP 2000, S. 208 ff.

Münch, Ingo v. / *Kunig*, Philip: Grundgesetz - Kommentar, Band 2: Art. 20-69 GG, 5. Aufl., München 2001.

Müller-Boysen, Ulrike: Die Rechtsstellung des Betroffenen vor dem parlamentarischen Untersuchungsausschuß, München 1980.

Mutius, Albert v. / *Friedrich*, Thomas: Rechtsgrundlagen für die Tätigkeit parlamentarischer Untersuchungsausschüsse in den neuen Bundesländern, in: DVBl. 1992, S. 73 ff.

Ossenbühl, Fritz: Rechtsschutz im parlamentarischen Untersuchungsverfahren, in: P. Selmer / I. von Münch (Hrsg.), Gedächtnisschrift für W. Martens, Berlin / New York 1987, S. 177 ff. (zit.: Rechtsschutz im parlamentarischen Untersuchungsverfahren).

Partsch, Karl Josef: Empfiehlt es sich, Funktion, Struktur und Verfahren der parlamentarischen Untersuchungsausschüsse grundlegend zu ändern?, in: Verhandlungen des 45. Deutschen Juristentages, Band I, Teil 3, München 1964 (zit.: Gutachten für den 45. Deutschen Juristentag).

Pieroth, Bodo: Das Verfassungsrecht der Öffentlichkeit für die staatliche Planung, in: W. Erbguth (Hrsg.), Planung, Festschrift für Werner Hoppe zum 70. Geburtstag, München 2000, S. 195 ff. (zit.: Das Verfassungsrecht der Öffentlichkeit für die staatliche Planung).

Pieroth, Bodo: Offene oder geheime Wahlen und Abstimmungen?, in: JuS 1991, S. 89 ff.

Pieroth, Bodo / *Schlink*, Bernhard: Grundrechte. Staatsrecht II, 18. Aufl., Heidelberg 2002.

Pietzcker, Jost: Schichten des Parlamentsrechts: Verfassung, Gesetze und Geschäftsordnung, in: Schneider, H.-P. / Zeh, W. (Hrsg.), Parlamentsrecht und Parlamentspraxis in der Bundesrepublik Deutschland, Berlin / New York 1989, § 10 (zit.: Schichten des Parlamentsrechts).

Prantl, Heribert: Fraktionen berufen Sonderermittler bei politischen Affären, in: SZ vom 27.02.2001, S. 1.

Quaas, Michael / *Zuck*, Rüdiger: Ausgewählte Probleme im parlamentarischen Untersuchungsrecht, in: NJW 1988, S. 1873 ff.

Richter, Werner: Privatpersonen im parlamentarischen Untersuchungsausschuß, München 1991.

Ritzel, Heinrich G. / *Bücker*, Joseph / *Schreiner*, Hermann J.: Handbuch für die Parlamentarische Praxis mit Kommentar zur Geschäftsordnung des Deutschen Bundestages, Loseblattsammlung, 16. Lfg., Stand: November 2002.

Rixen, Stephan: Die Eidesleistung vor Untersuchungsausschüssen des Deutschen Bundestages, in: JZ 2002, S. 435 ff.

Rogall, Klaus: Das Untersuchungsausschussgesetz des Bundes und seine Bedeutung für das Straf- und Strafverfahrensrecht, in: E. Graul / G. Wolf (Hrsg.), Gedächtnisschrift für D. Meurer, Berlin 2002, S. 449 ff. (zit.: Das Untersuchungsausschussgesetz des Bundes und seine Bedeutung für das Straf- und Strafverfahrensrecht).

Roxin, Claus: Strafverfahrensrecht, 25. Aufl., München 1998.

Sachs, Michael: Grundgesetz. Kommentar, 3. Aufl., München 2003.

Schäfer, Friedrich: Der Untersuchungsausschuß: Kampfstätte oder Gericht?, in: ZParl 1974, S. 496 ff.

Schäfer, Gerhard: Die Praxis des Strafverfahrens, 6. Aufl., Stuttgart 2000.

Schenke, Wolf-Rüdiger: Empfiehlt sich eine gesetzliche Neuordnung der Rechte und Pflichten parlamentarischer Untersuchungsausschüsse?, in: JZ 1988, S. 805 ff.

Schindler, Peter: Datenhandbuch zur Geschichte des Deutschen Bundestages 1949 – 1999, Band II, Berlin 1999.

Schleich, Albrecht: Das parlamentarische Untersuchungsrecht des Bundestages, Berlin 1985.

Schliesky, Utz: Zulässigkeit der Änderung des Untersuchungsgegenstandes gegen den Willen der Einsetzungsmehrheit, in: AöR 126 (2001), S. 243 ff.

Schmidt-Bleibtreu, Bruno / *Klein*, Friedrich: Kommentar zum Grundgesetz, 9. Aufl., Neuwied / Frankfurt am Main 1999.

Schmidt-Hartmann, Achim: Schutz der Minderheit im parlamentarischen Untersuchungsverfahren, Frankfurt am Main 1994.

Schneider, Hans-Peter: Empfiehlt sich eine gesetzliche Neuordnung der Rechte und Pflichten parlamentarischer Untersuchungsausschüsse?, in: Verhandlungen des 57. Deutschen Juristentages, Band II, München 1988 (zit.: Referat für den 57. Deutschen Juristentag).

Schneider, Hans-Peter: Letztmals: Der Ermittlungsbeauftragte – eine Duplik, in: NJW 2002, S. 1328.

Schneider, Hans-Peter: Spielregeln für den investigativen Parlamentarismus, in: NJW 2001, S. 2604 ff.

Schneiders, Uwe: Verwaltungsgerichtlicher Rechtsschutz gegen Maßnahmen eines Untersuchungsausschusses?, in: MDR 1988, S. 705 ff.

Scholz, Rupert: Parlamentarischer Untersuchungsausschuß und Steuergeheimnis, in: AöR 105 (1980), S. 564 ff.

Schönke, Adolf / *Schröder*, Horst: Strafgesetzbuch. Kommentar, 26. Aufl., München 2001.

Schröder, Meinhard: Altes und Neues zum Recht der Parlamentarischen Untersuchungsausschüsse aus Anlass der CDU-Parteispendenaffäre, in: NJW 2000, S. 1455 ff.

Schröder, Meinhard: Aktuelle Fragen des Geheimschutzes bei der Heranziehung von Akten im parlamentarischen Untersuchungsverfahren, in: B. Rüthers / K. Stern (Hrsg.), Freiheit und Verantwortung, Festgabe zum 10jährigen Jubiläum der Gesellschaft für Rechtspolitik, München 1984, S. 401 ff. (zit.: Aktuelle Fragen des Geheimschutzes).

Schröder, Meinhard: Empfiehlt sich eine gesetzliche Neuordnung der Rechte und Pflichten parlamentarischer Untersuchungsausschüsse?, in: Verhandlungen des 57. Deutschen Juristentages Band I, Teil E, München 1988 (zit.: Gutachten für den 57. Deutschen Juristentag).

Schröder, Meinhard: Grenzen der Gestaltungsfreiheit des Parlaments bei der Festlegung des Beratungsmodus, in: Jura 1987, S. 469 ff.

Schröder, Meinhard: Rechtsfragen des Indemnitätsschutzes, in: Der Staat 1982, S. 25 ff.

Schröder, Meinhard: Untersuchungsausschüsse, in: H.-P. Schneider / W. Zeh (Hrsg.), Parlamentsrecht und Parlamentspraxis in der Bundesrepublik Deutschland, Berlin / New York 1989, § 46 (zit.: Untersuchungsausschüsse).

Schröder, Meinhard: Untersuchungsausschüsse und Enquêtekommissionen, in: B. Bender / R. Breuer / F. Ossenbühl/ H. Sendler (Hrsg.), Rechtsstaat zwischen Sozialgestaltung und Rechtsschutz, Festschrift für K. Redeker zum 70. Geburtstag, München 1993, S. 173 ff. (zit.: Untersuchungsausschüsse und Enquêtekommissionen).

Schröder, Stephen: Das parlamentarische Untersuchungsrecht der Weimarer Reichsverfassung im Spiegel der zeitgenössischen Staatsrechtslehre und Rechtsprechung. Damals wie heute: „Es wimmelt von Streitfragen...“, in: ZParl 1999, S. 715 ff.

Schroeder, Friedrich-Christian: Strafprozessrecht, 3. Aufl., München 2001.

Schwerin, Thomas: Der Deutsche Bundestag als Geschäftsordnungsgeber, Berlin 1998.

Seidel, Achim: Die Opposition im parlamentarischen Untersuchungsverfahren nach Art. 44 GG - materieller und verfassungsprozessualer Minderheitenschutz -, in: BayVBl. 2002, S. 97 ff.

Steffani, Winfried: Funktion und Kompetenz parlamentarischer Untersuchungsausschüsse, in: PVS 1 (1960), S. 153 ff.

Steffani, Winfried: Die Untersuchungsausschüsse des Preußischen Landtages zur Zeit der Weimarer Republik, Düsseldorf 1960.

Stern, Klaus: Die Kompetenz der Untersuchungsausschüsse nach Artikel 44 Grundgesetz im Verhältnis zur Exekutive unter besonderer Berücksichtigung des Steuergeheimnisses, in: AöR 109 (1984), S. 199 ff.

Stern, Klaus: Das Staatsrecht der Bundesrepublik Deutschland, Band I, 2. Aufl., München 1980 (zit.: Staatsrecht I).

Stern, Klaus: Das Staatsrecht der Bundesrepublik Deutschland, Band II, München 1980 (zit.: Staatsrecht II).

Stock, Remmert: Untersuchungsrecht des Bundestages gegen „unwürdige" Abgeordnete?, in: ZRP 1995, S. 286 ff.

Studenroth, Stefan: Die parlamentarische Untersuchung privater Sachverhalte, Baden-Baden 1992.

Systematischer Kommentar zum Strafgesetzbuch von Hans-Joachim Rudolphi (Gesamtredaktion) u. a., Band 2. Besonderer Teil (§§ 80 – 358), Loseblattsammlung, 55. Lfg., Stand: September 2002, Frankfurt am Main.

Systematischer Kommentar zur Strafprozeßordnung und zum Gerichtsverfassungsgesetz von Hans-Joachim Rudolphi (Gesamtredaktion) u.a., Loseblattsammlung, 29. Lfg., Stand: Dezember 2002, Frankfurt am Main.

Thaysen, Uwe / *Schüttemeyer*, Susanne: Bedarf das Recht der parlamentarischen Untersuchungsausschüsse einer Reform?, Baden-Baden 1988.

Thieme, Hinrich: Das Verhältnis der parlamentarischen Untersuchungsausschüsse zur Exekutive, Göttingen 1983.

Tröndle, Herbert / *Fischer*, Thomas: Strafgesetzbuch und Nebengesetze, 51. Aufl., München 2003.

Trossmann, Hans: Parlamentsrecht des Deutschen Bundestages, München 1977.

Trossmann, Hans / *Roll*, Hans-Achim: Parlamentsrecht des Deutschen Bundestages, Ergänzungsband, München 1981.

Ule, Carl Hermann: Der Wehrbeauftragte des Bundestages, in: JZ 1957, S. 422 ff.

Umbach, Dieter / *Clemens*, Thomas: Grundgesetz. Mitarbeiterkommentar und Handbuch, Band II: Art. 38 – 146, Heidelberg 2002.

Verhandlungen des 34. Deutschen Juristentages, München 1925.

Verhandlungen des 45. Deutschen Juristentages, München 1964.

Verhandlungen des 57. Deutschen Juristentages, München 1988.

Vetter, Joachim: Abgeordneten-Überprüfung durch Untersuchungsausschüsse? Ein Beitrag zur Stasi-Diskussion in den deutschen Parlamenten, in: ZParl 1993, S. 211 ff.

Vetter, Joachim: Verfassungsrechtliche Grenzen der Beweiserhebung parlamentarischer Untersuchungsausschüsse, in: DÖV 1987, S. 426 ff.

Vetter, Joachim: Zur Frage der Aktenvorlagepflicht der Exekutive gegenüber Parlamentsausschüssen, in: DÖV 1986, S. 590 ff.

Vitzthum, Wolfgang Graf / *März*, Wolfgang: Der Petitionsausschuß in: H.-P. Schneider / W. Zeh (Hrsg.), Parlamentsrecht und Parlamentspraxis in der Bundesrepublik Deutschland, Berlin / New York 1989, § 45 (zit.: Der Petitionsausschuß).

Vogel, Friedrich: Der Untersuchungsausschuß: Fehlende Befugnisse oder Fehleinschätzung?, in: ZParl 1974, S. 503 ff.

Vormbaum, Thomas: Falsche uneidliche Aussagen vor parlamentarischen Untersuchungsausschüssen, in: JZ 2002, S. 166 ff.

Weber, Max: Parlament und Regierung im neugeordneten Deutschland, München 1918.

Weisgerber, Anja: Das Beweiserhebungsverfahren parlamentarischer Untersuchungsausschüsse des Deutschen Bundestages, Frankfurt am Main 2003.

Wefelmeier, Christian: Repräsentation und Abgeordnetenmandat, Stuttgart 1991.

Wiefelspütz, Dieter: Das Untersuchungsausschussgesetz, Baden-Baden 2003.

Wiefelspütz, Dieter: Das Untersuchungsausschussgesetz des Bundes, in: ZParl 2002, S. 551 ff.

Wiefelspütz, Dieter: Der Eid im Untersuchungsausschuss, in: ZRP 2002, S. 14 ff.

Wiefelspütz, Dieter: Die qualifizierte Minderheit im Untersuchungsausschuss, in: NJ 2002, S. 398 ff.

Wiefelspütz, Dieter: Untersuchungsausschuss und öffentliches Interesse, in: NVwZ 2002, S. 10 ff.

Wölfl, Bernd: Vorermittlungen der Staatsanwaltschaft, in: JuS 2001, S. 478 ff.

Wohlers, Wolfgang: Mitwirkungsbefugnisse des Betroffenen im Beweisverfahren parlamentarischer Untersuchungsausschüsse, in: NVwZ 1994, S. 40 ff.

Zeh, Wolfgang: Parlamentarisches Verfahren, in: J. Isensee / P. Kirchhof (Hrsg.), Handbuch des Staatsrechts der Bundesrepublik Deutschland, Band II, 2. Aufl., Heidelberg 1998, § 43 (zit.: HdbStR, Bd. II, § 43).

Zeh, Wolfgang: Regelungsbedarf und Regelungschancen für das Verfahren parlamentarischer Untersuchungsausschüsse, in: DÖV 1988, S. 701 ff.

Ziemske, Burkhardt: Das parlamentarische Untersuchungsrecht in England – Vorbild einer deutschen Reform?, Berlin 1991 (zit.: Untersuchungsrecht in England).

Zweig, Egon: Die parlamentarische Enquête nach deutschem und österreichischem Recht, in: ZfPol. 1913, S. 265 ff.

www.ingramcontent.com/pod-product-compliance
Ingram Content Group UK Ltd.
Pitfield, Milton Keynes, MK11 3LW, UK
UKHW021903290926
8980IPUK00015B/1032

9 783631 525036